国际财务管理实务

——基于"一带一路"倡议背景

卫 林◎著

International Financial Management Practices:
Based on OBOR Background

经济管理出版社
ECONOMY & MANAGEMENT PUBLISHING HOUSE

图书在版编目（CIP）数据

国际财务管理实务——基于"一带一路"倡议背景/卫林著 . —北京：经济管理出版社，2018.1

ISBN 978-7-5096-5654-9

Ⅰ.①国… Ⅱ.①卫… Ⅲ.①国际财务管理 Ⅳ.①F811.2

中国版本图书馆 CIP 数据核字（2018）第 015841 号

组稿编辑：杨　雪
责任编辑：杨　雪　张莉琼
责任印制：黄章平
责任校对：王纪慧

出版发行：经济管理出版社
　　　　　（北京市海淀区北蜂窝 8 号中雅大厦 A 座 11 层　100038）
网　　　址：www. E-mp. com. cn
电　　　话：（010）51915602
印　　　刷：玉田县昊达印刷有限公司
经　　　销：新华书店
开　　　本：720mm×1000mm/16
印　　　张：22.5
字　　　数：346 千字
版　　　次：2018 年 2 月第 1 版　　2018 年 2 月第 1 次印刷
书　　　号：ISBN 978-7-5096-5654-9
定　　　价：68.00 元

序1　企业"走出去"——提高国际竞争能力，管控国际财务风险

改革开放近四十年来，中国顺应经济全球化的趋势，抓住发展的战略机遇期，主动融入全球化进程，励精图治，埋头发展，综合国力和经济发展水平显著提高，在全球经济体系中发挥着越来越重要的作用。进入 21 世纪后，中国提出实施"走出去"战略，鼓励中国企业"走出去"参与国际经济合作与竞争。2013 年，中国又提出"一带一路"倡议，对外经济合作与投资进入新的发展阶段。扩大海外投资与合作，充分利用全球不同区域、不同市场的发展机会，既是中国经济实力不断提升的体现，也是中国经济转型和持续发展的需要。中国企业"走出去"，参与全球竞争，既能够在全球范围内进行资源配置，又能够在竞争中不断提升企业管理水平。

但是必须牢记，"一带一路"倡议要以中国企业的国际化战略为基础，而企业的国际化战略则是一项长期任务。企业"走出去"，将面临比国内市场更加复杂的竞争环境和风险因素，企业需要在遵循市场规则的前提下大胆尝试、谨慎推进。其中，最重要的是提升企业国际财务管理的能力，培养熟悉国际金融市场和国际金融规则的人才，有效管控财务风险。

本书的出版可以说恰逢其时。作者既有在多家外资银行从事企业对外投融资、营运资金管理的丰富实践经验，又有财务管理博士的理论研究基础。本书在国际财务管理实务中涉及的国际营运资金管理、国际融资、国际投资和国际风险管理等问题，是企业在"走出去"战略实施中迫切需要解决的问题。

与以往出版的类似主题的书籍和教材相比，本书具有两个显著的特点：①结合最新发生的企业实际案例，对企业有更强的参考价值。书中分析的若

干案例多是作者亲自参与过的企业实际案例，有较强的可操作性。②结合国际金融市场最前沿的实务，有助于中国企业和中资金融机构了解和熟悉最新的金融产品和金融工具。国际金融市场日新月异，在应用新的金融产品和金融工具进行营运资金管理、投融资管理、金融风险管理方面，外资金融机构比中资机构具有天然的优势和更高的管理水平，其业务实践在很多方面值得学习。

相信本书对国内企业管理人员、金融机构从业人员、商学院 MBA、MPAcc 等项目的学员都有很好的学习和参考价值。

中国人民大学商学院财务金融系　伊志宏教授

2018 年 1 月

序 2　总结先进实践经验，提高国际财务管理水平

　　自改革开放以来，中国企业国际化的脚步不断加快。在 20 世纪 80 年代，以建立经济特区为起步，引进外资、中外合资成为中国企业国际化的有效途径。虽然那个阶段的大多企业都是以来料加工的形式，参与国际化分工的低端合作，但却给中国带来了国际化的产品标准、销售模式和管理方式。20 世纪 90 年代，珠三角、长三角经济带已经形成，中国的经济已经有相当的基础，才会推出上海浦东开发区的高起点、高标准的国际化创新战略，造就国际领先的经济发展桥头堡。2001 年，中国加入了世贸组织，这是中国企业国际化进程中具有里程碑意义的重大标志性事件，中国企业从此加速全面国际化。时至今日，中国已经成为仅次于美国的世界第二大经济体，中国企业的国际竞争力大大增强，世界 500 强中有众多中国企业上榜。中国 2013 年"一带一路"倡议的提出，预示着中国经济发展模式的诸多重大战转变。中国将统筹国内国际两个大局，主动深度参与重塑国际经济格局，为内陆和沿边地区打开国际市场通道，培育国际市场空间，完善国际市场规则，最终将开放腹地变为开放前沿，从而实现产业升级、经济增长从重"量"向重"质"转变、抢占全球产业价值链的最高端。

　　正是在"一带一路"倡议背景下，中国企业在海外的业务不断扩大，在国际市场的影响力日益增强，但也面临着巨大的风险与挑战，这对公司的国际财务管理能力提出了更高的要求。不少中国跨国公司知难而上、锐意进取，借助与中外资跨国银行的战略合作，学习和参考国外跨国公司的国际财务管理先进经验，博采众家之长，正在摸索出一套既符合国际惯例又紧密结合我国国情的国际财务管理模式，取得了良好的管理效果和经济效益。本书竭尽

全力对国际财务管理先进实践进行系统的总结以供更多中国公司学习和借鉴，并为快速培养相关的国际财务管理人才提供教材，这些无疑具有重要的现实意义。

本书是基于"一带一路"倡议的背景，紧密将中国国情与国际财务管理先进经验紧密结合，以国际财务管理相关理论体系为基础对内容结构进行布局，从全球化的国际视野，系统探讨了中国跨国公司的全球现金管理、海外融资、海外投资、风险管理等国际化过程中的关键财务管理问题，在一定程度上填补了相关领域专业书籍的空白。

本书与其他相关的书籍相比，具有如下一些特征：

（1）理论与实践紧密结合。本书首先对国际财务管理的理论进行了简要系统的介绍，并且按照相关的理论体系，安排了后面章节的相关实务内容，包括大量的解决方案和案例说明。从而帮助读者在了解理论的基础上掌握实务，实现理论与实践的紧密结合。

（2）中国国情与国际实践相结合。本书借鉴的都是目前市场上的国际先进实践做法，同时紧密联系中国企业在"一带一路"倡议背景下"走出去"过程中在财务管理方面需要考虑的战略问题，努力实现了洋为中用、中外结合，对中国企业"走出去"的国际财务管理具有很强的参考和借鉴意义，可操作性强。

（3）深入浅出、通俗易懂。得益于本书作者较为扎实的理论研究功底和丰富的从业实务经验，本书的内容安排由浅入深、逻辑清晰，相关阐述用语言简意赅，让读者容易理解。

相信本书的出版对于"一带一路"背景下的国际财务管理工作实务具有指导意义。此书不仅有助于国际财务管理工作的实务从业人员了解市场前沿做法、提高业务技能，也适合于相关专业的在校学生快速掌握实务知识。对于在高校从事中国跨国公司国际财务管理领域的教学和科研人员，本书也具有一定的参考价值。

北京国家会计学院院长　秦荣生教授

2018 年 1 月

目　录

第一篇　国际财务管理理论基础

第二篇　"一带一路"倡议之内部挖潜：
国际营运资金管理

第三篇　"一带一路"倡议之
外部开源：国际融资

第五篇　"一带一路"倡议之盾：国际风险管理

导言 "一带一路"，雄关漫道从头越

一、"一带一路"倡议概述

（一）"一带一路"倡议的内涵

2013年9月7日，习近平在哈萨克斯坦提出共同建设"丝绸之路经济带"，以点带面，从线到片，逐步形成区域大合作。

2013年10月3日，习近平在印度尼西亚表示，中国愿同东盟国家加强海上合作，共同建设"21世纪海上丝绸之路"。

2014年5月21日，习近平在亚信峰会上表示，中国将同各国一道，加快推进"丝绸之路经济带"和"21世纪海上丝绸之路"建设，尽早启动亚洲基础设施投资银行，深入参与区域合作进程，推动亚洲发展和安全相互促进、相得益彰。

2015年3月28日，经国务院授权，国家发展改革委、外交部、商务部联合发布了《推动共建丝绸之路经济带和21世纪海上丝绸之路的愿景与行动》。

"一带"即"丝绸之路经济带"，指中国与经过中亚直至欧洲的古代"丝绸之路"所及区域经济合作。"一路"即"21世纪海上丝绸之路"，涵盖中国与东南亚到印度洋乃至地中海的广泛区域合作。"一带一路"贯穿亚欧非大陆，一头是活跃的东亚经济圈，另一头是发达的欧洲经济圈，中间广大腹地国家经济发展潜力巨大。"丝绸之路经济带"重点畅通中国经中亚、俄罗斯至欧洲（波罗的海）；中国经中亚、西亚至波斯湾、地中海，中国至东南亚、南亚、印度洋。"21世纪海上丝绸之路"重点方向是从中国沿海港口过南海到印度洋，延伸至欧洲；从中国沿海港口过南海到南太平洋。根据"一带一路"走向，陆上依托国际大通道，以沿线中心城市为支撑，以重点经贸产业园区为合作平台，共同打造新亚欧大陆桥、中蒙俄、中国—中亚—西亚、中国—中南半岛等国际经济合作走廊；海上以重点港口为节点，共同建设通畅安全高效的运输大通道。"一带一路"辐射范围涵盖东盟、南亚、西亚、中亚、北非和欧洲，总人口约 44 亿，经济总量 21 万亿美元，分别占全球的 63%和 29%。①

图1 "一带一路"示意图

（二）"一带一路"倡议提出的背景

"一带一路"倡议的提出有着深刻的国际背景和国内背景。

1. 国际背景方面

（1）世界经济酝酿深刻调整。自 2008 年全球金融危机以来，全球产业结构进入了深度调整期，世界经济复苏缓慢，发达经济体经济增长乏力，经济增长速度不断回落；世界资本流动减速，金融资产增长缓慢，发达经济体对外投资一蹶不振，原先专注于资本输出的国家开始将目光转向国内，使全球资本跨境流动大幅下挫，新兴与发展中经济体资本市场动荡加剧，投资回报率普遍下降；经济增长的疲软严重拖累世界贸易的增长，世界商品与服务贸易的出口正在经历深度调整。"一带一路"倡议的实施有利于促进经济要素自

---

① 相关数据来自 2014 年 10 月由国家发展改革委、外交部、商务部牵头编制的《"丝绸之路经济带"和"21 世纪海上丝绸之路"总体规划》。

由流动，促进资源高效配置，带动、促进沿线各国经济协调发展，它符合国际社会的根本利益，也顺应了经济全球化的潮流。

（2）中美战略博弈日益白热化，西方国家对中国的发展和崛起抱有疑虑、担忧甚至戒备、敌意。美国奥巴马政府时期推行所谓的"重返亚洲再平衡"策略，意图围堵中国的发展空间，遏制中国的发展势头，在外交、军事、安全、经贸等领域实行了一系列新举措。军事方面：推行"巧实力"外交，强化"美日安保"，企图拉拢日本、韩国、菲律宾、澳大利亚等国缔结"小北约"，打造环绕中国东部的"三条岛链"，构建从日本东京到阿富汗首都喀布尔的"新月形"包围圈，明里暗里插手东海、南海问题，驻军澳大利亚，重返菲律宾，炒作海空一体战、离岸作战。经济方面：在亚太经济合作组织（APEC）之外提出"跨太平洋伙伴关系协定"（TPP），意欲继续主导亚太政经格局，遏制中国发展。"一带一路"倡议是中国版的再平衡战略，意在把中国和东盟关系的重点再从安全方面拉回到经贸上。通过这些年中美两国的较量，不难看出中美战略之间的巨大差异。简单地说，美国是军事为主、经济为辅；而中国则是经济为主、军事为辅。美国以军事为主是因为经济相对衰落，而军事仍然强大。中国以经济为主、军事为辅是因为中国历史上就是商贸大国，而没有军事扩张主义的文化基因。"一带一路"倡议在有效抵消美国"（军事）再平衡"的同时，也促进了中国和东盟及世界其他国家关系的可持续发展，为实现双赢局面创造了条件。

（3）中国区域合作的初步进展。凭借改革开放30多年的发展成就和积累的国家综合实力，中国积极参与建构国际新秩序，提出了一系列新思路、新战略、新机制，倡导成立了许多新的地区或国际组织。在坚持和平共处五项原则、提倡国际关系民主化、促进世界多极化、倡导多边安全机制等前提下，中国逐步构建全方位、多层次国际对话渠道和合作机制，积极参与联合国维和、20国集团（G20）、APEC等国际事务，参与协调地区事务如东盟"10+3"、中日韩领导人峰会、朝核问题六方会谈等机制，树立负责任大国形象；发起并主导上海合作组织、博鳌亚洲论坛、中欧论坛、中东欧合作论坛、中非合作论坛、中阿合作论坛、中国东盟"10+1"、亚信峰会、金砖国家峰会，以及中—南美、加勒比地区国家，中国—南太平洋岛国等对话平台；推行中孟印缅经济走廊、中巴经济走廊、大湄公河次区域经济区等区域合作建设项目，倡设亚洲基础设施投资开发银行、金砖国家投资开发银行、中国—东盟海上合作基金和丝路建设基金；加快自贸区建设和谈判进程，倡导缔结"亚太自贸区"（FTAAP）；等等。而能把这些新思想新理念和对话合作机制落到实处又能统领全局的，恰恰是"丝绸之路经济带"和"21 世纪海上丝绸之路"两大战略构想。无论是和平发展、繁荣进步还是睦邻友好、开放包容这些理念，也无论是政治、外交、军事、安全还是经济、贸易、文化、科技这些领域，都可以在"一带一路"倡议中得到实现。

2. 国内背景方面

（1）对外开放是我国的一项基本国策。"一带一路"既是加强和深化我国对外合作开放的需要，也是促进我国与周边国家互利共赢的需要，使得沿线各国之间的经济文化交流加深，实现地区安宁、共同富裕。

（2）产能过剩、外汇资产过剩，对经济的运行造成了很大的负担，制约了经济增速回升。2008 年国际金融危机以后，经济增长的刺激政策形成了巨大产能，传统产业和新型产业的产能过剩问题越发突出，这严重阻碍了经济的健康发展。通过"一带一路"来开辟新的出口市场是很好的抓手。我国不仅有过剩产能，还有过剩外汇资产；而新兴市场国家和欠发达国家的基础设施建设仍然欠缺，我国可以利用积累的外汇储备作为拉动全球增长的资本金，还能通过资本输出带动消化过剩产能。

（3）资源获取问题。油气资源、矿产资源对国外依存度高，我国没有完备的油气资源储备体系，不利于自身的经济安全。1993 年以来我国就一直保持着石油净进口状态，原油进口量的 80% 需要经过马六甲海峡，对外依存度高达 58%。我国石油进口主要来自中亚和北非以及中哈、中俄石油管道，为了保障石油进口安全，我国要加强与这些地区长期有利的联系和交流。"一带一路"新增了大量有效的陆路资源进入通道，同时也促进了双方共同发展，让对方有能力并且愿意为我们提供相关资源。

（4）国家安全的强化问题。我国的资源进入通道现在主要还是沿海海路，工业和基础设施也集中于沿海，而沿海直接暴露于外部威胁中，在战时极为脆弱。因此要重视内陆地区的经济发展，极力促进内陆地区与沿海地区的平衡发展，真正增强我国经济的实力和后盾力量，保障我国经济安全。在战略纵深更高的中部和西部地区，特别是西部地区，地广、人稀、工业少，还有很大的工业和基础设施发展潜力，在战时受到的威胁也少。通过"一带一路"加大对西部的开发，将有利于向战略纵深的开拓和国家安全的强化。

（三）实施"一带一路"倡议面临的风险

"一带一路"倡议意味着我国对外开放实现战略转变。这一构想已经引起了国内和相关国家、地区乃至全世界的高度关注和强烈共鸣。但"一带一路"倡议是一项长期、复杂而艰巨的系统工程，其推进实施必然面临诸多不容忽视的风险和挑战，应该引起高度重视。在具体实施"一带一路"倡议时必须对世界形势、地区局势以及相关国家的政治格局、法律环境、宗教民族问题等进行仔细研究，对各种潜在的风险保持高度警觉，并进行有效应对。

（1）国际政治风险。"一带一路"沿线大多是发展中国家，政治体制多样，社会和政局不稳定。一些国家的政治势力还可能出于自身政治目的误解或歪曲"一带一路"倡议，借机煽动新的"中国威胁论""中国扩张论"，蓄意阻挠"一带一路"建设。目前中国与东南亚、南亚等沿线地区部分国家围绕有关领土、领海主权争端的不稳定因素短期内无法消除，倘若再遭遇美、日等实施区域外因素的干扰，不仅可能激化既有矛盾，引发沿线国家更多的安全疑虑，甚至还会引爆局部的地缘冲突。中东、中亚、东南亚等地区的国际恐怖主义、宗教极端主义、民族分裂主义势力和跨国有组织犯罪活动猖獗，地区局势长期动荡不安。这些非传统不安全因素的凸显，既恶化了当地投资环境、威胁企业人员和设备安全，也可能乘"一带一路"建设开放之机扩散和渗透到中国国内，甚至与国内不法分子内外勾连、相互借重，破坏中国安定的国内社会环境，给"一带一路"倡议及沿线工程建设带来严峻挑战。而"一带一路"倡议实施中的基础设施建设投资大、周期长、收益慢，在很大程度上有赖于有关合作国家的政策政治稳定和对华关系状况。这两者的矛盾增加了"一带一路"建设中的政治风险。

（2）文化和宗教冲突。由于地理、历史、宗教、民族的差异，"一带一路"沿线国家的文化文明丰富多元，既有中国、印度等东方传统国家，也有西方传统国家；既有俄罗斯、土耳其等欧亚国家，还有新加坡等东西方文化交融的国家。国家不同的身份定位在某种程度上塑造国家对利益的认知，从而影响着国家行为和内外政策选择。"一带一路"沿线大多数国家民族众多，基督教、佛教、伊斯兰教、印度教等多元宗教信仰并存，一些宗教内部还存在不同教派，各民族宗教之间的历史纷争复杂，增加了沿线各国合作的难度。

（3）产业安全风险。根据发展经济学的研究，制造业在经济增长中的作用是无条件趋同的。只要一个国家有制造业，不论其政府形态、政治特征甚至经济发展处于什么阶段，它的经济增长水平都会向世界平均水平趋近。例如越南、老挝、缅甸、巴基斯坦、印度、印度尼西亚、菲律宾等南亚和东南亚国家，人力资源尤其丰富，如果它们获得了充分的基础设施，必然会成为中国制造业的有力竞争者。虽然中国政府颁布了《推动共建丝绸之路经济带和21世纪海上丝绸之路的愿景与行动》文件，但"一带一路"倡议的长远规划还有待完善和细化，特别是有关制度设计和政策安排的谈判协商还面临诸多不确定性，与相关国家的实质性对接与具体合作还没有全面展开。中国企业如何参与和推动"一带一路"建设，应从国家利益的战略高度去规划和引导。

（4）市场开发和项目推进困难重重。"一带一路"连通亚欧非三大陆，联结太平洋和印度洋，包含了老牌欧洲发达国家和新兴发展中国家，不同国家的经济发展水平和市场发育程度极为不同。有些国家法律法规比较健全，市场发育程度较高，经济环境相对稳定，为企业投资创造了便利条件；也有一些国家市场封闭，进入难度大，增加了企业投资评估的复杂性，制约了建设成果的合作共享。"一带一路"倡议从满足沿线国家的发展需求出发，降低了经济合作的门槛，一方面有利于沿线国家和企业的广泛参与，另一方面可能造成参与国和企业主体在合作规则认知与收益分配方面的矛盾。此外，尽管中国在"一带一路"倡议实施中扮演着主要角色，并利用自身在资金、技术、人员等方面的优势，以优惠政策大力支持"一带一路"沿线有关项目建设，但中国单方面毕竟实力和资源有限，也面临着摊子大、后劲不足等风险。

二、"一带一路"倡议对于中国跨国公司国际财务管理能力的挑战

"一带一路"倡议的实施细化为五大举措：①加强政策沟通。加强政府间合作，构建宏观政策沟通交流机制，深化利益融合，促进政治互信，达成合作新共识。②加强设施连通。共同推进国际骨干通道建设，逐步形成连接亚洲各次区域以及亚欧非之间的基础设施网络。③加强贸易畅通。解决投资贸

易便利化问题，消除投资和贸易壁垒，构建区域内良好的营商环境，积极同沿线国家和地区共同商建自由贸易区。④加强货币流通。深化金融合作，推进亚洲货币稳定体系、投融资体系和信用体系建设。扩大沿线国家双边本币互换、结算的范围和规模。⑤加强民心相通。广泛开展文化交流、学术往来、人才交流合作、媒体合作。

"加强货币流通"作为五大举措之一，是参与"一带一路"倡议的中国企业的财务管理部门的职责和使命所在。但"一带一路"沿线涵盖中亚、南亚、西亚、东南亚和中东欧等60多个国家和地区，大多数为新兴市场或发展中经济体，普遍存在国民储蓄率低、金融市场不发达等问题。"货币流通"与其他四项举措紧密联系，给中国跨国公司的国际财务管理提出了新的要求。

首先，"设施连通"举措下的基础设施建设项目需要"货币流通"提供资金支持。"一带一路"倡议初始阶段把设施连通作为优先领域，以运输通道的互联互通为纽带，以经济走廊为依托，率先建立亚洲交通、电力、通信等基础设施互联互通的基本框架，推进国际运输大通道建设，加快发展高铁、轨道交通，编组陆运、海运、空运和资讯等立体交通大网络，带动沿线基建投资强劲增长。这些基建设施项目无疑需要巨额的资金投入。企业必须运用各种先进的国际财务管理手段为这些项目筹集资金。

其次，"贸易畅通"将考验"货币流通"的能力。"一带一路"倡议会进一步提升沿线区域全方位的贸易服务往来，推进区域内的投资和贸易合作。根据中银香港2017年5月19日发表的《中银经济月刊》研究报告，估计未来十年中国与丝路沿线国家的贸易年均增长率将超过10%，双边贸易额将增加到近3万亿美元，占中国外贸总额的比重也将提升到1/3以上。这不仅涉及复杂的国际贸易结算和融资，还有如何克服贸易服务往来中的障碍和壁垒，这将是企业国际财务管理能力的严峻考验。

最后，"政策沟通"与"货币流通"的发展息息相关。"一带一路"沿线国家存在法规政策不相容、地缘政治风险居高不下、文化宗教冲突不断、恐怖主义盛行等风险因素，加强政策沟通是把"一带一路"建成和平之路的重要保障。特别是许多国家或多或少存在外汇管制，相关财务管理问题更为复杂，中国跨国公司必须掌握当地的投资和外汇管理相关政策，并寻求合适的国际财务管理解决方案。

　　总之，中国跨国公司积极参与"一带一路"建设、实现国际化经营需要先进的国际财务管理实践来提供海外扩张的金融支持，否则难以为继，甚至可能带来巨大的经营风险。事实上，越来越多的中国企业在海外发展过程中面临一些国际财务管理相关的挑战。例如：海外子公司自身实力往往很弱，难以独立获得海外融资，或者融资成本很高；海外业务远离国内的集团总部控制，资产未能充分利用，财务管理风险隐患巨大；即使发现了进入或扩张海外市场的宝贵机会，但资金受进出境审批过程限制，错失良机；对海外市场的政治、经济、法律、文化等方面的环境不熟、信息不全，业务常常受到外币汇率、监管法规和国外经济变化的所谓"意外"冲击；集团内具有国际视野的国际财务管理人才缺乏；等等。

三、本书的定位

　　为了应对参与"一带一路"建设中国际财务管理方面的风险和挑战，中国企业必须建立一支具备全球视野与具有相关知识和经验的人才队伍，但目前不少中国企业都面临国际财务管理实务人才匮乏的窘境。即使现有的财务管理队伍已经有多年的工作经验和熟练的业务能力，但不少人还是缺乏国际财务管理实务操作知识和经验，实务界需要一些系统介绍国际财务管理相关知识的书籍供相关人员学习参考。但国内市面上现有的国际财务管理类书籍，多是高校编写的教材，偏重于国际财务管理的理论知识，缺乏实务内容；或者是少数从业人员就某一个特定领域例如海外发债写的实务书籍，鲜有对国际财务管理知识进行系统介绍；还有一些是从国外翻译引进的国际财务管理书籍，内容较为先进，也理论结合实际，但缺乏"中国特色"。

　　有鉴于此，本书并不打算过多阐述国际财务管理的相关理论知识，而是在"一带一路"倡议的大背景下，试图紧密结合中国的实际，专注于系统总结和介绍目前市场上中国跨国公司国际财务管理的前沿实务做法和经验，以帮助读者快速了解和掌握相关的必备知识，以培育和提升从事国际财务管理相关工作的能力。

　　本书适用于从事国际财务管理工作的从业人员，以及有志于从事相关工作的国际财务管理专业高年级本科生和研究生，特别是已经具有一定工作经验、将要从事国际财务管理工作的 MBA 和 MPACC 专业的学生。对于在高校从事中国跨国公司国际财务管理领域研究的教学和科研人员，本书也具有一定的参考价值。本书亦可帮助监管机构人员增加对中国企业国际财务管理实务的了解。

在"一带一路"倡议的大背景下，中国跨国公司国际财务管理实务正处于日新月异的快速发展过程之中，其中所涉及知识的深度和广度已远远超出了笔者的知识范围。所以虽然笔者已竭尽全力去写好这本书，但受水平所限，加之时间紧迫，本书一定存在不足之处，甚至挂一漏万。但如果本书能够让读者对国际财务管理的中国实务前沿有所了解，激发读者对相关领域学习和研究的兴趣与思考，能为"一带一路"建设添砖加瓦，便是其最大的价值。

四、本书的内容

本书的具体内容主要涵盖以下五个方面，相应分为五篇：

第一篇为国际财务管理理论基础。

本书聚焦中国跨国公司国际财务管理实务与案例，考虑到适度了解相关经济理论有助于读者从更深层次、更广视角去掌握实务做法的实质，故本篇将对国际财务管理相关理论做集中、简要的介绍，供有兴趣的读者参考。对此不太感兴趣的读者亦可跳过本篇，直接进入后面的实务章节，基本不影响对相关内容的理解。

本篇包括三章：第一章为企业国际化经济理论，旨在帮助读者了解中国企业"走出去"的必然性和相关业务模式。第二章为资本结构理论，揭示公司资本结构与公司价值之间的关系，重点需掌握融资优序理论的相关观点，为第二篇的国际营运资金管理（内部融资）、第三篇的国际融资（债务融资和股权融资）和第四篇的国际投资做必要的理论铺垫。第三章为期权定价理论，与第五篇国际风险管理部分的金融市场风险管理等内容密切相关。

第二篇为"一带一路"倡议之内部挖潜：国际营运资金管理。

本篇将讨论国际营运资金管理。这与优序融资理论中的内部融资问题紧密相关，就是通常所说的"内部挖潜"。本篇将在第四章首先讲述全球资金管理的演进，然后在第五章、第六章分别讨论财务共享服务中心和内部银行两个营运资金管理的热点问题。而鉴于过去几年中国的跨境人民币、外币资金管理政策快速转变，将在第七章讨论中国跨境政策及自贸区政策。

而国际贸易结算与融资虽然是基础性知识，却亦是国际营运资金管理的重要组成部分，所以在本篇的附录部分予以简单介绍，供有兴趣的读者参考。

第三篇为"一带一路"倡议之外部开源：国际融资。

国际融资包括国际债务融资和国际股权融资，属于优序融资理论中所谓的外部融资。在"一带一路"倡议的大背景下，国际融资是我国"走出去"战略的重要组成部分，对我国企业和经济的发展具有重要的促进作用。本篇将在简要介绍企业融资一般情况的基础上，讨论中国企业国际融资的主要模式及一些案例，包括第八章的企业融资概论、第九章的境外上市融资、第十章的境外债券融资、第十一章的国际银团贷款、第十二章的境外并购融资创新之封闭式融资、第十三章的出口信贷融资。

第四篇为"一带一路"倡议之重器：国际投资。

"一带一路"倡议的主要目的就在于实现中国与沿线国家的贸易与投资往来，其中对外投资是主要方面，这也是中国由资本输入国向资本输出国转变的标志。本篇的第十四章、第十五章将分别讨论中国企业国际投资的两种主要形式，即国际工程项目承包和境外并购。第十六章将讨论与投资密切相关的常用估值方法。第十七章则是关于中国政府境外投资政策的最新调整。

第五篇为"一带一路"倡议之盾：国际风险管理。

风险管理已经成为中国企业"走出去"的必修课，所以本篇将就中国企业子国际市场中面临的风险及其管理措施进行阐述。第十八章对"一带一路"沿线国家总体国别风险进行分析；国际工程承包是中国企业在国际市场上具有较大竞争力的领域，也是中国企业"走出去"的主要方式，所以第十九章将以EPC为例，讨论国际工程承包中的风险管理；第二十章结合中国企业的实际，关注金融市场风险管理的常用手段和方法；第二十一章是关于国际税务风险与筹划的简要介绍。

第一篇

国际财务管理理论基础

　　本书聚焦中国跨国公司国际财务管理实务，但考虑到适度了解相关经济理论有助于读者从更深层次、更广视角去掌握实务做法的实质，本篇将对国际财务管理相关理论进行集中、简要的介绍，供有兴趣的读者参考。对此不太感兴趣的读者亦可跳过本篇，直接进入后面的实务章节。

　　本篇包括三章：第一章为企业国际化经济理论，旨在帮助读者了解中国企业"走出去"的必然性和相关业务模式。第二章为资本结构理论，揭示公司资本结构与公司价值之间的关系，重点介绍融资优序理论的相关观点，为第二篇的国际营运资金管理（内部融资）、第三篇的国际融资（国际债务融资和国际股权融资）和第四篇的国际投资做必要的理论铺垫。第三章为期权定价理论，与第五篇国际风险管理部分的金融市场风险管理等内容密切相关。

第一章 企业国际化经济理论

一、企业国际化的实质

企业国际化是指企业生产经营活动国际化，表现为原本以国内为生产经营范围的企业，转向以国际市场为导向，在世界范围内组织经济资源，寻求最佳发展机会；企业在国际市场上的销售额比重上升，海外的生产规模不断扩展。"企业国际化"一词也经常被用于表述国民经济中企业向国际经济领域转移的过程，或用于表述企业参与国际经济活动的水平。参与国际经济活动程度较高的企业，常被称为"国际企业"。

二、企业国际化的途径

企业国际化主要通过两种途径来实现，即市场国际化和投资国际化。

（一）市场国际化

大多数企业是从产品出口或向海外市场提供技术开始国际化进程的。在这一过程中，企业以国际市场需求为导向，以提高在国际市场中的占有率为目标来设计产品和组织生产。企业的价格策略、产品策略和服务策略的目标是开拓并占有国际市场，以提高企业产品在国际市场上的销售额和销售利润。

（二）投资国际化

随着企业国际市场的扩展，产品出口收益构成了企业经济收益的重要部分。为了掌握国际市场变化的信息、克服各种贸易壁垒，一些企业通过直接投资在海外设立子公司或分支机构，或者通过合资合作在海外设立生产企业，从事跨国生产和跨国经营，建立企业的国际生产分工体系和国际流通网络，充分利用别国的优势资源，谋求企业收益的最大化。企业投资国际化也可以采取间接投资的方式，即通过购买外国企业的股票或债券，发展在海外的业务。这种间接投资以不具有控制和支配股票发行企业的决策权为限。间接投资的目的往往是为了推动产品出口，或者为直接投资做准备；获得股息、债券利息也是间接投资的目的之一。

三、企业国际化的经济动因

企业国际化的发展，源于各种经济利益的推动。对于企业国际化动因的分析，许多经济学家作了充分论述，主要可以分为国际贸易相关理论、国际投资相关理论以及国际经营相关理论三大类。

(一) 国际贸易相关理论

国际贸易相关理论包括绝对优势理论、比较优势理论和生产要素禀赋理论等。

1. 绝对优势理论（Theory of Absolute Advantage）

18 世纪末，英国古典经济学家亚当·斯密提出自由贸易的绝对成本说，其代表作《国民财富的性质和原因的研究》分析了国际分工的绝对成本状况，提出了依照绝对成本进行分工的学说，奠定了自由贸易政策主张的理论基础。该理论认为国际贸易和国际分工是建立在一个国家所拥有的自然优势或获得性优势基础上的自然优势，是超过人力范围之外的矿产、土壤、气候和其他方面的优势；获得性优势是生产技术、技巧或经验。一个国家的自然优势有时非常大，其产品成本绝对低于其他国家产品的成本，以至于其他国家无法在这方面与其竞争，这是一个国家在国际贸易中的绝对优势。生产成本的绝对差别是国际贸易和国际分工的基础。

亚当·斯密的绝对成本说主要阐明了如下内容：①分工可提高劳动生产率，增加国民财富；②分工原则是成本的绝对优势或绝对利益；③国际分工是各种形式分工中的最高阶段；④国际分工的基础是有利的自然禀赋或后天的有利条件。

2. 比较优势理论（Theory of Comparative Advantage）

比较优势理论是在绝对优势理论的基础上发展起来的。大卫·李嘉图在 1817 年出版的《政治经济学及赋税原理》中提出了比较优势理论，即只要各国之间存在生产技术上的相对差别，就会出现生产成本和产品价格上的相对差别，从而使各国在不同的产品上具有比较优势，使国际分工和国际贸易成为可能。这是一项最重要的、至今仍然没有受到挑战的经济学普遍原理，具有很强的实用价值和经济解释力。根据比较优势原理，一国在两种商品生产上较之另一国均处于绝对劣势，但只要处于劣势的国家在两种商品生产上劣势的程度不同，处于优势的国家在两种商品生产上优势的程度不同，则处于劣势的国家在劣势较小的商品生产方面具有比较优势，处于优势的国家则在优势较大的商品生产方面具有比较优势。两个国家分工专业化生产和出口其具有比较优势的商品，进口其处于比较劣势的商品，则两国都能从贸易中得到利益，这就是比较优势原理。也就是说，两国按比较优势参与国际贸易，通过"两利取重，两害取轻"，两国都可以提升福利水平。

比较优势理论在历史上具有较大的进步作用，它为自由贸易政策提供了理论基础，推动了当时英国的资本积累和生产力的发展。在这个理论影响下，《谷物法》被废除了，这是19世纪英国自由贸易政策所取得的最伟大的胜利。整体来看，比较成本理论在加速社会经济发展方面所起的作用是不容置疑的。它对国际贸易理论的最大贡献是：首次为自由贸易提供了有力证据，并从劳动生产率差异的角度成功地解释了国际贸易发生的一个重要原因。直到今天，这一理论仍然是许多国家，尤其是发展中国家制定对外经济贸易战略的理论依据。

但是，比较优势也存在较大的不足。比较优势理论的分析方法属于静态分析，且没有进一步解释造成各国劳动生产率差异的原因。现实中也难以找到一个国家在国际贸易中进行完全的专业化生产。一般来说，各国大多会生产一些与进口商品相替代的产品。不过，该理论对国际经济发展的作用仍然是不可低估的，其所提出的比较优势原理在现实经济中有着重要的意义。

从理论分析的角度考察，比较优势理论分析研究的经济现象涵盖了绝对优势理论分析研究的经济现象，而不是相反，这说明斯密所论及的绝对优势贸易模型不过是李嘉图讨论的比较优势贸易模型的一种特殊形态，是一个特例。绝对优势理论与比较优势理论是特殊与一般的关系。将只适用于某种特例的贸易模型推广至对普遍存在的一般经济现象的理论分析，正是李嘉图在发展古典国际贸易理论方面的一大贡献。

比较优势理论近年来的发展主要是基于对外生比较优势这一主流理论的

完善和挑战。在近年来关于比较优势的诸多研究中，一个比较突出的现象是：以克鲁格曼、赫尔普曼和格罗斯曼为代表，在引入规模经济、产品差异等概念体系批评传统比较优势理论的基础上形成了所谓的新主流，而其他学者们又在批评这一新主流的基础上，从专业化、技术差异、制度、博弈以及演化等不同的角度对比较优势理论进行了拓展。

3. 生产要素禀赋理论（Factor Endowment Theory）

生产要素禀赋理论又称资源配置理论，它从生产要素比例的差别方面阐述贸易的基础。代表人物有赫克歇尔、萨缪尔森等。

生产要素禀赋理论有狭义和广义之分。狭义生产要素禀赋理论是指生产要素供给比例说，它通过对相互依存的价格体系的分析，用不同国家的生产诸要素的丰歉解释国际分工和国际贸易产生的原因和一国进出口商品结构的特点。广义生产要素禀赋理论是除了包括生产要素供给比例说之外，还包括生产要素价格均等化说。它是研究国际贸易对生产要素价格的反作用的，说明国际贸易不仅使国际商品价格趋于均等化，还会使各国生产要素的价格趋于均等化。

生产要素禀赋理论认为，资本、土地以及其他生产要素在生产中起重要作用。产品的相对成本不仅可以由技术差别决定，也可以由要素比例和稀缺程度决定。不同的商品生产需要不同的生产要素配置，如资本密集型、劳动密集型。因各国生产要素的储备比例不同，所以应集中生产并出口能充分利用本国充实要素的产品，换取需要密集使用其稀缺要素的产品。即生产并出口用本国最富有的要素生产的产品，进口用本国缺乏要素生产的产品，可以获得比较利益。例如，资本富裕的国家出口资金密集型产品，劳动力资源丰富的国家出口劳动密集型产品等。

4. 产品生命周期理论（Product Life Cycle Theory）

产品生命周期理论由美国哈佛大学教授雷蒙德·弗农于 1966 年首次提出。一个国家的某项技术发明，可以使取得发明成功的企业在市场上具有一定程度的垄断力量。向其他国家出售利用这一技术成果生产的产品，或直接转让技术，可以使企业获得超额利润，这是由发明成果的稀缺性导致的。但是随着产品与技术的扩展，当其他国家的企业掌握了这一新技术时，由技术优势引起的出口额将逐渐减少。弗农认为，一个新产品，当它刚进入市场时，由于所具有的新特性是其他企业产品不具备的，因此，可以定位在较高的价格水平上。这时，生产成本水平对于企业来说不是至关重要的因素。当产品进入成熟阶段时，产品生产标准化，有更多的企业学会了怎样制造这种产品，市场价格也随之下降。在这种条件下，生产成本水平决定着创新企业的利润。

为了保证经济收益，创新企业可以把产品销到国外，在新市场上继续获得超额利润；也可以把产品生产转移到能以低成本制造产品的国家，通过国际贸易或海外生产获利。即产品发展需要经过三个阶段：第一阶段为产品创新阶段，地点为少数发达国家；第二阶段为成熟产品阶段，资本和熟练工人充实的国家成为主要生产国和出口国；第三阶段为标准化产品阶段，发展中国家生产该产品，发达国家进口该产品。在不同的阶段，消费结构和生产函数都会发生变化，生命周期理论如图1.1所示。

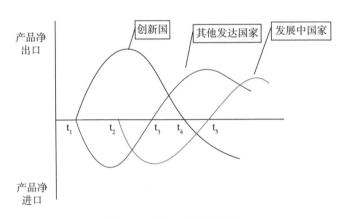

图 1.1　产品生命周期理论

5. 小岛理论（Kiyoshi Kojima Theory）

20 世纪 70 年代中期由日本的小岛清教授在比较优势理论的基础上总结出"日本式对外直接投资理论"，即所谓的"边际产业扩张理论"，又称"小岛理论"。小岛理论的核心是：对外直接投资应该从本国（投资国）已经处于或将陷于比较劣势的产业（这也是对方国家具有显在或潜在比较优势的产业）（可以称为边际产业）依次进行。小岛清认为以前对外投资理论都是以美国的对外投资为研究对象，偏重于从企业的垄断优势去解释，而他从日本贸易导向的产业政策角度对日本的对外直接投资进行了分析。小岛清认为，日本对外投资是从那些即将丧失或已经丧失比较优势的行业开始的，投资的目的是为了获得东道国的原材料和中间产品，这样可以发挥投资母国和东道国的比较优势，使双方获得利益。

小岛清理论的基本含义在于：一个国家的某些产业在本国已经或即将失去发展空间（即处于或即将处于劣势地位），成为该国的边际产业，而同一产业在另一些国家可能正处于优势地位或潜在的优势地位，这样一国就应从本国已经处于或即将处于劣势地位的边际产业开始依次进行海外直接投资。

小岛清的理论进步在于，他第一次提出了产业概念，相对于以企业为研究对象的垄断优势理论而言前进了一步。他提出投资国与受资国同一产业的企业具有不同的生产函数，形成了比较利润差别，构成双方实物资产、技术水平、劳动力和价格等经济资源的差异，这样就可以使双方形成更合理的生产要素组合，发挥各自的优势，因此对外直接投资的优势是建立在比较优势的基础之上的。他的理论为以后的研究开辟了新的思路。

6. 波特钻石模型（Porter Diamond Model）

钻石模型（见图 1.2）又称菱形理论或国家竞争优势理论，是由美国哈佛商学院著名的战略管理学家迈克尔·波特提出的。波特钻石模型用于分析一个国家某种产业为什么会在国际上有较强的竞争力。

波特钻石模型认为一国的国内经济环境对企业开发其自身的竞争能力有很大影响，生产要素、需求条件、相关及支持产业，以及企业战略、结构与同业竞争四因素是产业竞争力的最重要来源。机遇和政府这两个附加因素也对国家竞争优势产生影响。机遇包括纯粹的发明、重大的技术非连续性、投入成本的不连续性、世界金融市场和汇率的重大变化等；政府通过政策影响四个基本要素。

（二）国际投资相关理论

1. 垄断优势理论（Monopolistic Advantage Theory）

研究对外直接投资的独立理论最早是由美国学者斯蒂芬·海默于 1960 年在其博士论文中提出，并由其导师金德尔伯格于 20 世纪 70 年代进行补充和

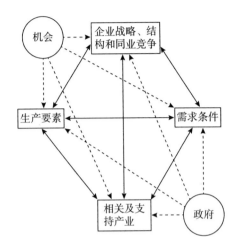

图 1.2 波特钻石模型

发展的。该理论主要以市场的不完全竞争和垄断资本集团对某些工业部门所具有的垄断优势来解释对外直接投资（FDI）的成因。

海默提出：

（1）市场不完全是导致对外直接投资的主要原因。市场不完全包括以下四方面：

- 产品或生产要素市场不完全；
- 规模经济导致的市场不完全；
- 政府管制引起的市场不完全；
- 赋税与关税引起的市场不完全。

（2）愿意且能够从事对外投资的企业，具有一种或若干种当地市场上缺乏的独占优势，包括：

- 技术优势；
- 规模经济；
- 资金和货币优势；
- 组织管理能力。

2. 内部化理论（Internalization Advantage Theory）

内部化理论又称市场内部化理论，是当前解释对外直接投资的一种比较流行的理论。以美国学者科斯的新厂商理论和市场不完全理论作为基本假定。科斯提出，如果市场失效或市场不完全，企业通过市场交易的成本就会增加；而通过企业组织的内部进行交易，就可能减少市场交易的成本。这种变市场上的买卖关系为企业内部的供求交换关系的现象即为市场的内部化。科斯通过松动"交易费用为零"的前提假设，开了交易费用经济学研究的先河。交易费用经济学认为，企业的本质是市场的替代物，即以企业家调节机制代替以价格调节为基础的自由市场交易机制，这样可以大大地节省交易费用。交易费用经济学家认为，企业的存在使市场交易"内部化"，以节约交易费用。科斯认为企业和市场是两种不同但可以相互替代的交易治理方式。当企业内部交易的费用比由市场来完成时的费用更节省时，这种交易行为就会"内部化"到企业中去；反之，则由市场交易来完成。在交易费用理论研究成果的基础上，英国里丁大学教授巴克利和卡森于 1976 年提出了内部化优势理论。

3. 区位因素理论

美国学者约翰逊则进一步分析和考察了影响对外直接投资的区位因素，认为它们构成了对外直接投资的充分条件。在现实生活中，区位条件是由投资国和东道国的多种因素决定的，主要包括以下四个方面：

- 劳动成本；
- 市场需求；
- 贸易壁垒；
- 政府政策。

4. 国际生产折衷理论（International Production Eclectic Theory）

国际生产折衷理论又称国际生产综合理论，是由英国里丁大学教授邓宁于 1977 年提出的。他将垄断优势理论、内部化理论和区位因素理论结合为一个统一的理论体系，称之为"OLI 理论"。"O"即"Owner-specific"——所有制优势，"L"即"Location-specific"——区位优势，"I"即"Internalization"——内部化优势。该理论认为国际企业开展对外直接投资是由所有权优势、区位优势和内部化优势三种因素共同决定的，以此说明跨国公司对外直接投资的经济合理性，以及跨国公司对海外投资模式的选择。

根据工业组织理论，跨国公司与国内公司相比，有一种基于其无形资产

（商标、专利、市场技巧和其他组织能力等）的所有制优势。如果跨国公司的无形资产能够体现在特定的商品上，市场上不存在仿制的可能，出口经营就是一种适当的国际经营形式。如果公司的专门知识能体现在特定产品的生产流程上，这种生产流程能够以契约形式向外转移，特许经营就是一种适宜的对外发展的形式。如果无形资产表现为一种组织技巧，通过生产新产品的专门知识向市场提供服务、质量控制、广告、分销渠道、售后服务，而这一系列的工业组织技巧是捆绑在一起并无法分割的，则在海外建立跨国公司的子公司就是一种适宜形式。

依据内部化理论，跨国公司是一系列市场组织——营销、研发、培训和生产等各种功能组织的联合，它们相互之间的联系表现为一系列中间产品和无形资产的流动。如果这种联系通过外部市场的交易实现，无形资产在定价上的困难使其外部交易的成本很高。如果跨国公司将外部市场交易内部化，当外部交易成本大于内部交易成本时，对外直接投资就是海外发展的一种适宜形式。市场失败（市场不完善的一种类型）导致了跨国公司垂直直接投资和水平对外直接投资。垂直直接投资使跨国公司能够以内部生产和分销替代外部不完善的市场，水平对外直接投资是指跨国公司在一个行业内的投资，它使得跨国公司能够充分利用专门技术的优势，而避开与无关联企业在使用专门技术上所遇到的契约上的困难（定价困难、监督和对技术转移实行限制的困难）。

区位理论把区位优势作为跨国公司海外投资的决定因素，某一具体地点的区位优势要根据所在国家和行业的特点进行说明，由于投资国和东道国存在差异，把一部分生产移至国外进行，往往比国内更有利可图。如果公司不能将公司的所有制优势与特定地点的区位优势结合起来，则出口和特许经营是对外发展的适宜形式。

5. 基于发展中国家的对外直接投资理论

（1）小规模技术理论。20 世纪 80 年代美国经济学家威尔士提出小规模技术理论。该理论认为，发展中国家的企业拥有为小市场服务的生产技术，这些技术具有劳动密集型的特征，成本较低、灵活性较高，特别适合小批量生产，能够满足低收入国家制成品市场的需要。而发达国家跨国公司拥有的大规模生产技术在这种市场中无法获得规模效益，发展中国家的企业可以利用其小规模生产技术在竞争中获得优势。这一理论的针对性较强，主要是对发展中国家的对外贸易和对外投资现象的解释，因此对中国企业的国际化经营具有现实的指导意义。

（2）技术地方化理论。20世纪80年代英国经济学家拉奥提出的技术地方化理论较好地解释了发展中国家部分企业对外投资竞争优势存在的原因。该理论认为，发展中国家对发达国家的技术引进并不是被动的模仿和复制，而是进行了创新，这种创新活动使引进的技术更加适合发展中国家的经济条件和需求，并与发展中国家的生产要素的价格和质量相适应，从而使发展中国家的企业在当地市场和邻国市场具有竞争优势。80年代以来，中国家电企业大量引进欧美及日本的家电技术和生产线，并不断消化直至形成自己的特色。90年代中后期，中国的家电不但大量出口到发展中国家，而且还大量返销到欧美及日本等发达地区或国家，正是这一理论的写照。

（3）技术创新产业升级理论。从20世纪80年代中期开始，一些具有较强国际竞争力并且以中小企业为主体的产业集群引起人们的关注，如意大利的传统产业集群、美国硅谷的信息产业集群、中国台湾的计算机产业集群以及印度班加罗尔的软件产业集群等。从产业集群的发展来看，每一个产业集群都具有相当程度的国际化水准，而且聚集着大量的具有创新技术的中小企业。从产业集群与跨国公司的联系来看，许多跨国公司在产业集群里寻求技术来源、发展新生业务。

与此同时，技术创新理论与竞争力理论的发展为重新审视中小企业政策提供了新的思路。如波特在分析国家竞争力时采用了集群分析法，认为一国在某些产业的竞争力与该国在这些产业中的产业集群优势有关。而由弗里德曼、伦德瓦尔等人倡导的国家创新体系理论，强调创新过程中的交互式学习作用，可以用来解释为什么集群化有利于创新绩效的提高。

（三）国际经营相关理论

1. 企业国际化阶段理论

企业国际化阶段理论是由一批北欧学者在20世纪70年代中期提出的关于企业国际化成长历程的理论观点，这些学者被称为企业国际化理论的北欧学派。该学派把企业的国际化经营看成是一个发展过程，这一理论常被称为"优泼萨拉国际化模型"。北欧学派还用"心理距离"来分析解释企业选择海外市场的先后顺序。他们认为，企业的行为相对一致，都会沿着国际化学习曲线渐进地发展，从而把国际化分为六个连续阶段：不愿意、不感兴趣、感兴趣、实践着、较有经验的小出口商、经验丰富的大出口商。

Luostarinen 和 Hellman（1993）提出了一个较完整的国际化过程模型，在传统的外向型国际化过程之外，提出了内向型国际化，认为尽管在战略层面上内向型与外向型过程紧密相连，但传统理论忽略了内向型过程对企业国际化的重要性。Luostarinen 和 Hellman 的过程模型包括国际化的四个阶段和不同路径。第一个阶段为国内阶段，企业没有任何形式的国际经营；第二个阶段为内向型国际化阶段，海外业务仅限于技术转让或原材料、零部件的进口；第三个阶段为外向型阶段；第四个阶段为合作阶段，企业在制造、采购或研究开发等所有领域内都有合作协议。

Bamberger 和 Evers（1993）提出了一个五阶段国际化模型。第一个阶段为国内导向的企业，没有国际业务；第二个阶段为前出口阶段；第三个阶段为被动的国际化阶段；随着出口量的增加和其他国际经营方式的开展，如果企业对出口业务有良好预期、容易获得开展海外新业务的关键性资源、管理层愿意投入足够的资源到新的海外业务中去，企业就可以进入第四个阶段，即主动的国际化阶段；第五个阶段为投入的国际化阶段，此时，国际业务已经成为企业不可缺少的永久性组成部分，管理层不断地把资源在国内和国外市场之间进行分配。

2. 天生全球化理论

传统国际化理论认为企业国际化是一个渐进的过程，并提出了企业国际化的阶段模型。然而，阶段模型基本机制的重要性已今非昔比。一些中小企业几乎从一开始就走上了国际化发展道路，这类企业的国际化发展过程打破了传统的方式（Knight，1997；Oviatt & McDougall，1994），这对传统的观点，即企业必须以渐进的方式进入国际市场，历经阶段模型所建议的各阶段之后才能成为全球企业提出了挑战。对此，众多学者进行了研究、提出了解释，主要的理论有：随着全球通信和交通设施的改善、贸易壁垒的不断降低和市场的日益同质化，"心理距离"的概念已经越来越不重要了（Czinkota & Ursic，1987；Bell，1995）；利基市场（Niche Market）的作用日益重要（Robinson，1986），随着市场的日益全球化，许多小企业面临着来自大型跨国公司的世界性竞争，不得不专门为一些较狭窄的全球利基市场提供产品（Knight & Cavusgil，1996）；技术的发展使得中小企业能够较为经济地小规模、多批量生产高复杂度的产品并向全世界销售（Robinson，1986；Holstein，1992；Knight & Cavusgil，1996）；小企业自身有其固有的优势，比如快速反应、灵活性等。尽管这些优势在某种程度上被源缺乏这一劣势所冲抵，但这些优势有时还是促进了小企业进军国际市场，并使它们具备了满足顾客不同需要的能力。

但"天生的国际企业"还是一个新兴的研究领域，到目前为止，主要还是停留在概念性的工作和个案研究上，实证方面的研究相对较少，因此难以得出普遍性的结论。然而，如果我们对"天生的国际企业"的国际化驱动因素和运作机制能够有更清晰的理解，对于促进中小企业国际化的机构而言，可以提高政策的有效性；而对于广大中小企业而言，则能更加的放矢地发展国际化经营所必需的技能。

3. 企业国际化网络理论

企业国际化网络理论由约翰森和麦特森于 1988 年提出，内容包括：

（1）任何企业都只有在一定的社会关系中才能生存，一个行业就是企业间的社会关系网络。因此，企业国际化的过程是企业国际关系网络扩大的过程，是企业逐步利用其他企业资源进入国际市场的过程。

（2）企业之间会发生合作，这种合作是通过企业在网络中的相互作用进行的。

企业国际化不是目的而是手段，国际化应以塑造和提升企业核心竞争力为目的。当前国际化研究文献主要集中在企业如何利用优势参与国际竞争，对企业如何利用国际化塑造、提升自身竞争力却研究不足。在国际化过程中，一些企业获得了快速成长、增强了竞争力，同时也有一些企业遭遇了失败。研究企业竞争力与国际化的关系，理解国际化是如何对企业竞争力产生影响的，就能更好地指导企业参与国际化，所以笔者认为对此问题进行深入研究是非常有必要的。此外，这项研究对中国企业的发展也具有很强的理论和现实指导意义。

第二章　资本结构理论

一、资本结构的定义

所谓资本结构，有广义和狭义之分。Masulis 指出，"广义上说，资本结构涵盖了一个公司（包括它的子公司）的公募证券、私募资金、银行借款、往来债务、租约、纳税义务、养老金支出、管理层和员工的递延补偿、绩效保证、产品售后服务保证和其他或有负债"，它代表了对一个公司资产的主要权利，是指全部资本的构成比例关系，不仅包括长期资本，还包括短期资本。狭义的资本结构单指长期资本结构，即长期资本中债务资本与权益资本的构成与比例关系，也就是通常所说的资本结构。

资本结构理论是金融领域中最扑朔迷离的理论之一。该理论基于实现企业价值最大化或股东财富最大化的目标，着重研究资本结构中长期债务资本与权益资本构成比例的变动对企业总价值的影响，同时试图找到最适合企业的融资方式和融资工具。目前，理论界和实务界对最优资本结构的存在性已经达成了共识，并且认为企业采用最优资本结构可以提升企业价值，实现股东利益最大化的目标。然而，如何确定资本结构、什么样的资本结构才是最优的资本结构等问题，仍然待解。

二、资本结构的理论发展

资本结构理论发展沿革大致可以分为以下四个阶段：

（1）早期资本结构理论，包括净收入理论、净营业收入理论和传统理论。

（2）现代资本结构理论，包括 MM 理论、权衡理论等。1958 年美国学者 Modigliani 和 Miller 共同发表了《资本成本、公司理财和投资理论》一文，提出了著名的 MM 定理，标志着现代企业资本结构理论的形成。MM 定理向前承接了传统理论，向后历经了几十年的发展，逐渐放松原本严格的假设条件，针对影响企业价值的不同因素，发展出了形形色色的资本结构理论。

（3）新资本结构理论，如代理成本理论、信号传递理论、融资顺位理论等。新资本结构理论一反现代资本结构理论历来只注重税收、破产等"外部因素"对企业最优资本结构的影响，力图通过信息不对称理论中的"信号""契约""动机"和"激励"等概念，从企业的"内部因素"方面来分析资本结构问题。这样一来，新资本结构理论就把现代资本结构理论的权衡难题成功地转化为结构或制度设计问题，从而为资本结构理论研究开辟了新的研究方向，极大地丰富了资本结构理论的内容。

（4）后资本结构理论，如管理控制理论、产业组织理论。资本结构理论发展到 20 世纪 80 年代中期，以资本结构管理控制学派和资本结构产品市场学派为代表的后资本结构理论得到了理论界的广泛关注。这一理论突破信息不对称理论框架的束缚，又兼容了新资本结构理论的成果，从公司控制、投入产成品市场和行业竞争的新学术视野来分析与解释资本结构难题。

下面将简要介绍几种主要理论：

（一）MM 定理

在完美市场假设下，Modigliani 和 Miller 最初提出的 MM 理论不考虑公司所得税和个人所得税对于企业资本结构的影响，用一系列的数学推导证明了公司资本结构和公司价值的理论关系，得出的结论为：在完美的市场环境下，任何试图改变资本结构以影响企业市场价值的努力都是徒劳的。MM 定理被人们形象地比喻为"在一个完美的市场中，比萨饼的价值不会依如何切分它而改变"。MM 定理的逻辑推理过程无懈可击，但是其结论却与当时的理论观点相悖，在实践中也遇到了严峻的挑战，从而引发了一次资本结构理论的重大变革。

20 世纪 60 年代后，资本结构理论迅速成为理论界研究的热点问题。1963年 Modigliani 和 Miller 的论文《公司所得税和资本结构：一个纠正》放松了假设前提，开始研究在公司所得税的影响下资本结构与公司价值的关系，由此而得出的结论为：企业的资本结构影响企业的总价值，负债经营将为公司带来税收节约效应。税法规定，利息支出可以作为费用在公司所得税前抵减，而股利要在公司所得税后支付，这样在存在公司所得税时，负债经营就会产生税盾收益。如果企业的税负取决于公司所得税率和公司的盈利能力，那么企业为了追求税盾收益将不断提高负债比率，于是在这种情况下，用负债融资取代股权融资将获得抵税收益，从而增加企业价值。该理论为研究资本结构问题提供了一个起点和分析框架。在此之后，资本结构理论主要沿着两条主线发展。一条以 Miller、Farrar、Selwyn、Brennan 和 Stapleton 等为代表，主要探讨税收效应与资本结构的关系；另一条以 Baxter、Stiglitz、Altman 和 Warner 为代表，重点研究破产成本和财务困境对资本结构与企业价值关系的影响。

（二）权衡理论

经过发展后的 MM 理论仍然存在一个缺陷，即只考虑负债带来的税盾收益，却忽略了负债经营的风险和额外的成本。在现实中，公司提高负债将会增加企业的财务风险和财务危机成本。20 世纪 70 年代初，以 Robichek、Myers、Scott、Kraus 和 Litzenberger 等为代表的学者研究了破产成本及代理成本与资本结构的关系，并提出了权衡理论，学术界一般将至此以往的理论合称为静态平衡理论。

权衡理论认为，企业最优资本结构是在负债融资的税收利益与负债带来的成本之间的权衡；最优资本结构处于负债的预期边际税收利益等于负债的预期边际成本支出。这也表明企业最佳资本结构应该是平衡税盾收益与负债成本的结果。企业可以利用债务税盾的作用，通过增加负债来增加企业价值。但随着债务的上升，企业陷入财务困境的可能性也会增加，甚至可能导致破产，如果企业破产，不可避免地会发生破产成本。即使不破产，但只要存在破产的可能，或者说只要企业陷入财务困境的概率上升，就会给企业带来额外的成本，这是制约企业增加借贷的一个重要因素，因此，企业在决定资本结构时，必须要权衡负债的避税效应和破产成本。根据权衡理论，负债企业价值等于无负债企业价值加上节税利益，减去预期财务困境成本的现值。企业的最佳资本结构，存在于企业负债所引起的企业价值增加与因企业负债上升所引起的企业风险成本和各项费用相等时的平衡点上，此时的企业价值最大。

（三）代理成本理论

关于资本结构的代理成本理论的文献最早起源于 Berle 和 Means 有争议的论断：由于分散的股东没有能力严密监督公司经理，作为非所有者的经理人会引导企业追求利润以外的其他目标。1976 年，Jensen 和 Meckling 发表了经典性论文《企业理论：管理者行为、代理成本和所有权结构》，把代理成本理论引入了现代融资理论的框架中，从此提出了代理成本理论。代理成本理论主要阐明企业中存在股东与债权人之间的利益冲突，以及股东与管理者之间的利益冲突，进而解释企业融资偏好及企业资本结构的决策。Jensen 和 Mecklin 认为最优资本结构是代理成本的收益与成本权衡的结果。他们把代理关系定义为"一种契约，在这种契约下，一个人或更多的人（即委托人）聘用另一人（即代理人）代表他们来履行某些服务，包括把若干决策权托付给代理人"。所谓代理成本就是指制定、管理和实施契约所发生的全部费用。在 Jensen 和 Meckling 的模型中，股东和经营者、债权人之间的利益冲突分别产生了股权代理问题和债权代理问题，不同的融资契约与不同的代理成本相联系，融资结构的最优选择就是要实现总代理成本的最小化。

在现代公司治理结构中，经营权和所有权分离，虽然现代公司经营目标为股东利益最大化和企业价值最大化，但是作为一个理性经济人，企业的直接经营者在管理企业时首先会实现个人利益最大化，而后才会实现股东利益最大化。在这一过程中必然会产生股东和经营者、债权人之间的利益冲突，给企业带来额外的成本。Jensen 和 Meckling 认为，当经营者资源有限时，要将投资机会付诸实践，选择股权融资还是债权融资就成为一个关键问题。股权融资会摊薄现有股东的所有权，也会使经营者对企业利润的分享比例下降，激发经营者追求在职消费，增加股权代理成本；债务融资可以引入外部监督机制，降低经营者在职消费的动机，但是会增加债权融资代理成本。因此，在企业最佳融资结构的选择中，存在着股权代理成本和债权代理成本之间的权衡。最优融资结构可以通过最小化总代理成本得到，这时股权融资的边际代理成本等于债务融资的边际代理成本。

Jensen 于 1986 年提出了自由现金流量理论。所谓自由现金流是指企业履行了所有财务责任并满足了企业投资需要之后的现金流量。股东和经营者的利益冲突随企业自由现金流的增加而变得严峻。根据自由现金流量理论，股利的增加和债务本息的偿付可以减少企业的自由现金流量，从而能够减少经营者的在职消费，降低代理成本。而且，如果企业不能偿付债务本息，就有破产或是被他人收购的危险，所以债权融资对降低代理成本的作用十分显著。鉴于此，自由现金流量理论认为从股权向债务的转移将提高企业的价值。

　　Grossman 和 Hart 的担保模型应用激励理论将负债作为约束管理者的手段，出于对企业避免破产的激励，负债能够促使经理人努力工作，减少个人享受，并且做出更好的投资决策，从而降低由于所有权与控制权分离而产生的代理成本，增加企业价值，Grossman 和 Hart 认为经营者的在职效用依赖于企业的生存，一旦企业破产，经理人将丧失他所享有的一切在职好处。因此，对经营者来说，存在私人收益与企业破产风险之间的权衡。破产对管理者约束的有效性取决于企业的融资结构，尤其是资产负债率，该比率升高，将导致破产危险性加大。因此，负债融资可以被用作一种缓和股东和经理人冲突的激励机制。Grossman 和 Hart 的模型假设经营者被赋予管理上的相机决策权，债务既能起到信号作用，也能限制经营者的决策权。因此，如果债权融资会影响市场对企业投资质量的判断，而且这些判断又反映在市场评价的差别上，经营者就可以利用负债使市场相信，"将追求利润而不是特权"，以便使他们与股东的激励一致起来。

　　Hart 和 Fama 等还从其他角度研究了负债的作用。Hart 认为，在股权分散的现代公司尤其是上市公司中，由于小股东在对企业的监督中"搭便车"，从而会引起股权约束不严格和内部人控制的问题。适度负债可以缓解这个问题，因为负债的破产机制给企业经理人带来了新的约束。Fama 还认为，债务对企业经理人的约束作用也来自银行的监督和严厉的债务条款，最基本的条款就是按期付息还本，另外还有对企业和企业经理人的行为限制等。债权人（尤其是大债权人）对企业专家式的监督可以减少股权人的监督工作，并且使监督更有效，这便是所谓的"拜托债权人"。

（四）信号传递理论

　　MM 定理的全部假设在资本结构理论的发展中被一一放松，但是直到 20 世纪 70 年代，充分信息假设始终未被触及。直到 1977 年，随着信息经济学的发展，Ross 最早将不对称信息引入资本结构理论，建立了在内部人（Insiders）和外部人（Outsiders）对有关企业真实价值或投资机会的信息不对称基础上的资本结构理论。Ross 的研究仅仅放松了充分信息的假设，而保留了 MM 定理的其余全部假设。Ross 假定企业收益服从一阶显性分布，且经理人了解企业收益的真实分布状态，而投资者等外部人不了解这些信息，但是知道经理人的激励制度——如果企业破产，经理人将受到相应惩罚。此时，企业的资本结构和融资方式就成为了一种将内部信息传递给市场的信号工具。负债率上升是一个积极的信号，表明经营者对企业未来收益有良好预期。因此，企业市场价值也随之增加。为了使债务比例成为可靠的信息机制，Ross对破产企业的管理者制定"惩罚"约束，从而使企业负债比例成为正确信号。

1979年，巴恰塔亚提出了一个与Ross模型很近似的股利信号模型（巴恰塔亚模型）。他认为在完美的情况下，现金股利具有信息内容，是未来预期盈利的事前信号。此后，股利政策的信号研究基本上分为两个方向：一部分学者通过大量的实证研究，表明股利公告向市场传递了相关信息；另一部分学者沿着巴恰塔亚研究的方向，从事信号传递模型的构建。这些模型在假设条件上是不同的，但经理层被假设为掌握了外界投资者不能得到的信息是各模型的共同之处。

Heinkel于1982年设计了一个与Ross模型相似的模型，但是该模型并没有假设企业收益服从一阶随机显性分布，而是假定高质量企业有较高的市场价值，且其股票价值较高，债券价值较低。在这一假设条件下，内部人将借助给定数量的外部融资追求声誉索取权最大化，与此同时，企业质量也将得以区分。因为，任何一家企业如果企图模仿其他类型企业进行融资，虽然会从一种证券的价值高估中获益，但是同时也要承担另一种证券市场价值被低估的损失。在均衡状态下，每一类企业按照边际收益等于边际成本的原则决定发行各种证券的数量。高质量企业不会模仿低质量企业，低质量企业要模仿高质量企业必须增加高定价股权发行，减少低定价的债券发行。结果，高质量企业发行更多的债务，低质量企业发行较少的债务，其结论与Ross模型一致。

（五）优序融资理论

Myers和Majluf于1984年提出了融资顺位理论。他们吸收了权衡理论、代理理论以及信号传递理论的研究成果，在Ross模型基础上进一步考察非对称信息对企业投资成本的影响，研究公司为新项目融资时的财务决策，该理论极大地丰富了信号传递理论，在资本结构理论中占有重要地位。优序融资理论放宽MM理论完全信息的假定，以不对称信息理论为基础，并考虑交易成本的存在，认为权益融资会传递企业经营的负面信息，而且外部融资要多支付各种成本，因而企业融资一般会遵循内源融资、债务融资、权益融资这样的先后顺序。其中，内源融资主要来源于企业内部自然形成的现金流，它等于净利润加上折旧减去股利。

1984 年，Myers 和 Majluf 在其名篇《企业知道投资者所不知道信息时的融资和投资决策》中，根据信号传递的原理推导出了他们的优序融资假说。其假设条件是：除信息不对称外，金融市场是完全的。假设公司宣布发行股票，如果这一信息说明了公司有正的净现金流的投资项目，对投资者而言这是一个好消息；如果这一信息说明公司管理者认为其资产价值被高估，对投资者就是一个坏消息。如果股票以很低的价格发行，价值会由原有股东向新股东转移；如果新股票价值被高估，价值向反方向转移。Myers 和 Mailuf 假设公司管理者代表老股东的利益，不愿意以低价发行新股而将老股东的利益向新股东转移，而一些价值被低估的好公司则宁可错过有净现值的投资机会也不愿意发行股票，这是因为股票发行公告会立即引起股票价格的下跌。

Myers 和 Majluf 的研究表明，当股票价格被高估时，企业管理者会利用其内部信息发行新股。投资者会意识到信息不对称的问题，因此当企业宣布发行股票时，投资者会调低对现有股票和新发股票的估价，导致股票价格下降、企业市场价值降低。

优序融资理论的主要结论是：①公司偏好于内部融资。②股息具有黏性，所以公司会避免股息的突然变化，一般不用减少股息来为资本支出融资。换句话说，公司净现金流的变化一般体现了外部融资的变化。③如果需要外部融资，公司将首先发行最安全的证券，也就是说，先债务后权益。如果公司内部产生的现金流超过其投资需求，多余现金将用于偿还债务而不是回购股票。随着外部融资需求的增加，公司的融资工具选择顺序将是：从安全的债务到有风险的债务，比如从有抵押的高级债务到可转换债券或优先股，股权融资是最后的选择。④每个公司的债务率反映了公司对外部融资的累计需求。

三、小结

自从 MM 理论提出之后，现代企业资本结构理论在"放松假设—提出问题—形成新理论—提出问题"的循环中不断发展和丰富。然而，到目前为止，"公司最优资本结构"依然是个谜，仍然没有统一的理论体系对公司资本结构和融资问题进行完整的解释，以上各个理论学派也仅仅是从某个特定角度对企业融资进行研究。正如 Myers 于 2001 年在对资本结构理论进行回顾的文章中所提到的那样："目前仍然没有一个大一统的资本结构理论被学术界和实务界所广泛认同，然而也没有理由期待这一理论的出现。现实中的资本结构是众多因素共同作用的结果，要区别出哪些因素更为重要确实不易。因此，应综合、全面地考虑公司资本结构的各种决定因素"。值得期待的是，信息经济学的发展为解释这个谜找到一条新的出路。虽然引入非对称信息之后企业资本结构和融资问题变得更加复杂，但是，随着信息经济学的发展和博弈论工具的引入，企业的资本结构理论将得到进一步的发展。

第三章　期权定价理论

一、期权的基本知识

（一）期权定义

期权（Option）就是指一种能在未来某特定时间以特定价格买入或卖出一定数量的某种特定商品的权利。期权实际上是一种权利，是一种选择权，期权的持有者（多头）有在该项期权规定的时间内选择买或不买、卖或不卖的权利，他可以实施该权利，也可以放弃该权利。而期权的出卖者（空头）则只负有期权合约规定的义务。期权合约中的价格被称为执行价格（Exercise Price）或敲定价格（Strike Price），合约中的日期为到期日、执行日或期满日。在期权交易中，买入期权，就是期权多头。买入看涨期权，就是看涨期权的多头；买入看跌期权，就是看跌期权的多头。卖出期权，就是期权空头。卖出看涨期权，就是看涨期权的空头；卖出看跌期权，就是看跌期权的空头。

（二）期权的分类

按期权的权利划分，期权可以分为看涨期权（Call Option）和看跌期权（Put Option）两种类型。看涨期权是指期权的买方向期权的卖方支付一定数额的权利金后，即拥有在期权合约的有效期内，按事先约定的价格向期权卖方买入一定数量的期权合约规定的特定商品的权利，但不负有必须买进的义务。而期权卖方有义务在期权规定的有效期内，应期权买方的要求，以期权合约事先规定的价格卖出期权合约规定的特定商品。看跌期权是指期权的买方向期权的卖方支付一定数额的权利金后，即拥有在期权合约的有效期内，按事先约定的价格向期权卖方卖出一定数量的期权合约规定的特定商品的权利，但不负有必须卖出的义务。而期权卖方有义务在期权规定的有效期内，应期权买方的要求，以期权合约事先规定的价格买入期权合约规定的特定商品。

按期权的交割时间划分，有美式期权和欧式期权等类型。美式期权是指在期权合约规定的有效期内任何时候都可以行使权利。欧式期权是指在期权合约规定的到期日方可行使权利，期权的买方在合约到期日之前不能行使权利，过了期限，合约则自动作废。

我国的期权按交割时间划分主要有欧式期权、百慕大混合式期权。其中，百慕大混合式期权是介于美式期权与欧式期权之间的一种期权，持有人有权在到期日之前的一个或者多个日期（即行权起始日、行权截止日、期权到期日）行权。在我国，百慕大混合式期权的行权日一般在到期日前的一周内。按期权合约上的标的划分，有股票期权、股指期权、利率期权、商品期权以及货币（外汇）期权等种类。

（三）期权的价值

期权可以作为基础资产对冲风险，因而期权是有价值的，期权价值与其基础资产价格的不确定性（风险）成正比。正是从这个意义上说，风险是有价值的，其价值就是为规避风险所要付出的成本。期权价值即期权权利金价值，期权价格是期权权利金的货币表现，它是期权购买者付给期权出卖者用以换取期权所赋予权利的代价。期权价值由两部分组成，即内涵价值和时间价值。

二、期权定价理论发展概述

期权及相似的交易方式有着悠久的历史。期权思想的提出可以追溯到公元前 1800 年的《汉谟拉比法典》，而期权交易发展到 20 世纪 50 年代以后才开始，真正标准化的场内期权交易也不到 30 年的时间。公认的期权定价理论的创始人和提出者是法国数学家巴舍利耶（Bachelier），1900 年他在博士论文《投机交易理论》中尝试将数学知识运用于股票、期权、期货等投机性很强的证券交易，研究其价格波动规律。巴舍利耶给出了描述期权价格变动的第一个科学模型，而且将数学中很多有效的方法带入金融经济学，提出股价服从布朗运动的欧式看涨期权定价模型。巴舍利耶在研究有关期权定价理论问题时，推导出了很多重要的数学关系式，他的研究在该领域起到了开创性的作用。

随着世界金融市场的迅猛发展，金融机构在投融资过程中面临许多金融风险，比如汇率风险、信用风险等。为了解决这一问题，人们发展出了许多金融衍生产品，它们的价格或投资回报最终取决于标的资产的价格。期权就是一种基本的金融衍生产品，期权费反映出买卖双方对某一权利做出的公共价值判断，但是期权的价格很难从市场中直接反映。近 30 年来，数理金融学界研究的热点之一便是期权定价的问题，众多学者进行了深入的研究，并取得了丰硕的成果。1973 年，美国芝加哥大学的 Black 教授和 Scholes 教授在美国《政治经济学》杂志上发表了一篇名为《期权定价与公司负债》的论文（他们提出的 Black-Scholes 期权定价模型又称 B-S 定价模型），与此同时，哈佛大学的 Merton 教授则在另一刊物《贝尔经济与管理科学》杂志上发表了另一篇名为《期权的理性定价理论》的论文，这两篇论文奠定了期权定价理论的基础，为了表彰他们在评估衍生金融工具价值方面的杰出贡献，Scholes 教授和 Merton 教授共同获得了 1997 年的诺贝尔经济学奖。

然而没有哪一种理论是绝对完美的，B-S 定价模型同样不例外，它对欧式期权定价有很强的准确性，但是对美式期权却毫无办法。为了弥补这一缺陷，1979 年，考克斯（Cox）、罗斯（Ross）和鲁宾斯坦（Rubinstein）等在《金融经济学杂志》上发表了一篇题为《期权定价：一种简化的方法》的文章，该文提出了一种简单的对离散时间的期权的定价方法，被称为 Cox-Ross-Rubinstein 二项式期权定价模型（简称二项式斯权定价模型，又称二叉树模型）。它与 B-S 定价模型可以看作两种互补的方法；前者更倾向于解决离散型问题，而后者主要用以解决连续型问题；前者多用于美式期权定价，这也是后者所不具备的能力。具体模型将在后面进行讨论。

一般而言，对金融衍生品定价主要有四种方法，分别是偏微分方程定价方法、二叉树期权定价法、蒙特卡罗模拟定价方法和等价鞅测度定价方法。由于求解偏微分方程的过程过于麻烦且困难，因此，使用偏微分方程方法具有一定的局限性。二叉树期权定价方法也是期权定价的常用方法之一，因为用二叉树模型定价欧式期权时，往往只能给出一个真实值附近的结果，是金融衍生产品定价的近似方法。蒙特卡罗模拟定价方法的一个局限是它只能用来对欧式衍生品进行定价，此外还涉及计算精度和计算时间的问题。

三、B-S 定价模型

从以上关于早期期权定价理论的研究中可以看出，不同学者是从不同的角度来对期权的定价进行分析的，在他们之间还没形成一个期权定价的一般公式，Black 和 Scholes 所创立的 B-S 定价模型就是一个一般的期权定价公式。

B-S 定价模型的基本假设：

● 所研究的期权合约是欧式期权合约，在期权到期之前没有任何的现金股利支付。

● 资本市场是完善的，不存在任何的交易成本和税收，同时所有的证券资产都是可分割的。

● 市场处于均衡状态，也就是说不存在无风险套利的机会。

● 允许证券市场上的卖空行为，且没有保证金，其收入也可以用来投资。

● 市场是连续的，也就是说市场可以为投资者提供连续交易的机会。

● 无风险利率在所有的期限内是不变的，也就是说无风险利率是一个常数。

● 股票的价格波动服从布朗运动。

基于以上假设条件，Black 和 Scholes 使用热动力学上的热传导效应推出的欧式看涨期权定价公式如下：

$$C = S_0 \Phi(d_1) - X e^{-r(T-t)} \Phi(d_2)$$

$$d_1 = \frac{\ln\left(\dfrac{S_0}{X}\right) + \left(r + \dfrac{1}{2}\sigma^2\right)(T-t)}{\sigma\sqrt{T-t}}$$

$$d_2 = \frac{\ln\left(\dfrac{S_0}{X}\right) + \left(r - \dfrac{1}{2}\sigma^2\right)(T-t)}{\sigma\sqrt{T-t}} = d_1 - \sigma\sqrt{T-t}$$

其中，S_0 为标的资产的价格，X 为执行价格，T 为到期日，$\Phi(\cdot)$ 是标准正态分布函数。

B-S 定价模型在证券投资理论中是一项重大突破，但由于该理论是在一系列的假设条件下建立起来，因此它也存在许多与现实情况不相符的地方，这也引起后来的学者对该模型的修正。

B-S 定价模型只解决了不分红股票的期权定价问题，默顿发展了 B-S 定价模型，使其亦运用于支付红利的股票期权。

存在已知的不连续红利，假设某股票在期权有效期内某时间 T（即除息日）支付已知红利 D_t，只需将该红利现值从股票现价 S 中除去，将调整后的股票价值 S′代入 B-S 定价模型中即可得：$S′=S-D_te^{-rT}$。如果在有效期内存在其他所得，依该法一一减去。从而将 B-S 定价模型变形得新公式：

$$C=(S-D_te^{-rT})N(d_1)-Le^{-rT}N(d_2)$$

存在连续红利支付是指某股票以一已知分红率（设为 δ）支付不间断连续红利。因为股价在全年是不断波动的，实际红利也是变化的，但分红率是固定的。因此，该模型并不要求红利已知或固定，它只要求红利按股票价格的支付比例固定。

在此，红利现值为：$S(1-e^{-\delta T})$，所以 $S′=Se^{-\delta T}$，以 S′代替 S，得出存在连续红利支付的期权定价公式：$C=Se^{-\delta T}N(D_1)-Le^{-\gamma T}N(D_2)$。

自 B-S 定价模型 1973 年首次发表之后，芝加哥期权交易所的交易商们马上意识到它的重要性，很快将 B-S 定价模型程序化输入计算机，应用于刚刚营业的芝加哥期权交易所。该模型的应用随着计算机、通信技术的进步而扩展。到今天，该模型以及它的一些变形已被期权交易商、投资银行、金融管理者、保险从业人员等广泛使用。衍生工具的扩展使国际金融市场更富有效率，但也促使全球市场更加易变。新的技术和新的金融工具的创造加强了市场与市场参与者的相互依赖，不限于一国之内，还涉及他国甚至多国，结果是一个市场或一个国家的波动或金融危机极有可能迅速传导到其他国家乃至整个世界经济之中。中国金融体制不健全、资本市场不完善，但是随着改革的深入和向国际化靠拢，资本市场将不断发展，汇兑制度日渐完善，企业也将拥有更多的自主权，从而也面临更大的风险，因此，对规避风险的金融衍生市场的培育是必需的，对衍生市场进行探索也是必要的。人们才刚刚起步。

四、二项式期权定价模型

二项式期权定价模型由罗斯、考克斯和鲁宾斯坦于 1979 年提出。他们假设在一个多期的证券市场中，股票价格的分布是离散的，并假定股票在期权的存续期内没有任何股利支付。

假定 t=0 时，股票的价格为 S_0，到 t=1 时，股票的价格以 q 的概率上升

到 uS_0，以 $(1-q)$ 的概率下降到 dS_0，并假设无风险利率为 r（且 $R = 1+r$）。

由于期权在一期以后的价格为：

$$C \begin{cases} C_u = Max(0, \ uS - X) \\ \\ C_d = Max(0, \ dS - X) \end{cases}$$

则该二项式期权定价模型的公式为：

$$C = \left[\left(\frac{R-d}{u-d} \right) C_u + \left(\frac{u-R}{u-d} \right) C_d \right] / R$$

此外，罗斯、考克斯和鲁宾斯坦（1979）还给出了 n 期欧式看涨期权的定价公式，即：

$$C = \left[\sum_{j=0}^{n} \frac{n!}{j! \ (n-j)} \right]$$

二项式期权定价模型又称为二叉树模型。二叉树模型既可以用于欧式期权，也可以用于美式期权。二叉树模型是把期权有效时间分为几段，对价格进行树形分支，假设价格每一级向上或向下跌的概率分别是多少，然后逐步从有效期的末端倒退到开始，并折现计算标的资产的价格和期权价格。比如，期权到期 100 天，可以把它分为 100 个时间段，每天作为一个时间段（步长可自由设定，步长越长，计算越精确、速度越慢）。假设标的资产每天价格上涨的概率为 65%，价格下跌的概率为 35%，然后进行倒推折现计算。

二叉树模型的优点是方法简单、容易理解，而且适用于美式期权、欧式期权、现货期权、期货期权、标的资产支付红利的期权等各种期权。但缺点是若分支太多，则步长太长、模型收敛、计算比较耗时；若分支太少，精确度难免降低。另外，如果标的资产数量增加，树形算法的计算量很大。

五、风险中性假设

这是与二项式方法和 B-S 模型都相关的期权定价的重要思想：如果一个问题的分析过程与投资者的收益/风险偏好无关，那么可以把这个问题放在一个假想的风险中性的世界里进行分析，而所得结果在真实世界里也应当成立，即风险中性假设。

我们用二项式方法对期权进行定价时，把 P 和 1-P 定义为风险中性概率，而且期权的价值也相当于期末期权的预期值用无风险利率折现后的现值。由于期权是有风险的金融工具，要计算现值的话，折现率也不应该是无风险利率，这些都涉及风险中性假设。

现代金融学认为理性的投资者都是厌恶风险的，他们承担风险的同时要得到相应的回报。如果一个投资者对风险采取无所谓的态度，那么他就被认为是风险中性的。在一个风险中性的世界里，所有市场参与者都是风险中性的。他们对于资产的风险性大小不敏感，或是否有风险都不要求相应的补偿，所有资产的预期收益率都是一样的。因此，风险中性的投资者对于任何资产所要求的收益率都是无风险利率。而且，所有资产现在的市场均衡价格都应当等于其未来收益的预期值，加上考虑到货币的时间价值，资产的现行价格就都是未来预期值用无风险利率折现后的现值。这就是我们为什么把 P 和 1-P 叫作风险中性概率，而采用无风险利率作为折现率的原因。

利用风险中性假设可以大大简化问题的分析过程。因为在风险中性的世界里，对所有的资产（不管风险如何）都要求相同的收益率（无风险利率），而且，所有资产的价格都可以按照风险中性概率算出未来收益的预期值，再以无风险利率折现得到。最后，将得到的结果放回到真实世界中，就取得了有实际意义的结果。

风险中性假设也同样适用于 B-S 定价模型。如果 B-S 微分方程中包含股票的预期收益 μ，那么它将受投资者风险偏好的影响。因为 μ 值的大小确实依赖于风险偏好。对于任何给定的股票，投资者厌恶风险程度越高，μ 的值就应该越大。而幸运的是，在方程的推导过程中，μ 恰巧被消掉了。B-S 方程不受投资者风险偏好影响的事实使得我们对期权进行定价时可以提出一个非常简单的假设：所有的投资者都是风险中性的。因此，所有证券的预期收益率都是无风险利率 r。同理，我们也可以用无风险利率作为贴现率，将期权到期时的价值贴现到现值。

风险中性假设是对 B-S 微分方程的人为假设，求得的方程解对于所有世界都有效，而不仅仅是风险中性世界。当我们从风险中性世界进入到风险厌恶世界时，会发生两件事情：股票价格的期望增长率改变了；在衍生证券任何损益中所用的贴现率改变了。然而这两件事的效果总是正好相互抵消。

期权定价是一个古老而又新潮的问题。说它古老，是因为这一思想早在公元前 1800 年就已经产生；说它新潮，是因为它的快速发展阶段到 20 世纪 50 年代以后才开始，真正标准化的场内期权交易还不到 30 年。由于期权具有良好的规避风险、风险投资和价值发现的功能，且表现出灵活性和多样性的特点，所以 20 多年来，特别是 90 年代以来，期权成为最具活力的金融衍生产品，得到了迅速的发展和广泛的应用。目前期权理论研究的重点有两个方向：一个是如何构造出新的期权，以满足不断变化的市场投资需要；另一个是如何确定这些日趋复杂的期权的价值，即期权定价问题。在期权定价领域还有很多问题有待后继研究者们解决。

第二篇

"一带一路"倡议之内部挖潜：国际营运资金管理

第二篇重点讨论参与"一带一路"倡议的中国跨国公司的国际营运资金管理。这与优序融资理论中的内部融资理论紧密相关。

国际营运资金管理是指国际企业对营运资金的管理，国际营运资金的管理涉及不同国家和货币，亦称国际货币管理。它是国际企业财务管理中的一个重要环节。国际企业经营活动的全球化，决定了国际企业营运资金管理有别于国内企业，汇率的波动、外汇管制以及税收制度的差异，都是国际企业营运资金管理需要考虑的因素。

国际营运资金管理的目标是企业价值最大化。通过资金的合理安置（包括资金安置地点和以何种货币持有）以及资金的适当集中（集中于公司总部或集中于某地区）和分配，使公司内部资金转移成本减至最低，加快公司各单位间的国际资金转移速度，使散处于各国的附属单位的各种收支往来能够在各项财务政策（如股利政策、管理费及权利金政策、移转定价政策、贷款政策、应付账款政策等）的协同下，达到最适当的流向、金额和时机，防止外汇风险损失，提高流动资金的报酬率，使整个公司获得最佳结果，税后利润达到最大。

本篇第四章首先讲述全球资金管理的演进；第五章、第六章分别讨论财务共享服务中心和内部银行两个营运资金管理的热点问题；而过去几年中国的跨境人民币管理政策、外币资金管理政策快速转变，本篇第七章将集中讨论中国跨境政策及自贸区政策。

国际贸易结算与融资虽然是基础性的知识，却亦是国际营运资金管理的重要组成部分，所以在本篇的附录部分予以简单介绍，供有兴趣的读者参考。

第四章 全球资金管理的演进

一、全球资金管理的大背景

(一) 主要趋势

在现代财务管理中，企业价值最大化已成为最为重要的财务目标。公司管理高层赋予财务工作人员越来越多的责任与期许，要求财务部门变"账房先生"为"业务合作伙伴"，由简单、事后的单点数字反映逐步转变到全程的价值支撑与增值，由传统簿记控制部门转型为更注重公司价值创造的管理合作型部门。在这种背景之下，财务工作人员开始思考如何致力于成本节约与价值挖掘，如何进一步强化决策支持与业务渗透。经济全球化和市场波动驱使公司借助技术和流程优化来改进资金管理活动，跨国公司全球资金管理出现了一些新的趋势，主要有以下几点：

第一，司库组织功能强化。在剧烈波动的市场中，司库的角色和重要性在上升，以应对市场的不确定性；跨国公司更进一步组建专业的司库组织；司库功能的专门化得以提升，特别是在风险管理方面。

第二，风险管理成为资金管理非常重要的工作内容。这包括：①交易对手风险：公司必须对主要交易对手进行持续的风险监控和管理，以提高交易对手的质量，降低交易对手风险。②外汇风险：跨国经营意味着公司必须更好地进行外汇风险管理，特别是处理好管理敞口、轧差、人民币国际化等问题。③大宗商品风险：如果公司的业务与大宗商品相关，则必须重视大宗商品风险的管理，主要是管理敞口。

第三，流动性管理重要性增加。更专注于挖掘内部融资的潜力，使用自我融资模式，提高闲置资金收益。

第四，技术基础设施建设突飞猛进。借助于互联网的飞速发展，资金管理的技术也取得了长足的进步。包括：全球资金管理、风险管理、ERP 系统的集成；银行更多采用行业标准进行交流，例如 ISO20022；公司借助银行技术实现流程自动化，大大减少人工干预；流程优化明显；实现跨市场跨币种的银行流程标准化；通过财务处理的有效管理实现成本节约；把应收应付活动整合到共享中心和支付工厂。

（二）资金管理全球化

近年来，随着公司业务经营的全球化，越来越多的跨国公司开始从全球的视角进行资金管理，建立区域性甚至全球性的跨境资金管理中心。亚洲的跨国公司也越来越多地逐步实现资金管理全球化。

亚洲公司建立跨境资金中心的选址情况简要概括如下：

- 中国：国有企业一般是在香港特别行政区建立国际资金中心，也有一些在新加坡、伦敦、迪拜建立国际资金中心；
- 东南亚国家：主要在本国集中，有一些在新加坡建立国际资金中心；
- 印度：集中在本国建立国际资金中心；
- 日本：经常在伦敦建立国际资金中心；
- 韩国：在本国和伦敦建立国际资金中心；
- 澳大利亚：绝大部分在本国建立国际资金中心。

按照进化的复杂及先进程度，资金管理大致可以分为分散资金管理、区域资金中心、财务共享服务中心、全球资金中心/内部银行等阶段。美国和欧洲的公司花了很长的时间才慢慢进化到全球资金管理模式（见图 4.1）。但许多亚洲的公司现在想直接跳到那些较为高级的模式，特别是中国，为了应对美国奥巴马政府时期的"跨太平洋伙伴关系协定"（TPP），近年来相关政策快速转变，相继推出了上海自贸区，扩展的自贸区，全国版的人民币、外币双向跨境资金池，支付工厂（集中收支、轧差结算）等举措。

（三）资金管理的角色转化

随着资金管理全球化的推进，司库的角色越来越像一个战略顾问，需要分析公司的经营问题并提出建议。例如，司库需要考虑如下战略问题：

- 流动资金：内部来源的流动资金、现金流与回报的权衡、供应链和应收账款等。
- 资金管理结构：银行/账户合理化、资金集中、支付工厂、内部银行等。

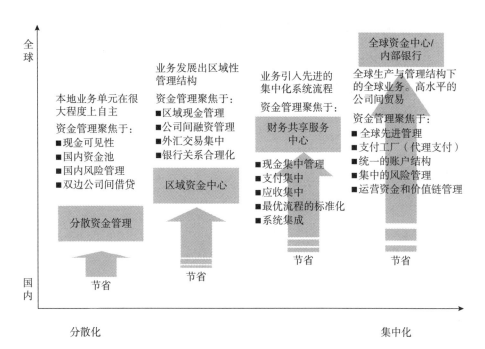

图 4.1　资金管理模式发展阶段

- 监管：如单一欧元支付区（SEPA）、对手方风险、全球流动性优化等。
- 多余资金/受困资金：最优流动性模式、受困资金的其他使用、流动性收益优化等。
- 营运效率：应收账款、应付账款和采购、全球资金操作等。
- 风险管理：对手方风险、外汇风险、欺诈和操作风险等。
- 并购资金管理执行：事前资金集中、事中资金分配、事后资金管理合理化等。

此外，司库越来越多地需要作为战略顾问的角色承担如下任务：

- 分享最佳实践和标杆：收集行业研究和最佳实践，借助内部和外部的表格数据与竞争对手进行比较等；
- 对需求进行评估：记录目标、成本驱动因素、痛点和无效率点，及与主要利益相关者沟通达成广泛共识；
- 开发业务案例：以公司的特定数据为基础量化、制造财务业务案例，

为改变提供合理性;

● 提出建议:给支持者和主管提供建议/备选方案,并基于目标、财务收益和实施路线图决定优先顺序。

二、流动性管理的趋势

(一)趋势

如图 4.2 所示,沿着银行关系合理化、现金归集和轧差、内部银行、支付/收款工厂的路径,资金管理工作的焦点从改进现金管理向着为集团提供银行服务和建议等全方位服务转变。

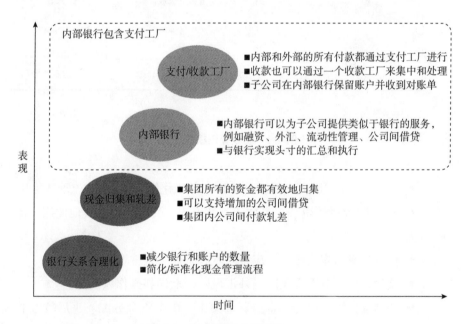

图 4.2 资金管理功能转变

此外,开发一个有效的流动性管理结构可以给公司带来巨大的成本节省和经济收益,例如:

●减少借贷成本:消除外部借贷或透支的额度,而且采用集中融资,子公司可以借用母公司的信用评级。

●提高收益:通过整合多余现金从而投资更大的金额,可以获得更高的收益。

●减少借款的总需求：资金管理可以把钱多的子公司的剩余流动性分配到缺钱的子公司，减少当地的借款，多余的现金可以用于归还外部债务。

●改善现金流预测：简化的账户结构，更易于获得账户余额信息和支付监控，有利于更准确地预测现金流。

●其他益处：对手方风险可以得到更好的追溯和更有效的管理，能够改善现金余额控制。

但是，流动性管理的结构并非越复杂越好。最适合公司的流动性管理结构取决于公司业务的现金流、融资需求和资金管理模式。

（二）常见的资金集中管理结构

跨国公司全球资金管理的组织结构通常包括全球资金管理中心、区域资金管理中心、分子公司等多个层级，形成一个覆盖全球的资金管理体系，对公司的资金进行有效管理，如图4.3所示。

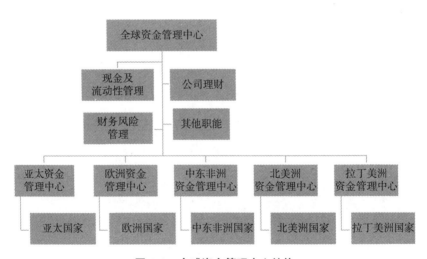

图4.3　全球资金管理中心结构

1. 逐日操作模式

如果客户想分区域管理现金，则可以考虑逐日操作模式（见图4.4）：

●每个资金池都建立在自己的区域；

●区域头寸由每个区域资金中心自己管理；

- 每个区域保持同一天起息：亚洲到欧洲、欧洲到美国；
- 头寸按照时区从一个区域转到另一个区域：如果富余，资金扫入下一个区域，如果赤字，从下一个区域提取资金；
- 净额头寸在最后一个时区（例如纽约）通过投资/提款来管理。

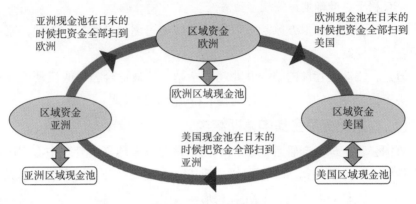

图 4.4　逐日操作模式

2. 多币种资金池

多币种资金池案例在亚洲越来越普遍，它可以单独设立或者与欧洲连接。图 4.5 是一家制药公司的例子，该资金池的特点是：

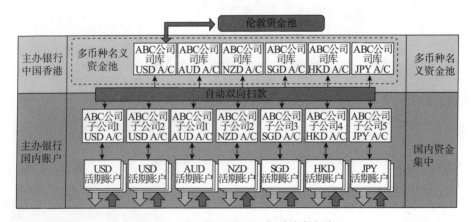

图 4.5　在亚洲单独设立多币种资金池

- 多币种资金账户名义集中；

- 扫款自动为当地支付提供资金；
- 保留本地货币资金支持将来的负债；
- 通过单一币种为多个子公司提取或注入流动性；
- 适用于具有当地币种收付款的行业。

　　一些亚洲公司在伦敦建立多币种资金池以支持其在欧洲营运，同时用本国货币在需要时融资，如图 4.6 所示，该结构的特点是：

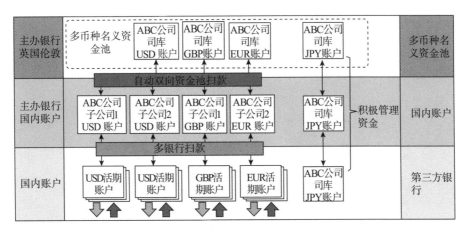

图 4.6　亚洲与欧洲的多币种资金池相连

- 资金部拥有的账户参与多币种资金池；
- 多银行扫款，从第三方银行把资金扫到主账户行；
- 欧洲的营运通过扫款结构与资金池连接；
- 流入和流出根据业务的需要而变化；
- 资金池由亚洲的总部资金管理中心提供融资；
- 本地的亚洲货币按照需求为资金池融资。

　　图 4.6 中的多银行扫款模式也使得把多家银行纳入亚洲及全球的资金集中和资金池结构更容易，基本架构如图 4.7 所示。

　　在图 4.7 中，多银行通道可以是 SWIFT 系统，也可以是主办银行所独有的系统。

　　SWIFT 在亚洲各国国内区域资金中心的应用有所不同。将其作为主流市场标准的国家和地区包括澳大利亚、中国香港、新西兰、新加坡、泰国、菲

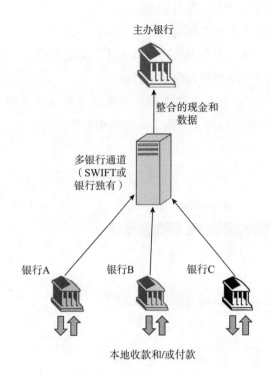

图 4.7　多银行资金归集

律宾等；将其作为次要的交流工具的国家和地区包括中国、印度尼西亚、日本、韩国、马来西亚、中国台湾、越南；而基本不用 SWIFT 的国家有印度等。

　　SWIFT 的亚洲解决方案在各国家和地区也不同。在日本、韩国、中国有现金集中的特有解决方案；在中国香港、新加坡、澳大利亚、新西兰有基于 SWIFT 的多银行扫款资金池，包括向主办行转移资金的重叠账户和对账单信息。依赖于其他银行的能力，SWIFT 多银行对账单在所有市场都可获得。

3. 内部银行

　　内部银行通过单一系列账户进行收付款，从而对于流动性实行更严格的控制。图 4.8 以某石油公司为例进行说明。

　　此结构的特点主要有：

* 7 个主要币种的代收代付；
* 在本国由内部银行开立单一系列的实际账户；

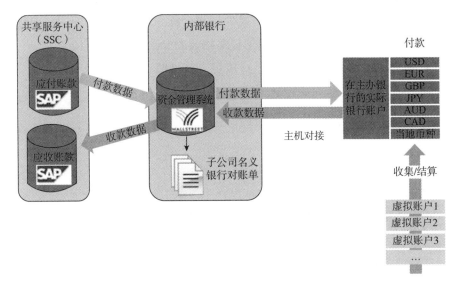

图 4.8　内部银行模式

- 应收应付由专门的共享服务中心处理；
- 内部银行为 200+业务单元开立名义银行账户（每日发邮件）；
- 全面公司间付款轧差和外汇轧差（所有对账单用业务单元的基础货币报告）；
- 虚拟账户帮助每个子公司的收款实现匹配。

内部银行结构的优势在于可以改善现金流管理、提高透明度和效率，实现更大范围的银行自治。具体包括：

- 减少借贷成本：更快获得付款和收款信息，改善现金流预测和融资操作；通过更大程度的自我融资减少外部借款和透支；归集/延迟付款可以作为另类融资。
- 降低银行费用：通过付款和外汇的轧差减少交易流和费用；只需要比原来少得多的账户和扫款。
- 提高收益率：更大量的可用于投资的盈余资金；归集和管理多余现金带来更低的成本。
- 改善效率：资金管理系统内公司间贷款头寸的自动跟踪；高直连比例

可以减少错误；资金管理系统和应收账款的自动对账。

- 提高相对于银行的独立性：减少日间投资和其他额度的使用；内部融资为重大活动保留借贷额度；SWIFT 报文格式确保银行自动处理。
- 更严格的风险管理和控制：可以更有效地跟踪和管理对手方风险，也可以强化对于头寸和账户的控制。

三、技术趋势

技术趋势的发展体现在系统、连接和应收账款对账三个主要方面。

（一）系统

技术趋势之一是采用更好的资金管理系统与 ERP、银行系统更紧密集成以支持直连处理。所有资金地点使用同一种资金管理系统，支持一致的处理以保证全球头寸都可见；资金管理系统与应收和应付系统集成以支持支付工厂和收款工厂的操作；资金管理系统与大宗商品交易或风险管理系统集成以掌握非资金类的敞口，便利自动结算。

（二）连接

企业版 SWIFT：支持直接关联 SWIFT Net，一个安全可靠的单一接口对接所有银行。特别是涉及多家银行或多个国家时；标准的信息类型包括银行对账单、可全面追踪的付款指令、信用证数据等。

银行连接：资金管理系统和银行之间的主机直连。潜在选择包括两种，一种是银行的私有解决方案，另一种是以 SWIFT 为基础的选择。两种都可以通过直连、局域网或互联网与公司处理应付/应收的资金结算系统以及银行账户信息管理系统相连接。

文件标准：ISO20022 XML 支持多家银行操作，得到各种金融应用和银行的支持，正快速成为 SWIFT 和银行直连的事实上的文件标准。

目前，越来越多的公司正在选择实行主机直连（H2H），但主要挑战是在 SWIFT 与银行私有解决方案之间如何选择，如图 4.9 所示。

（三）应收账款对账

H2H 连接可以与虚拟账户结合，处理应收账款，实现更高程度的自动化，如图 4.10 所示。

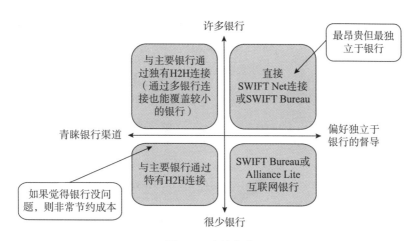

图 4.9 连接方式

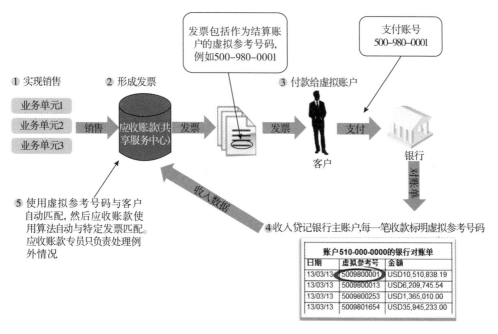

图 4.10 H2H 连接与虚拟账户结合

同样的流程可以通过给每个交易对手分配虚拟账号来应用于资金结算，如图 4.11 所示。

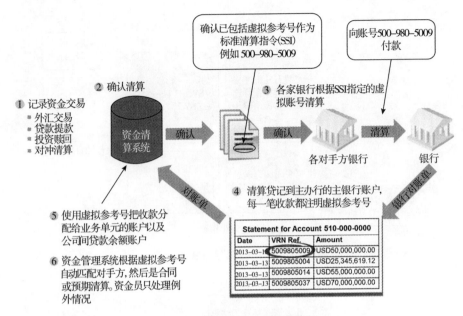

图 4.11　虚拟账号用于资金结算

第五章　财务共享服务中心

共享服务中心是指集中于一个单位为该企业的其他部门提供服务，集中处理和管理先前由不同地区或国家承担的业务流程和信息传输。公司可以建立单一的共享服务中心提供一项或多项服务，或者根据企业规模和其他因素，设立多个不同的共享服务中心，承担各自不同的职能。

作为一种管理创新，共享服务中心被全球多家公司引入以改进财务组织和业务流程。财务共享的本质是由信息网络技术推动的运营管理模式的变革与创新，是目前企业压缩成本、提高服务水准中成效最为显著的一种管理体系。它其实是一种将企业的部分财务服务集中到一个新的半自主的业务单元的合作战略，这个业务单元就像在公开市场展开竞争的企业一样，设有专门的管理结构，力图实现更快的反应速度、更高的信息透明度、更低的运营成本和更小的管理风险。从企业整体来看，它意味着更节约的成本、更完善的服务、更少的来自非核心业务活动的干扰，以及潜在地成为对外服务利润中心的可能；从共享服务中心自身来看，共享服务则意味着效率的提高、人力需求的减少和规模经济的充分利用。

作为一种广义的管理模式，财务共享机制理论上能够适用于各类财务业务范畴，但从具体的实践来看，最常见的应用范畴主要包括两类：一是日常性的交易活动，比如资金收付、会计核算等重复性服务；二是专业和顾问类的服务，通过内部客户—供应商关系获取的新信息可以为公司业务的服务和产品开发等层面提供新的理念，比如财务分析、商业案例支持、资本计划、业务分析等方面。

全球绝大多数跨国公司、500强企业均实施不同程度、不同范围的财务共享服务。财务共享服务本来就是经济发展缓慢和全球化扩张的产物，成本因素是上述企业推行财务共享服务所考虑的首要因素，泰勒主义和福特主义是其存在的理据和根源，与这两者有着很深承袭渊源的福特公司率先采用财务共享服务模式绝非偶然。

一、全球共享服务中心的现状及趋势

全球经济一体化等推动共享服务发展。随着全球经济一体化、监管政策的趋同及信息化的高度发展，近几年，越来越多的中国企业开始实施或者规划共享服务建设。在一定的基础上，共享服务不但有助于企业节省成本，同时也可提升数据可视度和实现增长目标等。根据《德勤2015共享服务调查报告》，建立共享服务中心的趋势正在从发达国家向新兴市场延伸，以期节省成本。逾四成的共享服务中心设于亚太地区，有1/4的共享服务中心设于东欧国家，而设于美国和加拿大的共享服务中心则占全球的17%，占比与西欧国家相近。同时，共享服务中心的服务覆盖范围已从单一国家，逐渐扩大至整个地区乃至全球。就行业分布而言，制造业企业成立的共享服务中心占比最大，超过1/4，排名第二和第三的行业分别是科技电信行业和金融服务业。该报告还指出，大部分受访者均表示，相比两年前的投资回报期（2.6年），共享服务中心的投资回报期已缩短至2.3年。由此可见，共享服务的持续发展可为企业在更短时间内获得相关投资回报创造机遇，继而让企业争取更大的利润空间。同时，有七成受访者表示，希望在未来持续拓展共享服务中心的服务领域。纵观全球趋势，相信未来将会有更多的企业设立共享服务中心，借此提升企业运营和盈利的表现。企业利用现有的平台建设，扩展共享服务中心，可有望加速投资回报。

目前中国企业在共享服务方面普遍仍以单一职能为主，如财务共享和人力共享的单独建设。然而，目前已有很多全球商业服务的成功案例证明，通过多职能整合可为企业提供更大价值。虽然中国企业的共享服务较之全球领先实践起步较晚，但应积极借鉴全球各地的成功案例，通过多职能整合，将共享服务的效益最大化。

共享服务中心可分为基于流程和基于知识两种，各有各的特点。

基于流程的共享服务中心：特点是规模较大、有能力处理高交易量。常见业务包括应收账款、应付账款、出发票和总账户维护等。共享服务中心的重点放在应付账款上，通常被称为"支付工厂"或"支付中心"。

基于知识的共享服务中心：通常规模较小，主要提供专家建议，比如物流管理中心、工程或技术支持、商品交易/对冲。全球性或区域性资金管理中心就是一种基于知识的共享服务中心的形式。设立区域资金管理中心的目标通常包括：提高可见性和可控性，提高运营效率，提高收益和降低融资成本，对法规与内部规章的监察和执行。

二、财务共享服务中心

（一）设立的原因

公司设立财务共享服务中心的主要原因包括：

- 提高运营效率。统一公司内部流程，提高效率，降低错误率。

- 充分利用技术投入。系统整合后，不再需要维持多个系统；可以集中充分利用自动化和一流的技术。

- 连贯一致的信息传输。信息集中，确保数据的完整性；统一企业各部门的信息传输流程。

- 降低成本。虽然降低成本不应该是唯一的理由，但重复工作的状况会明显降低；减少系统对接将降低整体成本。

- 改善营运资金管理。综合模式的共享服务中心可以改善营运资金管理。

（二）组织模式

按照实体或虚拟的标准，财务共享服务的组织模式可分为三种：

1. 实体财务共享服务中心

这是目前公司通常采用的财务共享服务模式。这种模式要求将企业内分布在不同地点的相关财务人员集中到一个单一地点，即将财务人员集中在一个成本较低、具有税收优惠政策的地点；同时，为了适应财务共享服务中心的运作、提高其运作效率，需要同时进行财务流程再造，最终的好处是给企业带来人工成本、固定资产成本、信息系统成本的降低。在这种模式下，原本在企业中负责会计业务处理的人员将成为财务共享服务中心的工作人员，共享服务中心仍然是企业的一部分，具有有限的自主权，成本一般会被分配回各个使用其服务的企业内部部门中。

2. 虚拟财务共享服务中心

这是共享服务中心的未来发展方向。互联网的崛起以及信息和通信技术的快速发展，极大地改变了整个世界的运行方式。它不仅改变了整个生产经营方式价值链，也改变了组织结构和组织行为，如组织结构扁平化、网络化和虚拟化（约翰·纳斯比特，1984）。这种组织模式不需要将财务人员集中到同一地点，而是通过信息和通信技术将不同地理位置的服务功能和机构进行连接，运行全面电子化和网络化。

3. 混合财务共享服务中心

这种组织模式将财务的主要职能集中，如会计账务处理、现金管理等，其他职能分散，通过网络与主体连接。

以上三种组织模式各有优点和不足，企业需要根据实际情况做出选择。

三、共享服务中心和区域资金管理中心运作模式——以付款服务共享服务中心为例

首先需要说明的是，区域资金管理中心本身也是一种共享服务中心，它主要有以下几方面的职责：

一是监督与控制方面的职责，例如审查和分析子公司的资本结构、批准子公司营运资金需求、监督和控制子公司的流动资金状况、安排内部和外部的融资、股息遣返、外汇咨询、管理区域银行关系等。

二是运营方面的职责，主要是直接参与现金和流动资金管理，例如为支付款项安排资金、处理大额紧急付款、现金池搭建、安排公司间借贷、集中处理外汇交易、盈余资金投资。

下面将以付款服务共享服务中心为例，讨论共享服务中心和区域资金管理中心的多种运作模式。

（一）付款共享服务中心和区域资金管理中心独立运作模式

付款共享服务中心和区域资金管理中心独立运作模式如图 5.1 所示。

1. 流程

- 子公司在当地审批后发送全球支付请求给共享服务中心；
- 共享服务中心在 ERP 系统中合并，并处理付款文件；
- 共享服务中心发送拨款预算给区域资金管理中心；
- 共享服务中心直接进行银企直连（H2H）发送付款文件到银行；

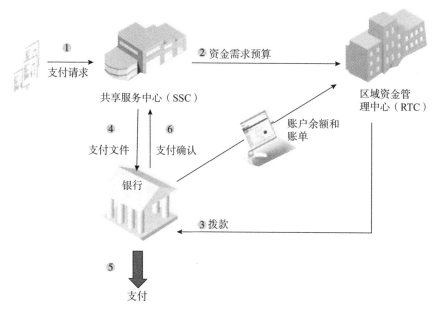

图 5.1　付款共享服务中心和区域资金管理中心独立运作模式

- 区域资金管理中心基于共享服务中心的预算，安排应付账款资金；
- 共享服务中心和区域资金管理中心分别从银行获取各自所需报文。

2. 优点

- 集中支付和拨款流程；
- 职责分开；
- 支付直通处理；
- 共享服务中心和区域资金管理中心之间信息畅通；
- 及时获取银行信息。

3. 缺点

- 区域资金管理中心对支付的可见性和可控性有限；
- 区域资金管理中心拨款流程相对被动，从而对营运资金的管理不是最有效。

（二）付款共享服务中心和区域资金管理中心部分整合模式

付款共享服务中心和区域资金管理中心部分整合模式如图 5.2 所示。

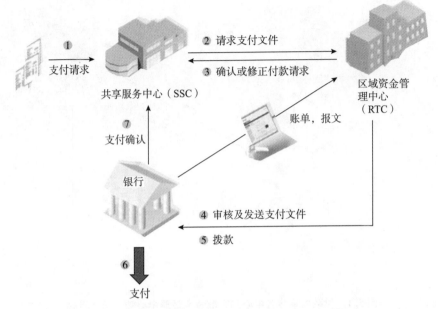

图 5.2 付款共享服务中心和区域资金管理中心部分整合模式

1. 流程

- 子公司在当地审批后发送全球支付请求给共享服务中心;
- 共享服务中心在 ERP 系统中合并,处理付款文件;
- 共享服务中心发送付款文件给区域资金管理中心请求批准;
- 共享服务中心从区域资金管理中心收到支付确认或修正后更新 ERP 系统;
- 区域资金管理中心对付款文件进行最后审核批准,及通过银企直连 (H2H) 向银行发送付款文件;
- 区域资金管理中心安排应付账款拨款;
- 共享服务中心和区域资金管理中心分别从银行获取信息。

2. 优点

- 集中支付和拨款流程;
- 职责分开;
- 共享服务中心和区域资金管理中心之间信息畅通;

- 及时获取银行信息;
- 区域资金管理中心对应付账款有一定的掌控力及决策能力,从而可以改进营运资本和流动资金管理。

3. 缺点

- 由于加强了控制,每日付款请求截止时间需提前;
- 因为需要区域资金管理中心的第二层审批而面临子公司的阻力。

(三)内部银行(IHB)和付款共享服务中心的有机整合

内部银行和付款共享服务中心有机整合如图 5.3 所示。

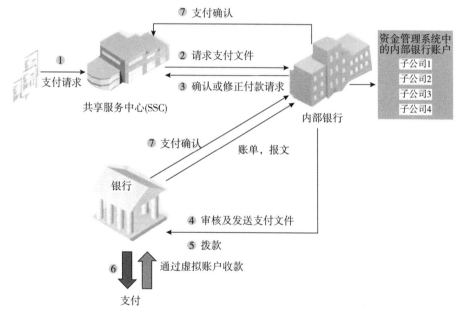

图 5.3 内部银行和付款共享服务中心有机整合

1. 流程

- 内部银行通过虚拟账户方案集中收款;
- 内部银行根据资金管理系统中的虚拟账号追踪每家子公司的收款;
- 子公司在当地审批后发送全球支付请求给共享服务中心;
- 共享服务中心在 ERP 系统中合并,处理付款文件;

- 内部银行资金管理系统（TMS）从 ERP 系统中提取付款请求；
- 内部银行对付款请求进行最后的审核和批准，并通过银企直连（H2H）传输支付文件给银行；
- 内部银行安排拨款；
- 内部银行资金管理系统（TMS）通过银企直连（H2H）从银行获取确认和报文；
- 内部银行资金管理系统（TMS）发送付款确认给 ERP 系统。

2. 内部银行主要职能

内部银行主要职能如图 5.4 所示。

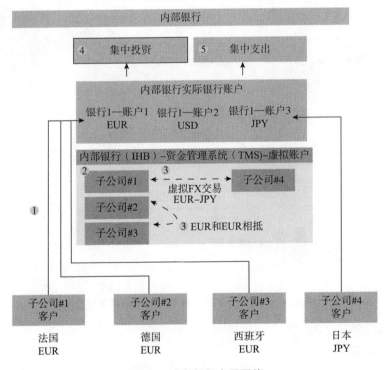

图 5.4 内部银行主要职能

- 集中资金到内部银行；
- 根据资金管理系统中的虚拟账号追踪每家子公司的收款；
- 内部交易相抵；
- 汇总资金投资；
- 安排对外支付；
- 集中管理外汇敞口。

3. 优点

- 提高可见性和可控性。可以改进内控和提高流程的标准化，提高风险管理能力（如内部自然对冲），减少外汇避险成本及进行统一的外汇和风险管理。
- 简化现金流。减少银行账户数量；公司间借贷追踪从银行系统转到资金管理系统（TMS）。
- 提高资金利用率。公司间款项相抵，高效利用流动资金，最大限度地减少闲置，分散现金余额；最大限度地利用公司间融资，极大节省外部借贷成本。

4. 缺点

- 内部讨论和审批需要较长时间。在这种情况下，中心必须与子公司协商及获得支持；内部流程设计使得获得管理层和相关各方的批准的过程较长。
- 费用高。实施资金管理系统前期成本较高；实施之后会有系统升级和维护费用。
- 对现有结构会有影响。账户结构改变，以及撤销现有资金池。
- 系统的实施过程较长。

四、案例

（一）基本情况

某公司是总部设在亚洲的东南亚某国的国有石油天然气公司，负责该国的石油和天然气资源的有效管理，是财富500强公司之一，业务遍及世界40多个国家和地区，在全球有超过200个下属企业和分支机构，超过3.9万名员工，公司的主要目标是为该国家的石油和天然气资产增值，以确保国家的石油工业有序和持久的发展。公司分为五个不同的业务单位，包括勘探与开发（E&P）、天然气、产业链下游业务、物流与航运、技术及工程。2011 财年收入 770 亿美元，有超过 350 亿美元的现金和现金等价物。

公司资金管理目标包括：①在全球范围内获得现金流量的可视性和可控性；②及时获取信息，更好做出决策；③有效解决付款和收款的结算；④提高全球的运营效率和成本效益。

公司在资金管理、应收账款和应付账款方面面临以下挑战（见表 1）。

表 1 某石油天然气公司面临的挑战

资金管理方面的挑战	应收账款方面的挑战	应付账款方面的挑战
大量的银行账户（500+）及合作银行（25+）	大量交易需要进行手工确认及匹配	对多笔交易、不同银行、类型、文件的处理方式不一致
大量闲置资金不能调配到需要融资的子公司	拖延的日常对账导致给管理层的报告缺乏准确性	• 无法处理多币种、多付款类型的交易 • 使用传真和其他手工操作方式
• 对集团流动资金及风险敞口无实时掌控 • 无法进行子公司间外汇自然对冲	子公司各自开立大量银行账户，一些交易数月都未对账	落后于市场领导者所采用的行业最新标准
集团内无统一的资金管理系统	返利、资产出售及非客户收款无法识别	无法满足现时和将来所需要的灵活性和适应性

公司曾采用非集中化管理结构，即各子公司独立管理资金及财务，但存在以下问题：所有运营单位独立运营，各自拥有独立的资金管理模式及银行关系；集团财务部门对于整个集团的财务状况缺乏可视性；一些子公司现金有盈余而另一些子公司却缺乏现金，缺乏现金的子公司选择银行进行融资而不是内部资金调拨（见图 1）。

（二）财务共享服务中心的建立

公司计划建立全新的财务共享服务中心，成为集团的内部银行，统一管理外汇、资金、融资及投资，方案结构如图 2 所示。

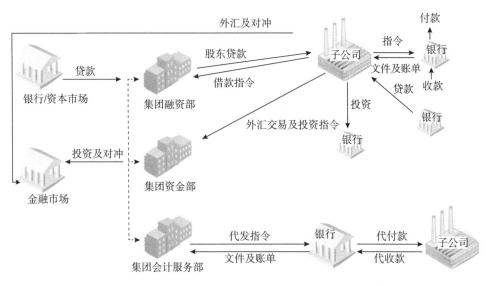

图1　公司曾采用的非集中化管理结构

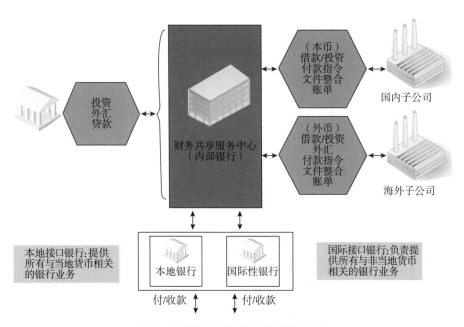

图2　公司欲建立的财务共享服务中心

（三）遵循原则

1. 流动资金管理

● 子公司将付款文件发送至财务共享服务中心进行整合，子公司的内部账户会被扣账；

● 子公司直接开发票给客户，收到的款项将打入财务共享服务中心开在外部银行的账户里；

● 子公司间的交易和内部借贷也会通过内部账户进行；

● 子公司需要对内部银行账户及收付款文件进行对账；

● 负责对外操作集团的大部分外部银行账户（各子公司在内部银行开立账户）。

2. 融资

● 子公司将从集团内部得到资金支持，从而最小化向外部银行融资所支付的费用；

● 财务共享服务中心集中处理各子公司的内部及外部贷款；

● 财务共享服务中心每年授予各子公司一个可借款上限。

3. 财务风险管理

● 各子公司直接与财务共享服务中心进行内部外汇风险对冲；

● 财务管理系统将对外汇交易的记账、结算进行自动记录；

● 子公司通过与财务共享服务中心进行存、贷交易，有效管理利率风险。

4. 结算

● 子公司将付款文件发送至财务共享服务中心进行整合，子公司的内部账户会被扣账；

● 子公司直接开发票给客户，收到的款项将打入财务共享服务中心开在外部银行的账户里；

● 子公司间的交易和内部借贷也会通过内部账户进行；

● 子公司需要对内部银行账户及收付款文件进行对账。

（四）公司财务共享服务中心解决方案

1. 账户结构（见图3）

● 为财务共享服务中心及上市公司分别开立多币种实体账户；

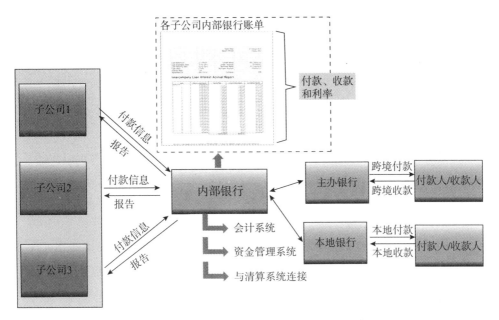

图 3　公司财务共享服务中心解决方案结构示意图

- 每个账户均配有对应的虚拟参考号码。

2. 应收账款

独特的客户识别号码将收款与发票连接。

3. 应付账款

- 单个付款文件里面包含多笔及多币种的付款指令；
- 采用国际认证的标准文件格式。

4. 覆盖范围

- 全资所有子公司；
- 主要控股子公司；
- 非主要控股公司，但股东允许对该子公司进行管理；
- 获得股东及监管机构批准的下属上市公司。

方案第一部分：应收账款。

应收账款解决方案使用虚拟账户来识别客户和实现自动对账（见表 2），

虚拟账户数据通过银企直连导入资金管理系统和会计系统中。

表2   应收账款解决方案

目标	面临的挑战	解决方案
识别客户汇款	大量交易需要人工识别和匹配	每个客户有自己的虚拟账户账号
与会计系统 实现自动对账	每日延迟对账导致运营单位报告数据不准确	银企直接将自动对账数据传输到资金管理系统和会计系统
运营单位 自动识别收款	业务单元账户众多，大量交易无法自动对账	每个客户和运营单位立即通过资金管理系统和会计系统自动识别匹配
识别其他 收款	返利、出售资产和非客户收款无法识别	每个运营单位的各种交易都有不同的虚拟账户账号

该方案的特点包括：

- 通过虚拟账户收到的款项将自动与运营单位以及客户匹配（见图4）；

- 根据虚拟账户账号范围和号码识别子公司和客户（见图5）；

- 虚拟账户账号范围按各子公司安排；

- 根据需要开立多币种账户；

- 根据事先设定的虚拟账户范围连接到实体账户；

- 虚拟账号同时保存在资金管理系统中，以追踪子公司的收款；

- 无论以何种货币付款，子公司的每个客户只需一个虚拟账号。

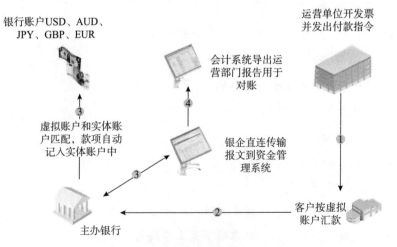

图4   通过虚拟账户将收款自动匹配

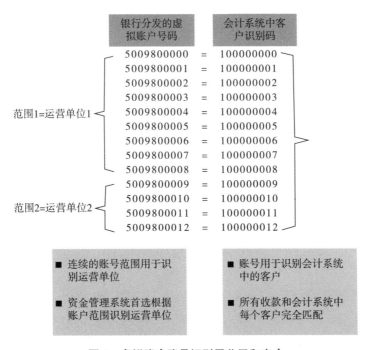

图5　虚拟账户账号识别子公司和客户

方案第二部分：应付账款。

通过相同的银企直连系统使付款指令进入国际清算系统，集中处理应付账款（见图6）。

银企直连结构（见图7）使财务共享服务中心通过国际清算系统使付款、提取报表更加便捷。

方案支持多种付款类型和多种付款币种，并采用最新的行业文件标准。付款流程如图8所示，包括：

- 子公司通过会计系统提交付款请求；
- 付款共享服务中心整合并处理付款文件；
- 资金管理系统从会计系统中抓取付款文件；
- 资金管理系统通过银企直连系统合并发送付款指令和抓取付款指令确认文件；
- 银行根据指令付款；
- 资金管理系统从银企直连系统中抓取银行对账单。

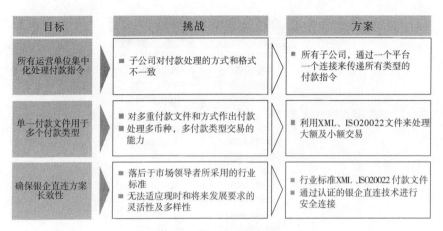

图 6 应付账款解决方案

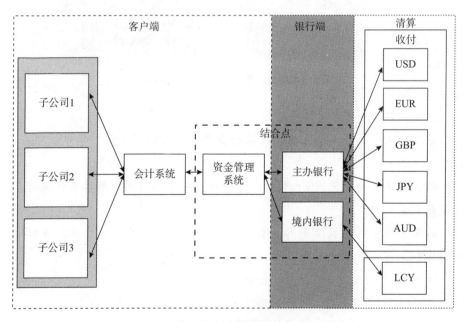

图 7 银企直连结构

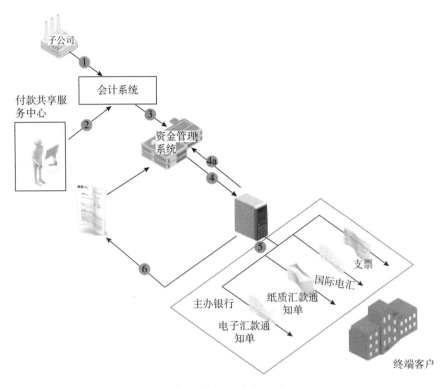

图8　应付账款流程图

（五）案例总结

此案例中客户需求与解决方案的小结见图9。

●　由于可以从当地政府得到税收优惠，客户选择在公司总部所在的某跨国银行开立多币种账号；

●　此多币种现金归集结构可以根据客户自己的需求而创建，它可以建在中国香港、新加坡、伦敦等拥有国际金融和贸易枢纽的地方；

●　无须通过资金调拨及资金池来进行全球资金的整合，即可对流动资金集中化部署（如图10所示）。

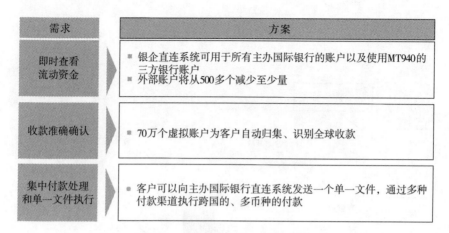

图 9   客户需求与解决方案总结

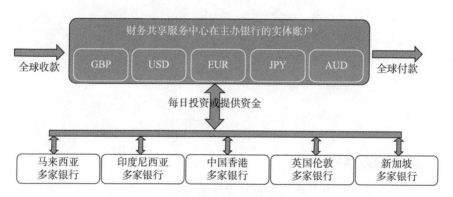

图 10   全球集中收付款

第六章 全球资金管理的高级 结构——内部银行

如果集团公司的规模发展到一定程度，为了充分发挥内部融资的功能，提高集团范围内自有资金的使用效率，公司应考虑建立更高级的资金管理结构——内部银行。

一、内部银行的定义

内部银行通常作为具有如下特征的跨国公司的一种高度有效的管理结构：大交易量、多个法人实体、多种税务制度。

内部银行作为集团内母公司和子公司的银行，常常通过资金管理系统或ERP 跟踪内部银行账户（虚拟银行账户），由内部银行代表各个子公司执行交易。根据这个定义，内部银行就是一家银行，但只面向集团内的公司，所以内部银行被视为一家"被俘虏"的银行。内部银行的职能如图 6.1 所示。

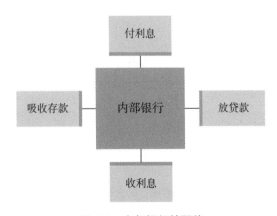

图 6.1 内部银行的职能

二、内部银行的结构、功能和优势

如图 6.2 所示，内部银行的主要活动可以分为如下五步：

- 把资金集中到内部银行；
- 在内部银行底账中为资金做会计分录；
- 把内部投资集中起来由内部银行做外部投资；
- 内部交易轧差；
- 从内部银行对外支付。

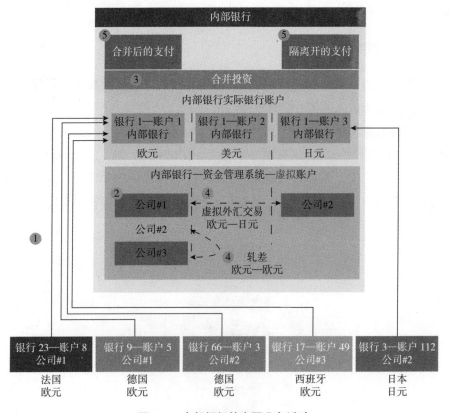

图 6.2　内部银行的主要业务活动

使用内部银行管理结构具有如下优势：

- 简化现金流。内部银行可以减少银行数目和银行账户；可以把公司交易从银行系统转移到资金管理系统，消除系统边界，为降低主要成本创造机会。

● 增强可视性和可控性。内部银行可以改善内部控制和标准化，力求实现最佳流程；为风险管理创造新机会。例如：内部银行资金专员发现组织内的自然对冲机会，从而减少外汇对冲成本，实现协调一致的外汇和风险管理。

● 改善现金使用。可以提供公司间轧差；改善流动性，最小化闲置或当地现金余额；管理公司间融资，以达到最优结果。

三、设立内部银行的常用地点

内部银行最常用的地点包括荷兰、卢森堡、瑞士、英国、比利时、爱尔兰、新加坡和中国香港。

在欧洲，选择卢森堡和瑞士作为内部银行地点的企业越来越多；伦敦是老牌的国际金融中心，但英国脱欧后伦敦的吸引力会有所下降；荷兰和爱尔兰主要是以前已经建立的内部银行；比利时属于市场先行者的选择。

就亚洲来说，新加坡因为优惠的税收以及广泛的税收条约网络而成为常见的选择；中国香港与新加坡条件类似，对于中资跨国公司具有特别的地理、语言和文化上的优势。

美国则是跨国公司最常见的选择，主要是因为税收的原因，如图 6.3 所示。

四、共享服务中心、内部银行、支付工厂三种模式的比较

目前，跨国公司全球资金管理的模式从低级到高级可以分为：

● 总部总揽的分散模式，各地的子公司独立管理并汇报给总部；

● 建立全球中心和区域中心的梯级模式，资金管理先在区域集中并可能进一步向全球中心集中；

● 具有卓越中心的全球单元结构；

● 建立唯一全球单元的结构。

与之相对应，按照效率提高、成本降低、风险降低的原则由低级向高级演进的资金管理模式依次为共享服务中心、内部银行、支付工厂三种模式。总体来说，大型跨国公司的全球资金管理模式呈现出继续朝着区域性的由专

美国
■ 对于美国机构，只因为税收的原因

欧洲
■ 卢森堡和瑞士正在扩张
■ 伦敦有很强的流动性和很好的外汇管理
■ 荷兰和爱尔兰=已经建立的内部银行
■ 比利时=先行者
■ 机构可管理全球，包括欧洲、加拿大和拉丁美洲

亚洲
■ 新加坡=优惠的税收以及广泛的税收条约网络
■ 中国香港

图6.3　内部银行常用地点示意图

业人员管理的资金中心集中的趋势。

以上三种操作结构是非常不一样的概念，但因为具有很多相似性，所以常常被贴错标签。三者相比较，各自特点如下（见图6.4）：

● 共享服务中心实现了组织上的集中，其集中付款的目的在于将集团成员公司的所有付款都通过唯一的操作机构来操作。

● 内部银行则将集团所有现金集中于内部银行这一集团内部的资金管理最高层级，然后通过较为成熟的方法对集团的资金进行分配，强化了集团融资的功能以及对资金的控制。

● 支付工厂则是较为复杂的资金中心结构。它将集团的资金集中于资金池的最高层级并通过成熟的方法实现资金的合理分配，通过合并付款及向集团成员公司提供资金等资金管理活动，实现外汇和银行费用等最小化。它是共享服务中心与内部银行相结合的产物。

支付工厂的功能相当于与共享服务中心相结合的内部银行，承担外部各方管理及内部各方管理的职能，如图6.5所示。

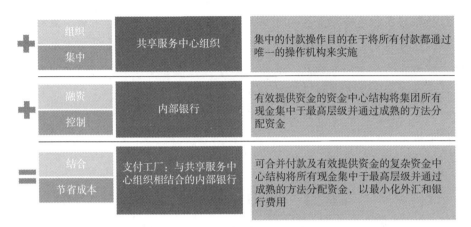

图6.4　三种全球资金集中管理模式对比

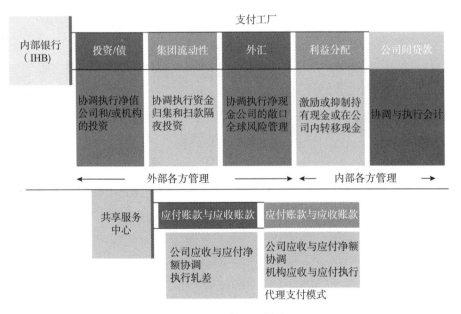

图6.5　支付工厂模式

五、全球资金管理案例

一家全球性跨国公司的全球资金管理结构是：公司选择2~3家全球性银

行作为全球战略合作伙伴，分布在亚洲、欧洲、美洲等各大洲的子公司选择全球性银行在就近的分支机构开立账户，同时也可选择一家当地网点较多的区域性银行开立账户。内部银行在全球银行在资金池所在地的分支机构开立账户作为资金归集的主账户。这样，公司利用在全球性银行的账户及其网络实现资金的归集，并实现成员公司的应付账款、员工费用、工资、税费等付款的集中支付，沉淀下来的资金可用于满足公司流动性和投资需求。其结构如图1所示。

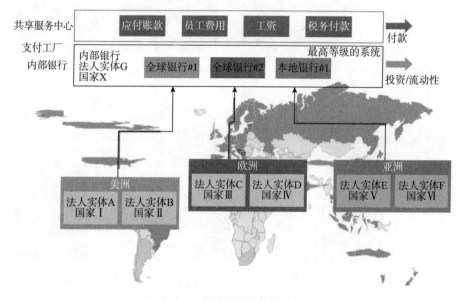

图1 全球资金管理模式

第七章　中国跨境资金管理监管政策改革

一、人民币国际化进程及相关法规

2009 年之前人民币跨境使用已经有一定的基础。1993~2009 年，中国人民银行陆续与越南、蒙古、老挝、尼泊尔、俄罗斯、吉尔吉斯斯坦、朝鲜、哈萨克斯坦 8 个国家的中央银行签订了双边边贸本币结算协定，允许在我国与周边国家的边境贸易结算中使用双方本币或人民币。此后人民币国际化顺应市场需求稳步推进。时间轴如下：

1993 年 5 月，中国人民银行与越南国家银行签订《双边本币结算协定》；11 月 11 日，中共十四届三中全会首次提出实现人民币可兑换和推进汇率改革，建立反映市场供求关系的人民币汇率形成机制，建立统一规范的外汇市场。

1994 年，中国宣布 1 月 1 日起开始实行以市场供求为基础的、单一的、有管理的浮动汇率制度。

1996 年 12 月，中国宣布接受 IMF 第八条款，实现人民币经常项目可兑换。

2001 年，中国加入 WTO。

2002 年 11 月，中国发布《合格境外机构投资者境内证券投资管理暂行办法》。

2003 年 10 月，中共十六届三中全会提出实现资本项目可兑换。12 月中银香港被人民银行委任为中国香港地区人民币海外清算行。

2004 年，中国建立亚洲债券基金（Asian Bond Fund，ABF）。

2005 年 6 月，菲律宾央行宣布把人民币作为菲律宾国家的官方储备。7 月 21 日起，中国开始实行以市场供求为基础、参考一揽子货币、有管理的浮动汇率制度。

2008 年 12 月，中国人民银行和韩国签订了 260 亿美元双边本币互换协议。

2008 年金融危机后，全球货币体系发生深刻变革，为人民币跨境使用提供了市场需求，包括：全球流动性紧张，一些国家和地区提出人民币融资需求，以及国内外企业需要通过人民币结算降低汇兑成本和汇率风险。人民币国际化开始在以下几个方面有所突破：

1. 跨境贸易人民币结算试点

2009 年 7 月，实行跨境贸易人民币结算试点。境内：广东四城市、上海；境外：中国香港、中国澳门和东盟国家。

2010 年 6 月和 2011 年 8 月两次扩大试点，不再有地域限制。

2012 年 6 月，跨境贸易人民币结算业务全面铺开，拓展至全部经常项目。

2. 拓展至资本项目

2010 年 8 月，允许境外央行等三类机构投资银行间债券市场。

2011 年，先后允许 FDI 和 ODI 人民币结算，允许境外项目人民币贷款，允许企业到香港发点心债。

2012~2015 年，先后推出境内企业境外人民币借款、跨国企业集团人民币资金池等试点。

3. 推动金融市场开放，完善基础设施

2011 年，中国推出 RQFII。

2014 年，中国推出 RQDII。

2015 年，中国推出"沪港通"、内地与香港基金互认；进一步便利境外机构境内发行"熊猫债"。

2015 年 10 月，CIPS 一期正式上线。

4. 人民币加入 SDR，迈入新的历史阶段

2016 年，进一步开放境内银行间债券市场和外汇市场。

2016 年 4 月，中国建立宏观审慎外债管理框架；5 月，全口径跨境融资宏观审慎管理在全国范围内实施。

2016 年 8 月，中国扩大 RQFII 试点范围。

2016 年 10 月，人民币正式加入国际货币基金 SDR 篮子。

2016 年 12 月，中国启动"深港通"。

2017 年 7 月，中国启动"债券通"。

人民币连续七年是我国第二大国际收支货币。国际货币基金组织（IMF）统计数据显示，截至 2017 年第二季度末，人民币全球已分配外汇储备为 993.6 亿美元，占比 1.07%；人民币是全球第七大外汇储备货币。据不完全统计，已有 60 多个国家和地区将人民币纳入外汇储备；人民币全球使用程度不断提高。根据环球同业银行金融电信协会（SWIFT）统计，2017 年 9 月，人民币在国际支付货币中的份额为 1.85%，为全球第六大支付货币；境外主体持有和使用人民币意愿回升。截至 2017 年 9 月底，境外主体持有境内人民币金融资产金额合计 4 万亿元，同比增长 22.4%，投资主体包括境外央行、国际金融组织、主权财富基金、金融机构和非金融企业等。使用人民币进行结算的境外主体覆盖全球 200 多个国家和地区。

境外离岸人民币市场平稳较快发展。离岸人民币市场已形成以中国香港为主、多点并行格局；离岸债券不断增加。除中国香港市场的点心债外，中国台湾宝岛债、新加坡狮城债、法国凯旋债、德国歌德债、卢森堡申根债、悉尼大洋债等离岸债券发行不断增加；离岸资金池形成规模。据不完全统计，截至 2017 年 6 月末，境外主要离岸市场人民币存款余额合计约 1.11 万亿元。

境外人民币清算行覆盖广泛。截至 2017 年 9 月底，中国人民银行已在 23 个国家和地区建立了人民币清算安排，覆盖东南亚、欧洲、美洲、大洋洲和非洲等地。2016 年 10 月 1 日起，人民币正式纳入国际货币基金组织（IMF）特别提款权（SDR）货币篮子，成为美元、欧元、日元、英镑后的第五种货币，权重为 10.92%，位列第三，这是人民币国际化的重要里程碑。

中国金融改革进程正在加速进行。人民币跨境结算试点于 2009 年 7 月推出以来，截至 2017 年 10 月，中国政府颁布了一系列法律法规支持并推进人民币国际化进程，相关的监管政策总结如表 7.1 所示。

表 7.1　人民币国际化监管政策一览表

试点项目	币种	全国范围（上海自贸区除外），包括扩展的自贸区[1]	上海自贸区[1]
对外放款	人民币	每笔贷款都需在外汇管理局登记，贷款额度上限为所有者权益×30%	与全国范围政策一致
	外币	每笔贷款都需在外汇管理局登记，贷款额度上限为所有者权益×30%	与全国范围政策一致
境外借款	人民币	每笔借款都需在外汇管理局登记，借款额度上限为投注差（2018 年 1 月 13 日前）或净资产的 2 倍	可按照全国规范或选择自由贸易账户按照资本的 2 倍额度借款并向人民银行备案（2017 年 5 月 4 日前）
	外币	每笔借款都需在外汇管理局登记，借款额度上限为投注差（2018 年 1 月 13 日前）或净资产的 2 倍	可按照全国规范或选择自由贸易账户按照资本的 2 倍额度借款，需向人民银行备案并在外汇管理局登记（2017 年 5 月 4 日前）
跨境双向资金池	人民币	需满足一定资质，有额度的限制[2]，需要向人民银行备案	• 普通自贸区跨境资金池无额度限制，无须在人民银行备案[2] • 全功能跨境资金池需要符合一定资质，通过自由贸易账户办理，有双向额度限制[2]，提前至人民银行登记
	外币	需在外汇管理局备案，有借款和贷款额度限制[2]（企业需满足一定资质）	需在外汇管理局备案，有借款和贷款额度限制[2]
跨境集中收付和轧差净额结算	人民币	需满足一定资质，无须备案	无须备案
	外币	需在外汇管理局备案（企业需满足一定资质）	需在外汇管理局备案

注：[1] 对于人民币业务，上海自贸区与扩展自贸区的政策不同；扩展的自贸区位于深圳、广东、福建和天津。[2] 基于人民银行和外汇管理局的窗口指导的政策不同；扩展的自贸区位于深圳、广东、福建和天津。

资料来源：根据公开资料整理。

二、人民币跨境业务

在全球化背景下，基于企业集团客户的快速发展要求，无论是大型国企、民营企业集团还是跨国公司区域总部，对跨境人民币资金运营和管控都有越来越强烈的需求。2014 年，人民银行出台《关于跨国企业集团开展跨境人民币资金集中运营业务有关事宜的通知》（银发〔2014〕324 号）。2015 年 9 月，人民银行对银发〔2014〕324 号文进行修订，出台《关于进一步便利跨国企业集团开展跨境双向人民币资金池业务的通知》（银发〔2015〕279 号），进一步放宽跨境双向人民币资金业务开办准入门槛、合作银行等政策内容。

（一）跨国企业集团跨境人民币资金集中运营业务主要内容（全国版）

● 跨国企业集团是指以资本为联结纽带，由境内外母公司、子公司、参股公司及其他成员企业共同组成的企业联合体。包括母公司及其控股 51% 以上的子公司；母公司、控股 51% 以上的子公司单独或者共同持股 20% 以上的公司，或者持股不足 20% 但处于最大股东地位的公司。

● 境内成员企业应为经营时间 1 年以上，且未被列入出口货物贸易人民币结算企业重点监管名单（以下简称"重点监管名单"）的跨国企业集团非金融企业成员。

● 境外成员企业应为在境外（含香港、澳门和台湾地区）经营时间 1 年以上的跨国企业集团非金融企业成员。

● 跨国企业集团可以根据经营需要，开展跨境人民币资金集中运营业务，包括跨境双向人民币资金池业务和经常项下跨境人民币集中收付业务。

● 跨境双向人民币资金池业务（以下简称"跨境资金池业务"）是指跨国企业集团根据自身经营和管理需要，在境内外非金融成员企业（包括财务公司）之间开展的跨境人民币资金余缺调剂和归集业务。跨国企业集团可根据自身需求，选择将境内人民币资金归集到境外，或将境外人民币资金归集到境内。

● 经常项下跨境人民币集中收付业务（以下简称"集中收付业务"）是指跨国企业集团对境内外成员企业的经常项下跨境人民币收付款进行集中处理的业务。

● 跨国企业集团可以选择开展跨境资金池业务或集中收付业务，或两者同时开展。

● 跨国企业集团开展跨境双向人民币资金池业务，其参加归集的境内外成员企业需满足以下条件：

　　√ 境内成员企业上年度营业收入合计金额不低于 10 亿元人民币；

　　√ 境外成员企业上年度营业收入合计金额不低于 2 亿元人民币。

　　• 跨国企业集团原则上在境内只可设立一个跨境双向人民币资金池。跨国企业集团可以指定在中华人民共和国境内依法注册成立并实际经营或投资、具有独立法人资格的成员企业（含财务公司），作为开展跨境双向人民币资金池业务的主办企业，即境内主办企业。跨国企业集团母公司在境外的，也可以指定境外成员企业作为开展跨境双向人民币资金池业务的主办企业，即境外主办企业。

　　• 为开展跨境资金池业务，跨国企业集团境内成员企业（以下简称"境内成员"）可在银行建立境内人民币资金池，并以主办企业作为境内人民币资金池牵头企业，其他境内成员可作为参与企业加入该境内人民币资金池，境内人民币资金池归集属于委托贷款框架。境内成员企业通过主办企业间接参与跨境资金池。主办企业也可以单独（不下挂境内资金池的方式）参与跨境资金池。

　　• 为开展跨境资金池业务，跨国企业集团境外成员企业（以下简称"境外成员"）可根据自身需求，建立境外人民币资金池，通过该境外人民币资金池开展跨境资金池业务，或通过将单一或多个境外人民币账户与主办企业专用账户连接开展跨境资金池业务。

　　• 为开展跨境资金池业务，跨国企业集团境内外成员企业之间应根据自身需求拟定跨境资金池的资金归集规则。跨境资金归集可以公司间借贷方式进行。

　　• 境内主办企业应在银行开立一个人民币专用存款账户，专门用于办理跨境资金池业务，账户内资金按单位存款利率执行，不得投资有价证券、金融衍生品以及非自用房产，不得用于购买理财产品和向非成员企业发放委托贷款。境内外成员企业与此账户发生资金往来必须通过其人民币银行结算账户办理。境外主办企业应开立境外机构人民币银行结算账户，专门用于办理跨境双向人民币资金池业务，账户内资金按单位存款利率执行。境外主办企业未开立基本存款账户的，该人民币银行结算账户纳入基本存款账户管理。

- 主办企业可以选择 1~3 家具备国际结算业务能力的银行办理跨境双向人民币资金池业务。

- 跨境资金池业务实行上限管理，任一时点净流入余额不超过上限：

跨境人民币资金净流入额上限=资金池应计所有者权益×宏观审慎政策参数

其中，资金池应计所有者权益=∑（境内成员企业的所有者权益×跨国企业集团的持股比例），其中境内成员企业的所有者权益以上年度财务报表为准（可根据当地人民银行要求提交审计报表或其他有效报表）。宏观审慎政策参数为 0.5，人民银行根据宏观经济形势和信贷调控等的需要进行动态调整。

- 对于境内成员企业在前海、昆山、苏州工业园区和天津生态城等试点区域内，且从境外借入了人民币资金的，根据其借款额对净流入额上限作相应扣减。

- 跨境人民币资金净流出额暂不设限。

- 跨国企业集团境内外成员企业之间可根据商业原则议定跨境资金池所适用的利率，利率应符合跨国公司境内外成员企业所在地法律法规要求。

- 跨境资金池业务进、出币种仅限于人民币。

- 结算银行可以为跨境双向人民币资金池人民币专用存款账户办理日间及隔夜透支。

- 跨国企业集团可通过主办企业或另行选择其他成员企业，在其注册所在地选择银行开立人民币银行结算账户，办理经常项下跨境人民币集中收付业务，可采用轧差净额结算方式，按照企业集团收付总额轧差或成员企业收付额逐个轧差结算。跨国企业集团可同时选择多家银行办理集中收付业务。跨国企业集团可按需求确定境内外参与企业数量。

- 集中收付业务应以经常项下的跨境人民币结算为基础，包括货物贸易、服务贸易、收入与经常转移等。

- 财务公司作为主办企业的，应将跨境人民币资金集中运营业务和其他业务（包括自身资产负债业务）分账管理。财务公司作为主办企业开立的人民币银行结算账户按同业存款利率计息。财务公司从事跨境人民币资金交易应遵守国务院银行业监督管理机构的规定。

（二）自贸区集团内部跨境双向人民币资金池业务主要内容

● 自贸区内注册企业可根据自身经营和管理需要，建立集团内跨境双向人民币资金池，根据自身需求，选择将境内人民币资金归集到境外，或将境外人民币资金归集到境内。集团指包括区内企业（含财务公司）在内的，以资本关系为主要联结纽带，由母公司、子公司、参股公司等存在投资性关联关系成员共同组成的跨国集团公司（以下简称"跨国集团公司"）。

● 跨国集团公司境内成员企业（以下简称"境内成员"）可选择在银行建立境内人民币资金池，并以在自贸区内注册成立并实际经营或投资的企业（以下简称"区内企业"）作为境内人民币资金池牵头企业（包括实际牵头企业和名义牵头企业），其他境内成员可作为参与企业加入该境内人民币资金池。区内企业需经集团总部授权行使资金管理职能。境内成员根据自身需求拟定境内资金池的资金归集规则。境内资金归集属于委托贷款的框架。区内企业也可选择以单一人民币账户的形式，加入境外人民币资金池开展跨境双向人民币资金池业务。

● 跨国集团公司境外成员企业（以下简称"境外成员"）可根据自身需求，建立境外人民币资金池，通过该境外人民币资金池开展跨境双向人民币资金池业务，或将单一或多个境外人民币账户连接境内人民币资金池开展跨境双向人民币资金池业务。当通过单一境外人民币账户开展跨境双向人民币资金池业务时，该人民币账户开户企业应具有管理、调动跨国集团公司境外一定范围内人民币资金的职能（如：作为跨国集团公司亚太区总部）。根据本条及上条，跨境双向人民币资金池结构大致可分为以下四种：①以区内企业为牵头企业的境内人民币资金池与境外人民币资金池或境外多币种（包括人民币）资金池相连接。当境外为多币种资金池时，必须以其人民币账户与境内相连。②以区内企业为牵头企业的境内人民币资金池与单一境外人民币账户相连接，该境外人民币账户开户企业应具有实际管理、调动跨国集团公司境外一定范围内人民币资金的职能。③以区内企业为牵头企业的境内人民币资金池与多个境外人民币账户直接连接，区内企业必须具备直接管理境内外参与企业人民币资金的职能。④区内企业以单一企业或连同另一境内企业，与境外人民币资金池或多币种（包括人民币）资金池相连接，当境外为多币种资金池时，必须以其人民币账户与境内相连。境外资金池牵头企业必须具备资金管理职能并实际管理、调动境外企业资金（如：作为跨国集团公司亚太区财资中心或集团总部）。境外账户也可以为单一人民币账户，该境外人民币账户开户企业必须具有前述实际资金管理职能。

- 跨国集团公司境内外成员企业之间应根据自身需求拟定跨境双向人民币资金池的资金归集规则。跨境资金归集不属于委托贷款的框架。

- 资金由被归集方流向归集方为上存，由归集方流向被归集方为下划。参与上存与下划归集的人民币资金应为企业产生自生产经营活动和实业投资活动的现金流，融资活动产生的现金流暂不得参与归集。

- 区内企业应在银行开立一个人民币专用存款账户，专门用于办理集团内跨境双向人民币资金池业务，该账户不得与其他资金混用，不可用于企业的日常结算等其他用途。

- 跨境双向人民币资金池业务为集团境内外成员企业之间的双向资金归集业务，属于企业集团内部的经营性融资活动，不占用境内成员外债额度。

- 跨国集团公司境内外成员企业之间可根据商业原则议定跨境双向人民币资金池所适用的利率，利率应符合跨国公司境内外成员企业所在地法律法规要求。

- 跨境双向人民币资金池业务无规模（额度）限制，也没有净流出限制。

- 跨境双向人民币资金池业务进、出币种仅限于人民币。

- 境内人民币资金池可以保留透支额度，透支资金不得参与跨境归集。

- 与国家宏观调控管理方向不相符的行业暂不得开展跨境双向人民币资金池业务。

人民币跨境业务主要包括人民币境外放款、人民币跨境借款、跨境双向人民币资金池、跨境人民币集中收付款与轧差等方面。

（三）人民币境外放款

人民币境外放款主要需要遵循人民银行2013年发布的168号文和2016年发布的306号文，对境内放款人、境外借款人的资质都有一定要求，并对额度和账户的设置有明确的规定，特别是对资金的来源和用途有着严格的规定。相关要求见表7.2及图7.1。

表 7.2　人民币境外放款参数项目及要求

项目	要求
遵循重要法规	• 人民银行印发〔2016〕306 号文 • 人民银行印发〔2016〕168 号文
境内放款人资质	•运作超过 1 年以上，能提供整年财务报告 • 非金融企业 •银行需对企业资质进行严格审核 ◆不应为中国人民银行重点监控企业 ◆不应为国家外汇管理局贸易项下 B 类或 C 类企业 ◆无不良征信记录 ◆不应为严重违法失信企业
境外借款方	•与境内放款方应有股权关联关系
额度	•放款上限为 30%所有者权益 •放款前需至国家外汇管理局进行登记 •放款余额＝∑境外放款余额+∑提前还款额×（1+提前还款天数/合同约定天数）+∑外币境外放款余额×币种转换因子
特殊账户	需要开设人民币跨境放款专用账户
放款期限	6 个月至 5 年
利率	在合理范围内，且必须大于零
资金来源	不得使用个人资金向借款人进行境外放款，不得利用自身债务融资为境外放款提供资金来源
资金用途	经办银行应对放款实际用途进行严格审核，中国人民银行总体要求应为人民币用途
还款及展期	资金应及时归还，单一合同仅允许展期 1 次

资料来源：根据公开资料整理。

图 7.1　人民币境外放款流程

（四）跨境借款

近年来，我国也出台了很多海外融资的相关法规。简要总结见表 7.3 及图 7.2。

表 7.3　海外融资相关法规

目前方案（自 2017 年起）			
每家企业尽可以选择其中一种方案从海外借款			
投注差额度 （2018 年 1 月 13 日前）	净资产×2	资本×2（2017 年 5 月 4 日前通过自由贸易账户）	资本×1
所有中国企业 √	√		
所有中国（上海）自由贸易试验区 √	√	√	
非银行金融机构			√

注：投注差＝投资总额−注册资本；净资产＝总资产−总负债；资本＝实收资本或股本＋资本公积。

资料来源：根据公开资料整理。

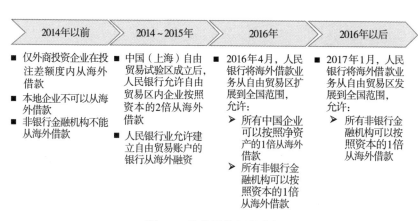

图 7.2　海外融资相关法规

（五）跨境双向人民币资金池架构

自由贸易区（以下简称自贸区）内和全国范围内全自动跨境双向人民币资金池的架构一般如下：

1. 结构设计（见图 7.3）

- 需要开立一个人民币专用存款账户，专门用于跨境双向人民币资金池。
- 该账户与境内人民币同名账户（一般为境内资金池主账户）连接，以及与境外人民币账户（如境外资金池人民币主账户）相连。

- 净流入额度等于：

√ 全国版：资金池应计所有者权益×50%；

√ 上海自贸区普通版：无限额；

√ 扩展自贸区版或上海自贸区全功能版：资金池应计所有者权益×100%。

- 净流出额度等于：

√ 全国版或上海自贸区普通版：无上限；

√ 扩展自贸区版或上海自贸区全功能版：资金池应计所有者权益×100%（净流出额度基于人民银行和外汇管理局的窗口指导）。

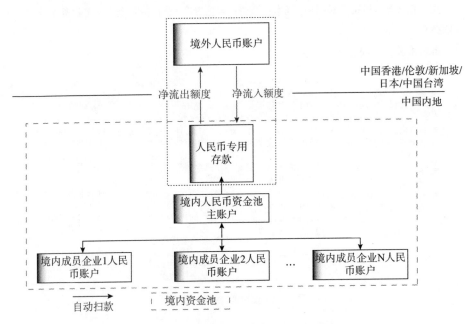

图 7.3　跨境双向人民币资金池结构

2. 对企业的益处

- 企业集团可以将中国区加入全球流动性资金安排，以提高资金使用效率；

- 企业集团可以利用中国区的冗余资金支持海外资金需求，更重要的是，可以将海外的资金在规定的额度内调入中国区，以支持中国区的生产经营和投资活动。

（六）人民币经常项下集中收付和轧差净额结算业务

1. 结构设计

- 仅需开立人民币一般结算户，即可开展集中收付和轧差净额结算业务；
- 可以进行经常项下的跨境结算（包括货物贸易、服务贸易和非贸）；
- 在模式一（见图7.4）中，境内成员企业可以通过一个主办企业与境外结算中心进行人民币项下的轧差结算或者集中收付；
- 在模式二（见图7.5）中，允许成员企业与境外结算中心直接进行轧差，而无须经过境内的主办企业。

2. 企业可获得的益处

- 可以将中国区加入全球净额结算和支付工厂的安排中去，以降低跨境交易量和成本、减少资金需求、减小汇兑敞口，降低汇兑风险。
- 可以将人民币加入全球支付安排中去。
- 在模式二之下，允许成员企业与境外结算中心直接进行轧差结算，相比模式一，减少了企业对于内部会计调整和税务处理的要求。

3. 主要模式

主要模式有境内主办人民币结算账户模式（模式一，见图7.4）和无境内主办企业人民币结算账户模式（模式二，见图7.5）两种。在自贸区政策下，只能选择模式一，且必须开立专户。

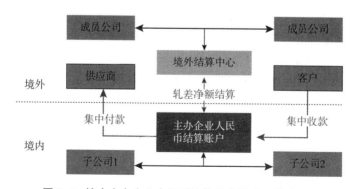

图7.4　境内主办企业人民币结算账户模式（模式一）

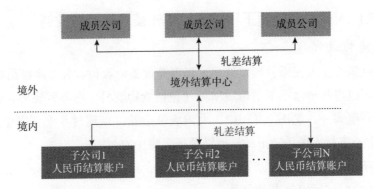

图 7.5　无境内主办企业人民币结算账户模式（模式二）

4. 跨境人民币集中收付和轧差净额结算业务之政策比较

人民银行允许同一集团内实行跨境人民币集中收付和轧差净额结算业务两种模式，两种模式的政策比较如表 7.4 所示。

表 7.4　跨境人民币集中收付和轧差净额结算业务政策比较

	全国政策包括扩展自贸区 （人民币集中收付和轧差净额结算）	上海自贸区政策
资质要求	• 持股比例超过 20% 或处于最大股东地位的公司（母公司及其控股 51% 以上的子公司，或母公司、控股 51% 以上的子公司单独或者共同持股 20% 以上的公司，或者持股不足 20% 的但处于最大股东地位的公司） • 所有成员企业经营时间须在 3 年以上 • 境内成员企业不属于地方政府融资平台、房地产行业，未被列入人民币结算企业重点监管名单	没有要求（关联公司或在同一供应链上的公司）
范围	经常项下的跨境交易（货物、服务、非贸）	经常项下的跨境交易（货物、服务、非贸）
备案/批复	无须备案	无须备案
合作银行	多家银行	一家银行
账户	人民币银行结算账户（无须专户）	人民币专用存款账户
人民币净额结算模式	可以按照企业集团收付总额轧差或成员企业收付额逐个轧差结算	没有明确要求

资料来源：根据公开资料整理。

（七）案例——人民币跨境"一揽子"解决方案

一家自贸区企业施行"一揽子"人民币跨境资金解决方案（见图1），包括人民币跨境资金池业务、集中收付和轧差净额结算，带来了全球资金管理的效率提升。

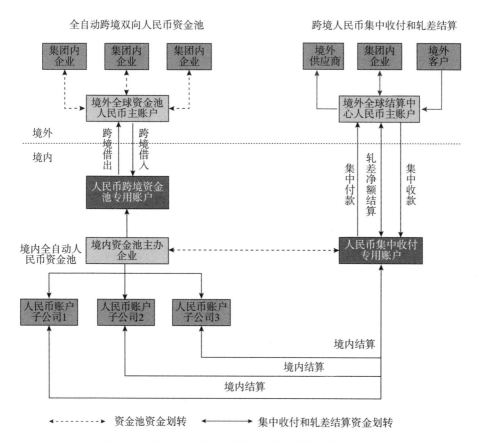

图 1　自贸区企业的人民币跨境"一揽子"解决方案

1. 结构设计

● 主办企业同时开立两个人民币专用账户——人民币跨境资金池专用账户和人民币集中收付专用账户。国内人民币资金池账户和离岸人民币账户通过人民币跨境资金池专用账户和跨境全自动双向归集的结构进行连接，使得中国区可以加入到境外资金池安排中去。

● 同时为企业利用跨境集中收付和轧差净额结算人民币专用账户来实现贸易与非贸项下的跨境集中，与境外结算中心进行轧差净额结算，从而提升运营效率。

● 人民币集中收付专用账户连入境内全自动人民币资金池。

2. 企业获得的益处

● 可以加入到企业全球化的资金管理和轧差结算安排中；

● 将集中收付和轧差结算专户与境内资金池专户相连，可以实现最大财务资金管理效率并满足客户的特殊需求；

● 极大地利用中国以及海外资金，实现全球化现金管理；

● 通过向集团企业提供便捷有效的跨境收付渠道，降低跨境收付成本，节约集团内融资和汇兑成本。

三、外汇资金集中运营管理改革

为进一步促进跨国公司投资便利化进程，2012 年，北京外汇管理局、上海外汇管理局开展跨国公司总部外汇资金集中运营管理试点改革，吸引跨国公司总部在中国设立全球性资金结算中心，探索外汇监管的新思路、新做法，推动跨国公司总部外汇资金集中运营在北京、上海落地。随后，试点范围不断扩大。

(一) 外汇管理局试点项目概述

国家外汇管理试点项目总结如表 7.5 所示。

表 7.5　国家外汇管理试点项目总结

时间	试点项目
2012 年	为了推进北京、上海成为国际金融中心，两地的外汇管理局开展了一系列针对合格跨国公司资金集中的改革项目，其中包括：跨境双向资金池、跨境轧差净额结算、跨境集中收付
2012 年 12 月	北京、上海外汇管理局批准了 13 家企业作为参加第一批试点项目的企业
2013 年 8 月	外汇管理局批准了 32 家企业参加试点项目，其中包括北京、上海、深圳、广东、浙江、江苏和湖北的跨国企业
2013 年 9 月	上海自由贸易试验区正式成立
2014 年 2 月	外汇管理局将试点项目范围扩大到上海自贸区内的企业
2014 年 3 月	外汇管理局批准了北京、广东、天津等地的企业参加第三批试点项目

续表

时间	试点项目
2014 年 4 月	外汇管理局宣布扩大外汇资金集中管理试点项目范围，将在全国范围内推广
2014 年 6 月	外汇管理局全国范围外币试点项目正式生效（包含自贸区）
2014 年 6 月	外汇管理局全国范围外币试点项目正式生效（包含自贸区）
2015 年 8 月	外汇管理局修订并调整、完善了相关政策，印发《跨国公司外汇资金集中运营管理规定》，即 36 号文，引入新的外债管理的概念
2015 年 12 月	外汇管理局更新自贸区企业备案要求；外汇管理局宣布试点企业窗口开放
2016 年 6 月	外汇管理局宣布上海自贸区企业加入外币试点项目的新要求
2017 年 3 月	外汇管理局宣布试点企业窗口开放

资料来源：根据公开资料整理。

跨境外汇资金集中运营业务相关政策的基本思路是：①主体监管：以境内主办企业为监管主体。②在岸归集：在境内开立国际外汇资金主账户，用于管理、吸纳境外成员公司资金。③有限连通：设置外债及对外放款额度，用于进行资金跨境双向流动的总量控制。

（二）外币试点项目概览

跨境外汇资金集中运营业务实施框架包括：

1. 业务准入

满足以下条件的跨国公司，可根据经营需要开立国内、国际外汇资金主账户：

- 具备真实业务需求。
- 具有完善的外汇资金管理架构、内控制度。
- 建立相应的内部管理电子系统。
- 上年度本外币国际收支规模超过 1 亿美元（参加外汇资金集中运营管理的境内成员企业合并计算）。
- 近三年无重大外汇违法违规行为（成立不满三年的企业，自成立之日起无重大外汇违规行为）。贸易外汇收支企业名录内企业，货物贸易分类结果应为 A 类。
- 外汇管理局规定的其他审慎监管条件。

2. 参与跨境外汇资金集中管理的成员企业范围

- 跨国公司内部相互直接或间接持股、具有独立法人资格的各家公司，分为境内成员企业和境外成员企业。

- 与试点企业无直接或间接持股关系，但属同一母公司控制的兄弟公司可认定为成员企业。其他关联关系（如协议控制）可由外汇管理分局根据具体情况集体审议后确定是否认定为成员企业。

- 属于地方政府融资性平台性质的成员企业，暂不参与外债比例自律试点。

（三）外币跨境双向资金池

申请集团可选择集团总部、财务公司或指定成员企业作为主办企业，由主办企业开立国内外汇资金主账户与国际外汇资金主账户，开展全球外汇资金集中运营业务。

1. 国内外汇资金主账户

- 在所在地银行开立，集中运营管理境内成员企业的境内资金；

- 可实现不同成员企业、不同性质资金的集中管理；

- 可实现经常项下集中收付汇及轧差净额结算；

- 允许日间及隔夜透支，透支资金只能用于对外支付，收入应优先偿还透支；

- 直接投资、外债项下资金可在国内外汇资金主账户先"意愿结汇"，划入人民币结汇待支付专用账户，审核真实性后再支出。

2. 国际外汇资金主账户

- 在所在地（省级区域）银行开立，集中运营管理境外成员企业的境外资金。

- 资金来源不受限制，与境外账户以及境内 NRA、OSA 账户资金划转自由。不占用银行短债指标，不占用企业外债指标，仍需办理外债登记。

- 账户内资金可在不超过前 6 个月日均存款余额的 50%额度内由银行在境内运用，在纳入银行结售汇头寸管理前提下，允许账户内资金 10%比例内结售汇。

- 允许日间及隔夜透支；透支资金只能用于对外支付，收入应优先偿还透支。

跨境外汇资金集中运营业务的通道管理是以外汇管理局批复的外债额度、对外放款额度作为通道额度，进行双向总量控制。通道额度内资金可实现按需划转，无须逐笔审批，实现境内外外汇资金有限连通。

（四）通道管理基本模式

通道管理可以分为双账户模式、单开国内外汇资金主账户模式、单开国际外汇资金主账户模式三种。

1. 双账户模式

即同时开立国内、国际外汇资金主账户的模式（见图7.6）。

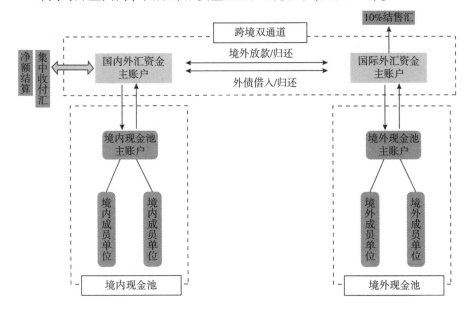

图 7.6　双账户模式

2. 单开国内外汇资金主账户模式

单开国内外汇资金主账户模式如图7.7所示。

3. 单开国际外汇资金主账户模式

单开国际外汇资金主账户模式如图7.8所示。

（五）经常项下集中收付汇和净额结算

主办企业可通过国内外汇资金主账户代理集团内所有试点参与成员单位开展经常项下集中收付汇及净额结算，但需要银行为企业进行逐笔还原申报。

集中收付汇：主办企业集中代理成员单位办理经常项目的外汇收支，实现账户集中管理、收付汇资金集中运营、对外业务集中操作。

净额结算：主办企业通过国内外汇资金主账户集中核算其成员公司货物

贸易项下外汇应收/应付资金，合并一定时期内外汇收付交易为单笔外汇交易的操作方式。原则上每个自然月净额结算不少于1次。

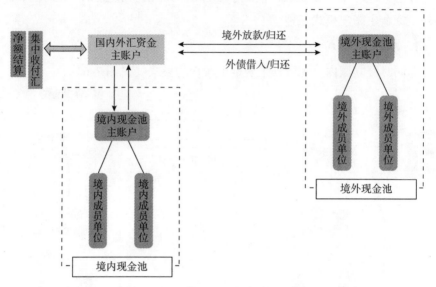

图 7.7　单开国内外汇资金主账户模式

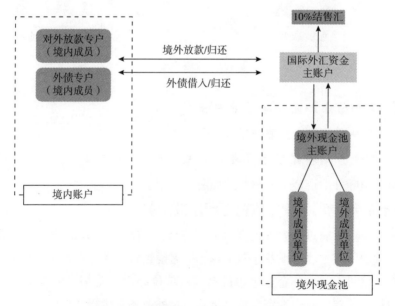

图 7.8　单开国际外汇资金主账户模式

表 7.6　跨境资金池业务比较

	人民银行（人民币）				外汇管理局（外币）	
	上海自贸区（2014年2月起）		全国（区外）（2015年9月起）	扩展自贸区（深圳、广东、福建、天津）（2016年4月起）	全国（区外）（2015年8月起）	所有自贸区
	标准版（2014年2月起）	全功能版（2016年11月起自行选择）				
额度	没有额度限制①	• 净流入上限=应计所有者权益×1 • 净流出上限=应计所有者权益×1①	• 净流入上限=应计所有者权益×0.5 • 净流出额度不设上限②	• 净流入上限=应计所有者权益×1 • 净流出上限=应计所有者权益×1①	• 净流入上限=所有未被使用的外债额 • 或同时满足以下两个条件： 外债总规模≤∑净资产×1； 资产负债率≤75%	
账户		需开立人民币专用存款账户（上海自贸试验区全功能版要求开立自由贸易专户）			需开立国内外汇资金主账户和/或国际外汇资金主账户	
备案/审批	无相关要求	人民银行事先登记	向当地人民银行备案	向扩展自贸区当地人民银行备案	向当地外汇管理局备案	
合作银行	允许选择1家位于上海地区的银行		不超过3家银行	不超过3家扩展自贸区管辖范围内银行 当地人民银行辖内银行	不超过3家银行	

续表

企业资质 / 报告	人民银行（人民币）			外汇管理局（外币）	
	上海自贸区 标准版（2014年2月起） 全功能版（2016年11月起自行选择）	全国（区外） （2015年9月起）	扩展自贸区（深圳、广东、福建、天津） （2016年4月起）	全国（区外） （2015年8月起）	所有自贸区
企业资质	遵循展业三原则 ● 至少3家成员企业 ● 每家成员企业需提供完整的一年财务报告 ● 境内成员企业不应为人民银行重点监控企业 ● 境内成员企业不应为外汇管理货物贸易B类或C类企业 ● 每家成员企业应未参与任何一个其他跨境资金池安排	● 境内所有参与成员公司上年度营业收入合计金额不低于10亿元人民币 ● 境外所有参与成员公司上年度营业收入合计金额不低于2亿元人民币 ● 境内成员企业未被列入人民银行结算企业重点监管名单 ● 持股20%以上或者最大股东地位的公司*	● 经营时间在1年以上 ● 境内所有参与成员公司上年度营业收入合计金额不低于5亿元人民币 ● 境外所有参与成员公司上年度营业收入合计金额不低于1亿元人民币 ● 境内成员企业未被列入人民银行结算企业重点监管名单 ● 持股20%以上或者最大股东地位的公司*	● 上年跨境收付1亿美元以上 ● 三年无违规外币业务（根据外汇管理局分类） ● A类企业（根据外汇管理局分类）	● 上年跨境收付5000万美元以上 ● 三年无违规外币业务 ● A类企业（根据外汇管理局分类）
报告	人民银行跨境收付款报送（RCPMIS） 外汇管理局跨境收支申报（BOP）			外汇管理局跨境收支申报（BOP）	

注：@指基于人民银行的窗口指导。＊表示母公司。控股51%以上的子公司单独或共同持股。
资料来源：根据公开资料整理。

四、跨境人民币与外币试点项目的比较

跨境资金池业务比较如表7.6所示，跨境人民币与外币项目的比较如表7.7所示。

表7.7　跨境人民币与外币试点项目的比较——集中收付/轧差结算

	人民银行（人民币）		外汇管理局（外币）
	上海自贸试验区	全国（上海自贸区外）包括扩展自贸区（2015年9月起）	全国（包括自贸区）（2015年8月以后）
范围	经常项下	经常项下	经常项下
账户	人民币专用账户	不需要开设人民币专用账户	国内外汇资金主账户
报备/审批	无相关要求	无相关要求	向当地外汇管理局备案
合作银行	允许选择1家位于上海地区的银行	不超过3家银行	不超过3家银行
支持文件	• 履职报告 • 人民币跨境收付款说明书	• 履职报告 • 人民币跨境收付款说明书	• 履职报告 • 不需要合同和发票 • 非贸项下的5万美元以上的对外付款仍需提交税务备案表
企业资质	• 人民币跨境交易发票 • 履行职责	• 人民币跨境交易发票 • 履行职责	与跨境资金池相同
国际收支申报	需要报送实际数据和还原数据	需要报送实际数据和还原数据	需要报送实际数据和还原数据
报告	• 人民银行跨境收付款报送（RCPMIS） • 外汇管理局跨境收支申报（BOP）	• 人民银行跨境收付款报送（RCPMIS） • 外汇管理局跨境收支申报（BOP）	每月向主办企业所属外汇管理局报送月报

资料来源：根据公开资料整理。

五、上海自贸区及其扩区

为了进一步开放经济，上海被选为国家经济改革的试验田。中国（上海）自由贸易试验区的成立是中国近十年以来最重要的一项国家战略方案，是探索在全国可复制、可推广的开放政策的试验田。根据《中国（上海）自由贸

易试验区产业规划》，其发展目标是经过两至三年的改革试验，积极推进服务业扩大开放，大力发展总部经济和新型贸易业态，加快探索金融服务业全面开放，着力培育国际化、法治化、市场化营商环境，力争建设成为具有国际水准的投资贸易便利、货币兑换自由、监管高效便捷、法制环境规范的自由贸易试验区。具体目标为"四个形成"：

一是形成总部集聚、贸易创新、新兴产业策源和对外投资促进为主导的产业功能框架。基本建成跨国公司亚太营运总部集聚地，成为跨国公司拓展全球业务、配置全球资源的新载体；基本建成国际贸易创新引领区，构筑内外贸一体发展、进口出口转口贸易联动发展、服务贸易与离岸贸易创新发展新格局；基本建成新兴产业创新策源地，成为服务业新产业、新业态、新模式开放集聚的引领区；基本建成国内企业"走出去"对外投资促进新平台，成为我国企业融入全球价值链、跨向全球化经营的桥头堡。

二是形成国际贸易、金融服务、航运服务、专业服务、高端制造五大集群，总部经济、平台经济、"四新"经济三大业态为主导的产业经济体系。五大领域引领性、功能性项目加快集聚，跨国公司地区总部、营运中心、结算中心等功能性机构持续增加，大宗商品交易、保税展示交易、跨境电子商务等平台功能不断拓展，融入全球产业链、价值链、创新链的创新型企业加快培育。

三是形成四大区域主导功能相对集聚、产业链条有效延伸、空间资源高效整合、区内区外联动发展的产业空间布局。外高桥保税区打造国际贸易服务和金融服务功能区，洋山保税港区打造国际航运服务和离岸服务功能区，浦东机场综合保税区打造国际航空服务和现代商贸功能区，外高桥保税物流园区打造现代物流服务功能区，并带动周边区域联动发展，服务辐射重点区域，形成区域互动协调发展格局。

四是形成基础设施优质便捷、服务配套综合完善、投资准入开放宽松、政府管理透明高效的产业发展环境。与新产业发展要求相适应的基础设施体系持续优化，综合配套不断完备，逐步完善世界一流自由贸易园区的硬件环境。市场准入持续宽松，事中事后监管模式逐步成熟，政府服务效率不断提高，与国际高标准投资和贸易规则体系相适应的国际化、法治化、市场化营商环境持续改善，逐步形成世界一流自由贸易园区的软环境。

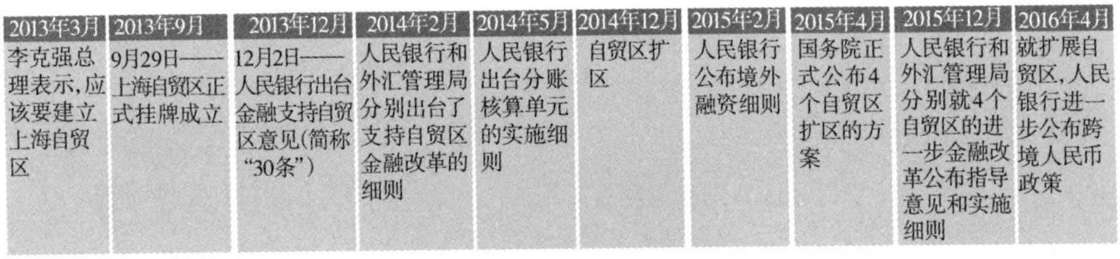

| 2013年3月 李克强总理表示，应该要建立上海自贸区 | 2013年9月 9月29日——上海自贸区正式挂牌成立 | 2013年12月 12月2日——人民银行出台金融支持自贸区意见(简称"30条") | 2014年2月 人民银行和外汇管理局分别出台了支持自贸区金融改革的细则 | 2014年5月 人民银行出台分账核算单元的实施细则 | 2014年12月 自贸区扩区 | 2015年2月 人民银行公布境外融资细则 | 2015年4月 国务院正式公布4个自贸区扩区的方案 | 2015年12月 人民银行和外汇管理局分别就4个自贸区的进一步金融改革公布指导意见和实施细则 | 2016年4月 就扩展自贸区，人民银行进一步公布跨境人民币政策 |

图 7.9　自贸区总体进展路线

2014 年 5 月 22 日，人民银行公布自贸区自由贸易账户（也可以称为"分账核算单元"）的监管政策，目的是进一步辅助自贸区内业务运营，促进自贸区金融创新。资质要求是注册在上海自贸区的企业和非银行金融机构，以及境外企业和金融机构。

公司需要在上海自贸区内登记。上海自贸区覆盖面积和之前相比扩大了 4 倍，包括 3000 多家跨国企业，企业需关注其自身是否在区内，并找到一家拥有 FTU 资质的合作银行开展自由贸易账户业务。公司还需要开立自由贸易账户（如 FTE），获取低成本融资以及降低汇兑成本。

自由贸易账户的优势在于同时利用境内和境外两个市场降低企业融资成本和汇兑成本：通过 FTU 进行人民币/外币境外融资；通过 FTU 进行人民币/外币跨境贸易融资；通过 FTU 进行人民币/外币跨境资金池；通过 FTU 客户可以连入离岸外汇市场；从 FTU 到境外的资金划转可以自由进行；可以进行人民币和外币存款；FTA 可以使用电子汇票产品（纸质票据不适用）。

各自贸区已出台的金融指导意见和细则比较见表 7.8。

表 7.8　自贸区金融意见和细则比较

		上海自贸区	扩展的自贸区（深圳、广东、福建、天津）	区外
人民币		人民币跨境双向资金池，集中收付和轧差结算	集中收付、轧差结算及普通版资金池区内企业无门槛、无须备案、无额度控制；全功能版资金池有一定的企业资质要求，有额度控制，需要事先登记	降低企业进入门槛，净流入和净流出额度限制，需要备案	企业进入门槛较高，净流入额度限制，需要备案

续表

		上海自贸区	扩展的自贸区（深圳、广东、福建、天津）	区外
人民币	境外借款	资本×2（自由贸易账户，2017年5月4日前）；或参考区外企业，还可以通过自由贸易账户从有FTU资质的银行借款（不受外债额度限制）	参考区外	企业可采用投注差（外债额度，2018年1月13日前）或净资产的2倍（外债比例自律管理）借入外债，该额度为人民币外债与外币外债共享
	"熊猫债"	鼓励发行"熊猫债"	鼓励发行"熊猫债"	可以发行"熊猫债"
外币	人民币跨境双向资金池，集中收付和轧差结算	上年度本外币国际收支规模超过5000万美元，可申请开展该业务	同上海自贸区	上年度本外币国际收支规模超过1亿美元，可申请开展该业务
	外债资金意愿结汇	外债资金可以意愿结汇	同上海自贸区	外债资金按需结汇，且需要在结汇之后5个工作日内对外支付
	待核查账户	区内货物贸易A类企业的外汇收入无须开立待核查账户	同上海自贸区	货物贸易A类企业的外汇收入无须开立待核查账户
	资本项目限额内自由兑换	即将宣布	在限额内自主开展跨境投融资活动和自由结售汇，目前限额暂定为跨境收入和跨境支出均不超过1000万美元（待细则）	投融资活动和结售汇均需一定的业务背景和相关证明材料
	外债比例自律	资本×2（自由贸易账户，2017年5月4日前）；或参考区外企业，还可以通过自由贸易账户从有FTU资质的银行借款（不受外债额度限制）	参考区外	企业可采用投注差（外债额度，2018年1月13日前）或净资产的2倍（外债比例自律管理）借入外债，该额度为人民币外债与外币外债共享

资料来源：根据公开资料整理。

附录　国际贸易结算与融资

国际贸易结算与融资是公司营运资金管理的重要内容，但属于基础性的普通知识，算不上前沿。所以作为附录部分介绍，供有兴趣的读者参考。

一、国际贸易结算与融资概述

国际贸易是指世界各国之间商品和服务交换的活动，是国际分工的表现形式，反映了世界各国在经济上的相互依赖关系。

国际贸易结算是指国际间清偿债权和债务的货币收付行为，是以货币收付来清偿国与国之间因经济文化交流、政治性和事务性的交流所产生的债权债务。

贸易服务的功能是在买卖双方之间建立交易规则，帮助双方达成各自的目标。

买方的目标：在协议价格的基础上最小化货物的购买成本；保持与卖方的良好关系；确保收到在合同中与卖方事先约定的货物。

卖方的目标：增加货物的吸引力；在没有损失的前提下使货物的价格最大化；确保从买方那里获得付款。

国际贸易结算的常用手段包括：赊销（Open Account）、预付款（Cash in Advance）、跟单托收（Documentary Collections）、信用证（Letters of Credit）。风险情况如附图 1 所示。

（一）国际贸易融资

国际贸易融资是指银行围绕贸易上的资金需求与资金流动规律，并结合国际结算的各个环节，为满足贸易商资金需求和各种服务的总和。

为跨境贸易提供融资便利是银行最为重要和传统的角色之一，银行给国际贸易的买卖双方在贸易的不同阶段提供资金融通便利。出口商可以尽快收回货款，进口商则获得延期付款便利。

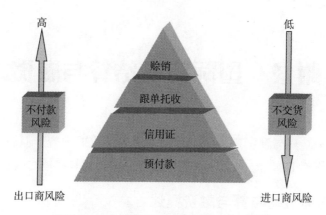

附图 1　国际贸易结算常用手段的风险比较

贸易融资对银行很有吸引力，主要包括以下几个方面：

- 期限较短，一般 180 天以内；
- 自偿性，有稳定还款来源；
- 安全，可控制货权；
- 一般金额较小但量较大；
- 具有特定用途，即单一贸易活动；
- 可选择性，银行一般掌握主动权。

（二）国际贸易流和贸易融资解决方案

国际贸易流的操作周期如附图 2 所示。

在国际贸易流的周期中，公司需求主要包括四个方面：风险缓释、融资、结算/服务、信息/资讯，而银行则紧贴公司的需求提供国际贸易融资解决方案（见附图 3）。

银行的国际贸易融资业务产品可分为三个大类：进口贸易融资、出口贸易融资、中间商贸易融资。

进口贸易融资产品包括授信开证/保函、假远期信用证、提货担保、进口押汇、汇出汇款融资。出口贸易融资产品包括打包贷款、出口押汇/贴现、福费廷、国际保理、出口信用险项下融资。

国际贸易融资产品按结算方式可分为汇款项下贸易融资产品和跟单托收

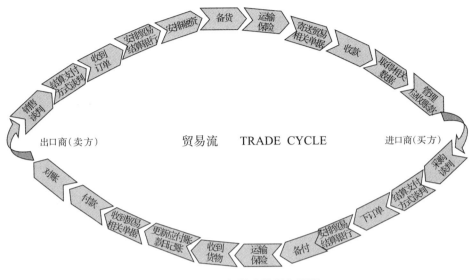

附图2 国际贸易流的操作周期

附图3 国际贸易融资解决方案

项下贸易融资产品。汇款项下贸易融资产品包括汇出汇款融资、国际保理、出口信用保险项下融资。跟单托收项下贸易融资产品包括押汇、国际保理、出口信用险项下融资。

信用证项下贸易融资产品包括信用证打包放款、授信开证、押汇、出口贴现、福费廷、提货担保、假远期信用证。

二、国际贸易结算产品

国际贸易结算产品包括汇款（Remittance）、托收（Collection）、信用证（Letter of Credit，即 L/C）等。

（一）汇款

汇款是买方通过银行，将货款交给卖方的一种结算方式。汇款业务中有四个基本当事人，即汇款人、收款人、汇出行、汇入行。

付款方叫作汇款人（Remitter）；收款方叫作收款人（Payer or Beneficiary）；受汇款人委托，将资金汇出的银行叫作汇出行（Remitting Bank），汇出行办理的汇款业务叫作汇出汇款（Outward Remittance）；受汇出行委托，解付汇款的银行叫作汇入行或解付行（Paying Bank），解付行办理的汇款业务叫作汇入汇款（Inward Remittance）。

汇款在国际贸易中的应用有以下三个方面：①预付货款：进出口双方签订合同后，先由进口方付款，出口方在收款后交货。目前较为普遍的方式为部分预付款。②货到付款（也称赊销交易）：进出口双方签订合同后，出口方先行将货物发出，进口方在收到货物后立即或在约定的某一时间付款的结算方式。③延期付款：货到付款的前提下，付款日期迟于报关日期 90 天以上。汇款结算方式适用于进出口双方已有较长时间的正常贸易往来，相互之间较为信任。

所有贸易项下付款均需提供合同、发票、备案表（如需）。

（二）托收（Collection）

托收是由卖方（出口商）委托银行向买方收取货款的一种结算方式。托收业务主要有如下当事人：

• 委托人（Principal）：即委托一家银行办理托收业务的当事人。通常为出口商、卖方。

• 托收行（Remitting Bank）：也称为寄单行，出口方银行。

• 代收行（Collecting Bank）：是接受托收行的委托、参与办理托收业务的银行，进口方银行。

• 付款人（Drawee）：是按照托收行指示做提示的被提示人，通常为进口商、买方。

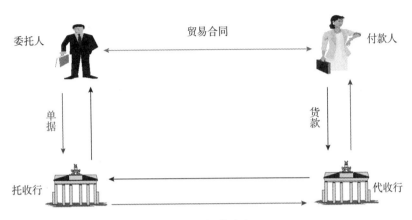

附图 4　托收流程

托收分为光票托收（Clean Collection）和跟单托收（Documentary Collection）。在大多数情况下，人们采用跟单托收作为付款方式。跟单托收又可以分为付款交单（Documents against Payment，D/P）和承兑交单（Documents against Acceptance，D/A）。付款交单是指进口商在付讫货款后才会得到单据，它又可以分为即期付款交单（Documents against Payment at Sight，D/P Sight）和远期付款交单（Documents against Payment after Sight，D/P after Sight）。

承兑交单是指进口商承兑汇票后，托收银行才会给他们货运单据。进口商在汇票到期后要兑付汇票。

附表 1　D/P 与 D/A 的比较

	付款交单（D/P）	承兑交单（D/A）
付款时间	提示汇票后	汇票到期日
交货时间	付款后	付款前
出口商风险	如汇票未被支付，须处理货物	依赖买方兑付汇票
进口商风险	货物是否符合合同要求	依赖出口商按要求运输货物

（三）信用证

信用证是一种有条件的银行付款承诺，它是银行（开证行）根据买方

（申请人）的要求和指示向卖方（受益人）开立的一定期限内凭规定的、符合信用证条款的单据，即期或在一个可以确定的将来日期承付一定金额的书面承诺。该种结算方式适用于进出口双方刚刚开始贸易往来，相互之间不是非常了解的阶段。

信用证的主要当事人：申请人（Applicant），即买方、进口商；受益人（Beneficiary），即卖方、出口商；开证行（Issuing Bank），是应申请人的要求和指示，或以自身的名义开立信用证的银行；通知行（Advising Bank），是通知信用证给受益人的银行，必须审核信用证的表面真实性；保兑行（Confirming Bank），是对信用证加具保兑的银行；指定银行（Nominated Bank），即开证行为了便利受益人交单和融资，授权位于受益人所在地或其邻近地点的一家代理行（多数情况是通知行）作为被指定银行，是指定即期付款、延期付款，或承兑、议付的银行。

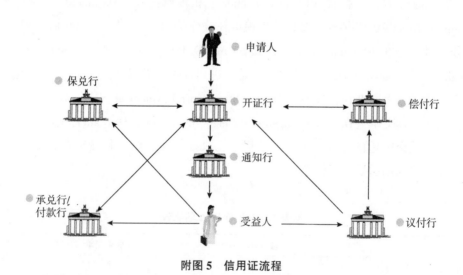

附图 5　信用证流程

信用证的自主性包括：①当单证相符时，开证行或保兑行（如有）应独立履行付款承诺，不应受到其当事人干扰；②信用证是独立文件，与销售合同分离；③银行处理的是单据，而不是货物，单据与货物分离。

信用证的种类按不同的标准可进行不同的划分。按期限分为即期信用证和远期信用证；按是否可以撤销分为不可撤销信用证和可撤销信用证；按结算条件分为即期付款信用证、延期付款信用证、承兑信用证、议付信用证；按是否可循环分为可循环信用证和不可循环信用证。

特殊信用证有转让信用证和背对背信用证两种。转让信用证即信用证受益人（第一受益人）可以请求有合法转让身份的银行（转让行），将信用证全部或部分转让给一个或数个受益人（第二受益人）使用的信用证。背对背信用证即信用证受益人是中间商，自己不能供货，需要从供货人购买货物并付款给供货人，中间商将国外开出的以他为受益人的原始信用证作为支付资金的援助，请求银行依据原始信用证条款，开出以供货人为受益人的信用证。

三、进口贸易融资

进口贸易融资包括授信开证/保函、进口押汇/进口代付、假远期信用证、提货担保、汇出汇款项下融资。

（一）授信开证（Issuing LC under the Credit Line）

授信开证是指在开证申请人未将足额信用证备付款项存入开证银行保证金账户的情况下，银行凭对开证申请人资信的了解而确定的授信额度为其办理的对外开立信用证业务。此业务具有如下特点：

- 须有真实的贸易背景；
- 信用证独立于商业合同之外，一旦开出，不受买卖双方任何举证契约的约束，信用证项下各当事人应忠实履行各自的权利和义务；
- 申请人须在外汇管理局核发的进口付汇名录表内，异地企业需提供当地外汇管理局出具的备案表；
- 办理该项业务必须在核准的循环授信额度内或单笔授信额度内办理。

授信开证可分为可控制货权授信开证和不控制货权授信开证两种。可控制货权授信开证项下银行可控制货权，进口商违约可能性较小，开证行风险相对较小；不控制货权授信开证项下开证行不能通过控制货权来约束进口商的履约行为，开证行风险较大。

（二）信用证项下进口押汇（Purchase of Import Bill under LC）

信用证项下进口押汇是指银行收到信用证项下单据时，应进口商要求向其提供短期资金融通，在进口商暂不付款情况下由进口商以银行名义办理提货和销售、处理货物，即银行先行对外付款，待双方约定的期限到期时，再由进口商向银行办理付款。此业务具有如下特点：

- 办理该项业务必须在核准的循环授信额度内或单笔授信额度内办理；
- 进口押汇是一项专项融资，仅可用于履行特定贸易项下的对外付款责任；
- 押汇期限一般与进口货物转卖的期限相匹配，并以销售回笼款作为押汇的主要还款来源；
- 信用证具备真实贸易背景；
- 进口押汇是一项专项融资，最高不超过信用证金额的90%。

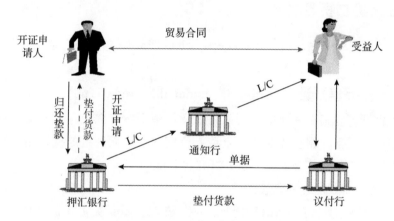

附图 6　信用证项下进口押汇流程

（三）假远期信用证

假远期信用证（Usance LC Payable at Sight）是指由融资银行对开证行开出的信用证在到期日先予以垫付而给予客户的一种短期资金融通方式。通过这种事先的融资安排可以缓解进口银行的外汇资金头寸紧张的局面，进而帮助进口商进行融资，提高经营效益。融资风险与进口押汇一致，因此对进口商的资信审查以及风险控制环节应与进口押汇相同。

（四）进口代付

进口代付是指在进口贸易结算项下，银行根据进口商的资信状况，并应进口商的要求，利用境内外同业银行的外汇资金为其客户提供融资并对外支付，到期客户归还银行融资本金及利息，银行在扣除差价收入后，将融资本

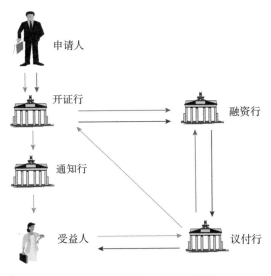

附图 7　假远期信用证业务流程

金及应付利息转付给代付银行的行为。

（五）提货担保

提货担保（Shipping Guarantee）是指当进口货物早于货运单据抵达港口时，银行向进口商出具的、有银行加签的、用于进口商向船公司办理提货手续的书面担保。此业务具有如下特点：①提货担保为敞口风险，要收取足额保证金或授信额度，对于实力强、资信好的客户方可办理；②提货担保仅限于本行开立信用证项下商品进口，仅限于运输方式为海运且信用证规定提交全套海运提单；③进口商需向出具提货担保的银行承诺，单据到达后，无论有无不符点，均不提出拒绝付款或拒绝承兑，并提供同责反担保。

四、出口贸易融资

出口贸易融资大概可分为装运前融资和装运后融资。装运前融资包括红条款信用证和打包贷款；装运后融资包括出口押汇/贴现、福费廷、出口保理融资。

装运前融资是一种打包贷款，出口商在出运前从银行获得过桥贷款，从而可以满足其在采购、加工、包装、运输等环节的资金需求。融资目的包括

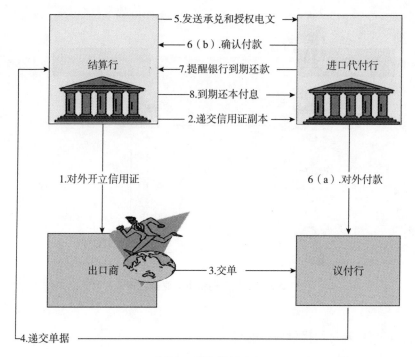

附图 8　进口代付流程

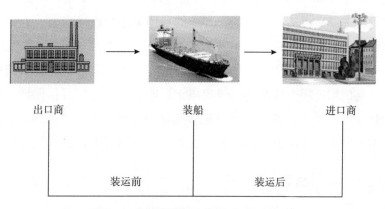

附图 9　装运前融资和装运后融资示意图

采购原材料、加工、仓储、制造、运输和包装。

　　装运后融资是指银行提供给出口商的融资便利，以满足出口商从货物装运后到收到出口项下款项期间的融资需求。主要包括信用证下出口议付/承兑/付款、出口项下应收款买入/贴现、托收项下出口押汇。

附表 2　装运前融资与装运后融资比较

装运前融资	装运后融资
货物装运前给予融资	货物装运后给予融资
只给予卖方/出口商融资	给予出口商或中间商融资；融资给予出口商或者进口商
短期融资	相对融资期限较长
存货融资	销售融资
一般是信用证或出口订单项下融资	针对运输单据给予融资
原材料采购融资	出口项下应收账款融资

附表 3　信用证和托收比较

信用证	托收
基于银行信用	基于商业信用证
须单证审核和单单审核	仅须单证审核且审核尺度宽松
交易成本相对较高，收款人保障性强	交易成本较低，风险相对较高

（一）装运前融资

1. 红条款信用证（Red Clause Credit）

红条款信用证是进口商通过银行开立给出口商的一种以出口贸易融资为目的的信用证，即开证行应进口商要求授权出口地的通知行或保兑行在交单前向出口商预先垫付全部或部分款项，以满足出口商备货出口（装运前）的资金需求。此业务具有如下特点：①出口商不需要授信额度，因为出口货款是由开证行提供担保的，一旦出口商不能按时备货出口或交单议付，出口地融资银行可向开证行追索全部垫付本息，所以应关注开证行的资信；②进口商开立红条款信用证成本高于普通信用证，出口商提供的货物是进口商急需的或在市场上属于高价紧俏品；③出口商在货物价格上做出了适当让步。

2. 打包贷款（Packing Loan）

打包贷款是指出口地银行为支持出口商按期履行合同、出运交货，向收到合格信用证的出口商提供的用于采购、生产和转运信用证项下的货物的专项融资。此业务具有如下特点：①信用证不含出口商无法履行的软条款；②申请打包放款后，信用证正本必须留存于融资银行；③正常情况下，信用证项下收款必须作为打包贷款的第一还款来源；④出口商出运货物并取得单据后，应及时向融资银行交单议付。

打包贷款相比于短期流动资金贷款，具有如下特点：

● 打包贷款有明确的出口贸易背景，与一般短期流动资金贷款相比，资金用途更明确；

● 打包贷款是有银行信用保证项下的融资，还款有较好的保证，只要出口商按照信用证要求备货、寄单、议付，就能够顺利收回融资款项；

● 打包贷款易于监控，短期流动资金贷款由于资金加入其他资金的流转，资金何时能周转回来很难明确区分，而办理打包贷款，出口商必须通过银行办理出口结算，银行通过对打包贷款各个环节的监控能够保证融资款项的安全；

● 打包贷款能够有效促进放款银行的国际结算业务，是国际结算营销的一种主要手段。

（二）装运后融资

1. 出口押汇（Purchase of Export Bill）

出口押汇是指在出口商出运货物并交来信用证要求的单据后，银行应出口商的要求向其提供的短期资金融通的业务。此业务具有如下特点：

● 对有下列情况者，银行一般会严格掌握：运输单据为非物权凭证或未能提交全套物权凭证；带有软条款的信用证。

● 对有下列情况者，银行一般会拒绝接受申请：来证限制其他银行议付；开证行或到货港局势动荡或已发生战争，收汇地区外汇短缺，管制较严，造成收汇无把握；索汇路线迂回曲折，影响安全及时收汇；开证行作风恶劣，挑剔单据；单证或单单之间存在实质性的不符点。

2. 福费廷（Forfaiting）

福费廷也称包买票据或票据买断，指包买商（通常为商业银行或银行附属机构）从本国出口商那里无追索权地购买已承兑的，或经进口方银行担保的远期汇票或本票，以向出口商进行贸易融资的业务。

福费廷业务的特点如下：①远期付款方式下出口贸易融资的一种方式；②融资期限可以是短期或长期；③通常与贸易相关；④对于出口商无追索权；⑤100%合同金额的融资；⑥融资银行承担付款人的商业和国家风险；⑦与其他融资方式有本质的区别。

福费廷与其他贸易融资产品比较：①与商业贷款比较——门槛更低；②与票据贴现业务比较——期限更长；③与出口信用保险比较——风险更小；④与出口信贷比较——效率更高；⑤与出口保理比较——范围更广。

福费廷业务对于出口商的好处：①出口商将远期应收账款变成了现金销售收入，有效地解决了应收账款的资金占用问题和对应收账款的回收管理问题，从而改善了该公司的资产负债表状况；②不需要占用在银行的授信额度，获得100%无追索权融资，转嫁整个交易过程中存在的政治、商业、利率、汇率、客户信用以及国家等方面的风险；③享受外汇管理的优惠政策，获得融资后，即可办理核销和退税；④提高出口商市场竞争力，敢于介入风险地区，拓展市场范围、增加贸易机会；⑤节约管理费用，无须再承担资产管理和应收账款回收的工作及费用，可以大大降低管理费用。

福费廷业务对于进口商的好处：①无须一次性付清全部货款，减轻现金支付压力，增强了现金流动；②将还款期限与预计销售收入相匹配，方便财务成本管理；③基于固定利率的融资条件，方便进口商财务预算安排。

对于出口商来说，选择福费廷业务的时机非常重要。理想的时机应是在出口商与进口商洽谈外贸合同之前。出口商提前与福费廷买断行接触，可以得到以下重要信息：①进口商所在国家和地区的风险是否为银行所接受；②可能得到的最长融资期限；③需要何种类型的债权文件；④是否需要银行担保；⑤买断的融资成本。出口商对以上信息了然于胸后，即可测算出自己的总体成本和利润目标，进而可以向进口商从容报价。

福费廷是最灵活的融资手段。一般来说，对期限和金额无特别要求（但最合适于期限长、金额大的融资）；对进口商、进口商所在地、担保银行无特别限制（除非进口国为受制裁国；进口地风险越大，越有必要做福费廷融资；当然，低风险地区报价也相应较低，甚至接近出口押汇）；对出口商品无特别限制（除非出口货物系军用物资和明显显示用于制造化学武器或核武器的原材料以及国家禁止出口的商品）。

五、中间商贸易融资

中间商贸易融资通常包括可转让信用证和背对背信用证两种。

（一）可转让信用证（Transferable LC）

可转让信用证是指信用证的受益人（第一受益人）可以要求授权付款、承担延期付款责任、对汇票承兑议付的银行（统称"转让行"），或当信用证是自由议付时，可以要求信用证中特别授权的转让银行将该信用证的全部或部分转让给一个或数个受益人（第二受益人）的信用证。国际商会第500号出版物（UCP500）第48条阐述了可转让信用证的特殊规则。

可转让信用证适用于中间贸易。即以卖方作为中间商、与买方成交的交易，卖方再去寻找供货人将已成交的货物发给买方，卖方是第一受益人，供货人是第二受益人。

可转让信用证的特点包括：①信用证必须附带可转让条款；②办理转让的银行是信用证指定的转让行（Transferring Bank），转让行一般不承担独立的验单付款责任；③信用证只可以转让一次，若允许分装，可以分别转让给几个第二受益人；④转让的金额可以是部分的，也可以是全部的；⑤可转让信用证必须按照原证要求进行转让；⑥金额、单价、有效期、最迟交单期、船期等可转让内容可以减少或加以限制；⑦保险比例可以增加。

（二）背对背信用证（Back to Back LC）

背对背信用证是指信用证受益人（中间商）在主信用证（Prime Letter of Credit）的基础上，要求银行给他的供货商再开立一个信用证（Subsidiary Letter of Credit）以便其供货商为他提供所需的货物或服务。

背对背信用证的特点：①中间商需要背对背信用证的开证额度；②以主信用证为基础，但又独立于主信用证；③中间商与供货商的货款结算并不以主信用证项下收款为前提。

（三）两者的比较

可转让信用证只有一个信用证，只可修改部分条款；背对背信用证包括两个信用证，是两个独立的部分。

第三篇

"一带一路"倡议之外部开源：国际融资

国际融资是指通过国际金融市场来筹集企业发展所需的流动资金、中长期资金，包括国际债务融资和国际股权融资，属于优序融资理论里所谓的外部融资。其目的是进入深度和广度都更大的国际资本市场，扩大企业发展资金的可获取性，降低资金成本。

在"一带一路"倡议大背景下，国际融资是我国"走出去"战略的重要组成部分。积极融入国际金融市场，以全球的视野多渠道、多方式地进行国际融资，是在开放的全球经济中主动去整合全球资源的积极战略，是我国经济发展质量在"一带一路"倡议实施过程中得以提升的有效途径。

本篇将在简要介绍企业融资一般情况的基础上，讨论中国企业国际融资的主要模式及一些案例，包括第八章的企业融资概论、第九章的国际上市融资、第十章的境外债券融资、第十一章的国际银团贷款、第十二章的境外并购融资创新之封闭式融资、第十三章的出口信贷融资。

第八章 企业融资概论

一、企业融资的概念及分类

传统的融资（Financing）概念是指为支付超过现金的购货款而采取的货币交易手段或为取得资产而集资所采取的货币手段，是为任何一种开支筹措资金或资本的过程。企业融资是应用经济学的一种形式。它利用会计、统计工具和经济理论所提供的数量资料，力图使公司或其他工商业实体的目标得以最大化。

现在，融资的概念有了更大的拓展范围，是指货币资金的持有者和需求者之间，直接或间接地进行资金融通的活动。广义的融资是指资金在持有者和需求者之间流动以余补缺的一种经济行为。这是资金双向互动的过程，包括资金的融入（资金的来源）和融出（资金的运用）。狭义的融资只指资金的融入。本书采用的是狭义的融资概念。

企业融资的方式按照是否通过信用中介，可以分为直接融资和间接融资；按照资金来源可以分为内源融资和外源融资；而特殊的融资方式包括杠杆收购融资和卖方融资（见图8.1）。

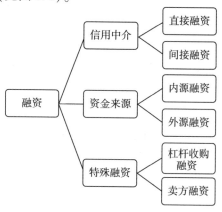

图 8.1　融资方式分类

二、直接融资和间接融资

直接融资和间接融资的比较如表 8.1 所示。

表 8.1　直接融资和间接融资比较

	直接融资	间接融资
融资方式	不通过中介，从资金所有者那里直接融资	通过银行等金融中介，路径为：所有者—中介—需求者
	发行股票、债券等证券	向银行、信托基金、私募基金、公募基金等融资
优势	资金可长期使用，筹资成本低	资金来源广，可提供巨额资金，安全性较高
局限	直接发行受较多限制，缺乏信用中介缓冲，风险高	供求双方缺乏直接联系，减少了投资者对资金使用的监督和约束，增加了筹资成本

三、内源融资和外源融资

内源融资：企业从内部开辟资金来源，筹集所需资金。内源融资主要资金来源包括留存收益和折旧基金，也包括一些专项资金和应付/未付、应交/未交款形成的长短期负债，如应付工资、应交税金等资金来源。

如果公司有充足的甚至是过剩的资金，可以利用内部资金来完成各项资金需求。但是，大多数公司仅凭内部资金是不够的，所以通常需要从外部寻找资金来源。

外源融资可以分为债务融资、权益融资及混合融资三大类。每一大类可进一步分为许多小类，如表 8.2 所示。

表 8.2　外源融资分类

债务融资	贷款	定期贷款、周转性贷款
	证券	商业票据、普通债券、垃圾债券
	资产	拍卖资产、售后回租、资产证券化
	IPO	首次公开发行

权益融资	配股、增发、换股	向原始股东配售、向社会公众增发
	以权益为基础	反向回购、员工持股计划（ESOP）
混合融资	可转换证券优先股	可转换债券、可转换优先股
	认股权证	单独发行、附加发行

四、权益融资工具

权益融资是指向其他投资者出售公司的所有权，即用所有者的权益来交换资金。这将涉及公司的合伙人、所有者和投资者间分派公司的经营和管理责任。权益融资不是贷款，不需要偿还。实际上，权益投资者成了企业的部分所有者，通过股利支付获得他们的投资回报。

权益融资的作用：

第一，筹措的资金具有永久性特点，无到期日，不需归还。项目资本金保证项目法人对资本的最低需求，是维持项目法人长期稳定发展的基本前提。

第二，没有固定的按期还本付息压力，股利的支付与否和支付多少，视项目投产运营后的实际经营效果而定，因此项目法人的财务负担相对较小，融资风险较小。

第三，它是负债融资的基础。权益融资是项目法人最基本的资金来源，它体现着项目法人的实力，是其他融资方式的基础，尤其可为债权人提供保障，增强公司的举债能力。

权益类融资包括 IPO（即首次公开发行）、配股/增发（向原始股东配售、向社会公众增发）、换股、以权益为基础的其他融资（如反向回购、员工持股计划），如表 8.3 所示。

表 8.3　权益类融资类型

私募发行	以少数特定投资者为对象的证券销售，不受那些公开销售证券的法律约束。发行对象大致有两类：一是个人投资者，如公司老股东或发行机构的员工；二是机构投资者，如大的金融机构或与发行人有密切往来关系的投资人等。私募发行有确定投资人，发行手续简单，可节省发行时间和费用，但投资者数量有限、流通性差，且不利于提高发行人的社会信誉

续表

配股	上市公司为增加公司资本而决定增加发行新的股票时，原普通股股东享有的按其持股比例，以地域市价的某一特定价格优先认购一定数量新发行股票的权利
增发	指上市公司以公开募集的方式向社会增资发行股份的行为
换股并购	收购公司将目标公司的股票按一定比例换成本公司股票，目标公司被终止或成为收购公司的子公司。换股并购使收购不受并购规模的限制，一般大型并购采用或部分采用换股方式进行；可避免大量现金短期流出的压力，降低了并购风险；对目标公司股东来说可以取得税收方面的好处。但是换股并购会改变双方的股权结构，并受各国法律法规的限制，因此，在一些金融市场不完善、新股发行审批制度较严的国家，换股并购的运用难以发展，这也是其在我国上市公司并购中运用不广泛的主要原因之一
反向回购	回购指公司购回自己的股份；反向回购指公司将购回的股份出售，并通过这种方式进行融资。这种融资方式在我国有一定法律法规限制

五、混合融资工具

混合型融资方式指既带有权益融资特征又带有债务特征的特殊融资方式。混合融资包括可转换证券（可转换债券、可转换优先股）、优先股、认股权证（单独发行、附加发行）。下面主要介绍两种混合融资工具：可转换证券和认股权证。

（一）可转换证券

可转换证券是指可以被持有人依据一定的条件转换为普通股的证券，具体包括可转换债券和可转换优先股两种。由于可转换证券发行之初可为投资者提供固定的收益，相当于单纯投资于企业债券或优先股；而当公司资本报酬率提高、普通股价格上升时，投资者又获得了自由交换普通股的权利，从而享受了普通股增值的收益。因此，从投资者的角度看，转换溢价是值得支付的。可转换证券为投资者提供了一种有利于控制风险的投资选择。

可转换证券对于并购方企业筹集资金有以下优点：

● 由于具有高度的灵活性，企业可根据具体情况设计具有不同报酬率、不同转换溢价等条件的可转换证券，以寻求最佳的长期筹资方式。

● 可转换证券的报酬率一般很低，资本成本率较低，大大降低了企业的筹资成本，使企业获得廉价的资本供给。

● 由于可转换公司债和可转换优先股等一般最终要转换为普通股，所以发行可转换证券可为企业提供长期、稳定的资本供给。

但是，可转换证券在并购筹集资金时存在以下缺点：

● 当股票市价猛涨而且大大高于普通股转换价格时，发行可转换证券反而会使企业蒙受财务损失。一般企业会规定一个债券赎回条件以减少成本。

● 当普通股市价未如预期上涨时，可转换证券的转换就无法实现，这极可能断绝企业获得新的长期资金的任何来源。因为证券转换未能实现时，一方面企业几乎不可能再发行新的可转换证券，另一方面由于股价未能如预期上涨，投资者对企业的发展信心会降低，这样会导致企业其他证券发行困难。

● 可转换证券的执行会导致原有控制权的稀释。

（二）认股权证

认股权证（Warrant）是允许投资者在一定的到期日以预定的行使价买入既定数量的股票的证券。认股权证往往被视为现货市场产品，因为其买卖方式与股票类似。认股权证通常随企业的长期债券一起发行，以吸引投资者前来购买利率低于正常水平的长期债券。债券附带的认股权证也可以单独出售，并有自己的价值。其决定因素有内在价值和时间价值。内在价值指以指定价格买入标的所获得的收益。时间价值反映等待相关资产在到期日前，产生有利于投资者的价格变动的价值。越接近到期日，认股权证的时间价值越低。发行认股权证时，发行人会给出权证的引伸波幅。引伸波幅应与市场预期保持一致，否则就可以套利。

（三）可转换证券与认股权证的比较

认股权证与可转换债券看似差不多，实则存在重大差异。两者在转换时均是由一种形式（负债）转化为另一种形式（普通股股票），但对企业财务的影响却是不同的：当可转换债券转换为普通股股票时，相当于发行了新的股票，但公司的资金并未因此增加；而当认股权证的持有人行使购买权利时，则意味着有新的资金流入企业，这些新流入企业的资金可用于购买资产、偿还债务以及收购别的企业等。

作为优先股或普通股的替代物，认股权证越来越受到欢迎。它对于并购企业而言具有双重优点：第一，避免了使被收购企业股东在并购后的整合初期成为收购方的普通股股东。第二，与股票不同，它对收购企业目前的股东利益没有影响。当然，发行认股权证融资也有不利之处，主要是在行使认股权证时，如果普通股股价高于认股权证约定价格较多，发行企业就会因为发行认股权证而发生融资损失。

六、特殊融资

特殊融资主要包括杠杆收购融资和管理层收购融资。

（一）杠杆收购（LBO）

杠杆收购是指并购方以目标公司的资产为抵押，向银行或投资者融资借款来对目标公司进行收购，收购成功后再以目标公司的收益或是出售其资产来偿本付息。其特点是负债规模较一般负债大；以目标公司的资产或未来现金流量为担保；存在一个由第三方担任的经纪人，起促进和推动作用。

杠杆收购是企业进行资本运作的一种有效的收购融资工具。优势企业按照杠杆原理，可以用少量自有资金，依靠债务资本为主要融资工具来收购目标公司的全部或部分股权，因此，杠杆收购被称为"神奇点金术"。

杠杆收购是 20 世纪 80 年代美国投资银行业最引人瞩目的发明。经济评论家认为，杠杆收购把企业界和金融界带入了"核金融"时代，直接引发了20 世纪 80 年代中后期的第四次并购浪潮。杠杆收购的本质就是举债收购，即以债务资本作为主要融资工具。这些债务资本多以被收购公司资产为担保而得以筹集，故颇似房地产抵押贷款。在西方，杠杆收购已有了一些成熟的资本结构模式，最常见的就是金字塔模式。

在金字塔模式中，位于金字塔顶层的是对公司资产有最高清偿权的一级银行贷款，约占收购资金的 60%；塔的中间是被统称为垃圾债券的夹层债券，约占收购资金的 30%；塔基则是收购方自己投入的股权资本，约占收购资金的 10%，如图 8.2 所示。

杠杆收购的主要特点就是举债融资。债务融资是杠杆收购最重要的资金来源，不仅有商业银行，还有大量的保险公司、退休基金组织、风险资本企业等机构都可以向优势企业提供债务融资。

（二）管理层收购（MBO）

管理层收购是指公司的经理层利用借贷所融资本或股权交易收购本公司，从而引起公司所有权、控制权、剩余索取权、资产等变化，以改变公司所有

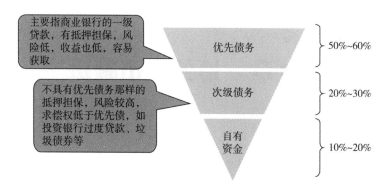

图 8.2　杠杆收购金字塔模式

制结构的一种行为。通过收购使企业的经营者变成了企业的所有者。由于管理层收购在激励内部人员积极性、降低代理成本、改善企业经营状况等方面起到了积极的作用，因而它成为 20 世纪 70~80 年代流行于欧美国家的一种企业收购方式。国际上对管理层收购目标公司设立的条件是：企业具有比较强且稳定的现金流生产能力；企业经营管理层在企业管理岗位上工作年限较长、经验丰富；企业债务比较低；企业具有较大的降低成本、提高经营利润的潜力空间和能力。

　　管理层收购的特点包括两个方面：一是主要投资者是目标公司的经理和管理人员，他们往往对本公司非常了解，并有很强的经营管理能力。通过管理层收购，他们经营者这一单一角色变为所有者与经营者合一的双重角色。二是管理层收购主要通过借贷融资来完成，因此，管理层收购的财务安排由优先债（先偿债务）、次级债（后偿债务）与股权三者构成。

第九章 境外上市融资

　　境外上市是指国内股份有限公司向境外投资者发行股票，并在境外证券交易所公开上市。我国企业境外上市有直接上市与间接上市两种模式。有少数公司采用存托凭证和可转换债券上市，这两种上市方式一般是企业在境外已上市、再次融资时采用的方式。境外上市的优势有适用法律更易被各方接受、审批程序更为简单、可流通股票的范围广、股权运作方便以及税务豁免等。

　　据 CVSource 投中数据终端统计，2016 年全年约 116 家中国企业在境外上市，其中中国香港市场共 106 家，美国、澳大利亚、新加坡等境外市场共 10 家。分析认为，中国内地与香港在金融业层面的合作为中国内地金融机构与中国香港市场的双向需求奠定了基础。中国内地大型金融机构需要提升其在国际资本市场的融资能力，而中国香港新股市场需要强劲而稳定的优质企业加入。前者以赴港上市等方式为中国香港新股市场带来活力与支持，同时，通过进入中国香港资本市场进而推动内地大型金融机构的资本化与国际化改革。可以预测，内地大型金融机构赴港上市这一趋势将会进一步深化。就境外资本市场（中国香港除外）而言，中国企业更倾向于在美国上市。

　　从数据来看，10 家企业中 8 家登陆美国市场，其中纳斯达克 5 家、纽约证券交易所 3 家。2016 年境外上市的中国企业主要集中于互联网、金融和医疗健康等行业。

　　本章将对中国企业境外上市最常去的中国香港和美国做一下简要的介绍。

一、中国香港上市

　　中国香港是中国企业境外上市最先考虑的地方，也是中国企业境外上市最集中的地方，这得益于中国香港得天独厚的地理位置与金融地位，以及与内地的特殊关系。

（一）中国香港上市的优势与局限

1. 中国香港上市的优势

（1）中国香港在亚洲乃至世界的金融地位是吸引内地企业在其资本市场上市的重要筹码。虽然中国香港经济在 1998 年经济危机后持续低迷，但其金融业在亚洲乃至世界一直都扮演着重要角色。中国香港的证券市场是世界十大市场之一，在亚洲仅次于日本（这里的比较是基于中国深沪两个市场分开统计的）。

（2）中国香港优越的地理位置及与内地特殊的关系。中国香港和内地的深圳接壤，两地只有一线之隔，是三个境外市场中最接近内地的一个，在交通和交流上获得了不少的优势。虽然在 1997 年主权才回归中国，但香港居民在生活习性和社交礼节上都与内地居民差别不大。随着普通话在中国香港的普及，香港居民和内地居民在语言上的障碍也已经消除。因此，从心理情结来说，中国香港是最能为内地企业接受的境外市场。

（3）在中国香港实现上市融资的途径多样化。在中国香港上市，除了传统的首次公开发行（IPO）之外，还可以采用反向收购的方式获得上市资金。

2. 中国香港上市的局限

（1）资本规模方面。与美国相比，中国香港的证券市场规模要小很多，它的股市总市值大约只有美国纽约证券交易所的 1/30、纳斯达克的 1/4，股票年成交额也远远低于纽约证券交易所和纳斯达克，相比中国深沪两市加总之后的年成交额也低不少。

（2）市盈率方面。中国香港证券市场的市盈率很低，大概只有 13，而在纽约证券交易所，市盈率一般可以达到 30 以上，在纳斯达克也有 20 以上。这意味着在中国香港上市，相对美国来说，在其他条件相同的情况下，募集的资金要少很多。

（3）股票换手率方面。中国香港证券市场的换手率也很低，大约只有 55%，比纳斯达克 300% 以上的换手率要低得多，同时也比纽约证券交易所的 70% 以上的换手率要低。这表明在中国香港上市后要进行股份退出相对来说困难一些。

对于一些大型的国有企业或民营企业来说，若不想等待境内较长时间的排队审核流程，到中国香港的主板首次公开发行 IPO 是个不错的选择。对于中小民营企业来说，虽然可以选择中国香港创业板或者买壳上市，但是募集到的资金会很有限；相比之下，这些企业到美国上市会更有利一些。

(二) 香港联合交易所主板上市要求

香港联合交易所（以下简称"香港联交所"）主板上市的相关要求如表9.1所示。

表 9.1　香港联交所主板上市要求

	盈利测试（测试一）	市值/营收/现金流测试（测试二）	市值/营收测试（测试三）
盈利/营收/现金流	过去 3 年的利润达到 5000 万港元（最近 1 年的利润最少为 2000 万港元，之前 2 年的累计利润达到 3000 万港元）	最近 1 年的营收达到 5 亿港元，过去 3 年的运营现金流累计达到 1 亿港元	最近 1 年的营收达到 5 亿港元
上市证券的市值	2 亿港元	20 亿港元	40 亿港元
公众持股数量	5000 万港元（任何时候，发行人已发行的总股本中必须至少有 25% 为公众持股）；如果上市时发行人的市值超过 100 亿港元，交易所可以接受 15%~25% 的比例		
运营历史	不少于 3 个财年		
所有权的持续性	至少最近 1 个经审计的财务年度所有权和控股权大体保持不变		
管理层的持续性	管理层至少 3 年大体保持不变		
股东数量	上市时，最大 3 家公众股东实际持股比例不得超过公众持股的 50%		
注册成立	中国香港、中国内地、开曼群岛、百慕大		
会计准则	中国香港通用会计准则、国际财务报告准则、美国通用会计准则（仅适用于第二次上市）		
禁售期	上市发行人股票开始上市日期起计的 6 个月内，不得再发行上市发行人的股票或任何可转换证券		
公司治理	至少 3 名独立董事（1 名拥有专业会计或财务背景）		

资料来源：根据公开资料整理。

(三) 中国香港的信息披露和上市要求

中国香港的信息披露和上市要求如表9.2所示。

表 9.2 中国香港的信息披露和上市要求

初始财务数据	过去 3 年经审计的损益表/现金流量表/综合收益表
最新报告	• 至少发布全年业绩和 6 个月中期业绩 • 必须以公告形式发布年度和中期业绩，时间不得晚于发行人董事会批准业绩当天交易开始前 30 分钟 • 年报发布日期不得晚于业绩期结束后 3 个月，半年报不得晚于 2 个月 • 公司账目表须经 2 位董事签字，但公司账目须由董事会批准
拥有权	董事、高管和持有发行人 5% 及以上股份的股东须披露权益及权益性质的变化
董事委员会	• 强制设立审计委员会（包括至少 3 名董事成员，多数应为独立成员） • 发行人可以遵守对良好公司治理准则做出规定的《守则条文》，但也可以偏离《守则条文》行事 • 鼓励发行人遵守《建议最佳实务》
董事会独立性	• 包括至少 3 名独立董事（其中 1 名拥有专业会计或财务背景） • 在中国香港拥有足够的董事 • 通常至少 2 名董事常驻中国香港 • 可能根据具体情况免除这一要求 • 董事长和首席执行官必须由 2 个人分任
关联交易	• 必须公开披露发行人与其子公司或相关人员进行的交易 • 一般要求公告、通函或者股东批准
合规	• 必须保持健全有效的内部控制制度，董事应每年至少对内部控制开展 1 次审查 • 内部控制制度声明书应作为《公司治理报告》合规内容的一部分

（四）中国香港 IPO 主要步骤

中国香港 IPO 的整个过程包括 5 个主要步骤，历时 6~7 个月，如图 9.1 所示。

（五）中国香港上市投资者概览

中国香港多元化的投资者群有助于降低公司的股价波动性，并提升公司在国际投资者中的知名度。中国香港上市投资者主要包括以下几种：

1. 机构投资者

（1）全球机构投资者的中国专属基金：在全球拥有投资分支机构和中国专家的大规模基金，"专注于中国"表示它们一定会研究中国公司的首次公开发行；对首次公开发行估值最有发言权的投资者；下大额订单的首次公开发

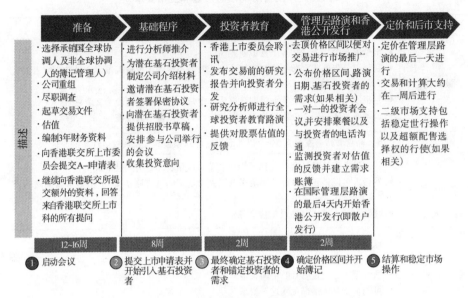

图 9.1　中国香港 IPO 主要步骤

资料来源：根据公开资料整理。

行积极买家；股票的长期持有者和支持者。

（2）亚洲基金：仅专注于亚洲股票；会和其他亚洲/中国具有成长性的公司或投资机会进行比对。

（3）主权财富基金：拥有雄厚资本和首次公开发行投资经验；股票的超长期持有者和支持者，其参与的首次公开发行通常会吸引媒体注意并帮助产生额外的投资兴趣。

（4）对冲基金：高度灵活的投资自主权，目前很多基金的投资决策倾向于长期持有；投资决策最快，在簿记认购过程中提供早期需求可以为首次公开发行提供额外的大规模需求。

（5）合格境内机构投资者（QDII）：拥有充足资金并且有资格投资境外的中国投资者；对香港首次公开发行的参与日益增多；对中国长期投入，并且已经被证明在市场波动时对估值的敏感度较低。

2. 亚洲/中国香港高净值个人投资者

拥有强大投资能力的富裕个人或企业；对香港首次公开发行具有影响力

的投资者。

3. 中国香港散户投资者

中国香港上市的重要参与者，给散户投资的中国香港公开发行部分一般占总发行规模的10%。若散户投资热烈，公开发行部分最高可回拨至总发行的50%。

散户投资者的订单不含有价格因素，他们下订单时已确定能够在价格区间的顶端购入股票；中国香港上市公司要求有至少300名不同的股东，散户投资有助于公司符合此条件。

二、美国上市

美国拥有当今最大、最成熟的资本市场。纽约聚集了世界上绝大部分的游资和风险基金，股票总市值几乎占了全世界的一半，季度成交额更是占了全球的60%以上。若公司的净资产在5000万元左右、年营业额达2亿元并且净利润在1500万元以上，即可考虑在纳斯达克市场IPO上市，更好的企业则可以到纽约证券交易所IPO。

对中国的中小企业而言，在美国上市最适宜的方法是买壳上市，因为无论在时间上还是在费用上，买壳上市都比IPO要合适很多。2013年数据显示IPO的前期费用一般为100万~150万美元，时间为1年左右，而买壳上市的前期费用一般为45万~75万美元，时间一般为4~6个月。

（一）美国上市的优势与局限

无论是大型的中国企业，还是中小民营企业，在美国上市都应该适合它们，因为美国的资本市场多层次化的特点以及上市方式的多样性为不同的企业提供了不同的服务，使各个层次的企业在美国上市都切实可行。美国上市的优势与局限简单分析如下：

1. 美国上市的优势

美国证券市场的多层次、多样化可以满足不同企业的融资要求。在美国场外交易市场（OTCBB）柜台挂牌交易对企业没有任何要求和限制，只需要3个券商愿意为这只股票做市即可，企业可以先在OTCBB买壳交易，筹集到第一笔资金，等满足了纳斯达克的上市条件后，便可申请升级到纳斯达克上市。

美国证券市场的规模是中国香港、新加坡乃至世界任何一个金融市场所不能比拟的。企业更快融到资金的同时也能让投资者更快退出。

美国股市极高的换手率、市盈率，并且拥有大量的游资和风险资金，加上股民崇尚冒险的投资意识等鲜明特点，是比较吸引中国企业的。

2. 美国上市的局限

（1）中美在地域、文化和法律上的差异带来的障碍。很多中国企业不考虑在美国上市的原因是中美两国在地域、文化、语言以及法律方面存在着巨大的差异，企业在上市过程中会遇到不少这些方面的障碍。因此，华尔街对大多数中国企业来说，似乎显得有点遥远和陌生。

（2）企业在美国获得的认知度有限。除非是大型或者知名的中国企业，一般的中国企业在美国资本市场可以获得的认知度相比在中国香港或者新加坡来说，应该是比较有限的。因此，中国中小企业在美国可能会面临认知度不高、追捧较少的局面。但是，随着"中国概念"在美国证券市场越来越清晰，这种局面近年来已经有所改观。

（3）上市费用相对较高。如果在美国选择 IPO，费用可能会相对较高（大约为 1000 万~2000 万元人民币，甚至更高，和中国香港相差不大），但如果选择买壳上市，费用则会降低不少。

（二）纽约证券交易所上市要求

纽约证券交易所上市要求如表 9.3 所示。

表 9.3　纽约证券交易所上市要求

	备选方案 1	备选方案 2a	备选方案 2b	备选方案 3	备选方案 4[3]
税前净利润（所得税前持续经营业务收入）	近 3 个财务年度累计不低于 1000 万美元，近 2 个财务年度均不低于 200 万美元，过去 3 个财务年度均超过 0 美元；或者过去 3 个财务年度累计不低于 1200 万美元，最近 1 个财务年度不低于 500 万美元，下 1 个财务年度不低于 200 万美元	不适用	不适用	不适用	不适用

续表

	备选方案 1	备选方案 2a	备选方案 2b	备选方案 3	备选方案 4[3]
市值	不适用	5 亿美元	7.5 亿美元	1.5 亿美元	5 亿美元
过去 12 个月营收	不适用	1 亿美元	7500 万美元	不适用	不适用
调整后现金流	不适用	过去 3 年累计超过 2500 万美元，且每年均有盈利	不适用	不适用	不适用
总资产	不适用	不适用	不适用	7500 万美元	不适用
股东股本	不适用	不适用	不适用	5000 万美元	不适用
经营历史	不适用	不适用	不适用	不适用	7.50%
批量股股东数目[1]	400 人				
公众持股数目[2]	110 万股				
上市最低价格	4 美元				
会计标准	美国通用会计准则				
上市禁售期	对于上市前股东，标准禁售期历时 180 天				
公司治理	上市后首份年报遵守萨班斯—奥克斯利法案				

注：[1] 批量股股东意指持股不低于 100 股的股东；[2] 意指不包括任何高级职员、董事、已发行股票 10% 或以上实际拥有人持股在内的总流通股；[3] 仅指母公司或关联公司在纽约证券交易所上市的新实体。

资料来源：根据公开资料整理。

（三）纳斯达克上市要求

纳斯达克上市要求如表 9.4 所示。

表 9.4　纳斯达克上市要求

	标准 1 （收入标准）	标准 2 （股本标准）	标准 3 （市值标准）	标准 4 （总资产/总收入标准）
持续经营所得税前收入（在上 1 个财年内或在过去 3 个财年中的 2 个财年内）	100 万美元	不适用	不适用	不适用

续表

	标准 1 （收入标准）	标准 2 （股本标准）	标准 3 （市值标准）	标准 4 （总资产/总收入标准）
股东股本	1500 万美元	3000 万美元	不适用	不适用
上市证券市值	不适用	不适用	7500 万美元[1]	不适用
总资产与总收入	不适用	不适用	不适用	7500 万美元/7500 万美元（上 1 个财务年度或者过去 3 个财务年度中的其中 2 年）
公众持股数目[1]	110 万股	110 万股	110 万股	110 万股
公众持股市值	800 万美元	1800 万美元	2000 万美元	2000 万美元
上市最低价格	4 美元	4 美元	4 美元	4 美元
批量股股东数目[2]	400 人	400 人	400 人	400 人
做市商	3	3	3	3
经营历史	不适用	2 年	不适用	不适用
会计标准	美国通用会计准则			
上市禁售期	对于上市前股东，标准禁售期历时 180 天			
公司治理	上市后首份年报遵守萨班斯—奥克斯利法案			

注：[1] 意指不包括任何高级职员、董事、已发行股票 10% 或以上实际拥有人持股在内的总流通股；[2] 批量股股东意指持股不低于 100 股的股东。

资料来源：根据公开资料整理。

（四）《促进创业企业融资法案》（JOBS 法案）

1. 法案概述

2012 年 4 月 5 日，时任美国总统奥巴马签署一项法案，即《促进创业企业融资法案》（JOBS 法案），暂时放松对创业企业和小企业的金融监管，以促进融资和增加就业。奥巴马当天在一份声明中表示，美国高速增长的创业企业和小企业在创造就业和推动经济增长方面发挥巨大作用，法案将帮助这些企业筹集所需资金并使美国经济基业长青。该法案规定，年收入低于 10 亿美元的企业在首次公开发行股票后的五年内可以不用公开财务信息。法律还规定，创业企业和小企业可以通过大众融资方式每年最多筹集 100 万美元。大众融资是指企业通过网络平台将少量股票卖给个人投资者。2015 年 10 月 30 日，美国证券交易委员会（SEC）完善了一系列政策，改革的核心就是《促进创业企业融资法案》（JOBS 法案），为普通人提供了原本只有大资金才能参与的投资机会。SEC 正式以 3∶1 的投票结果向更多人开放了所谓的 "股权众筹" 市场，创业公司现在每年可以通过在线平台融资不超过 100 万美元，全民参与股权众筹迈出了关键一步。

JOBS 法案（已在 2012 年 4 月 5 日正式生效）在众筹豁免、持股人数、集资门户等方面有一系列的创新与突破。主要内容包括：鼓励新兴增长型企业上市；减少对所有公司私募发行的监管约束；提高可触发上市公司登记和报告要求的股东人数门槛。

2. 新兴增长型企业定义

新兴增长型企业是指上 1 个财年营业收入小于 10 亿美元的公司。一旦达到以下任一条件，将终止新兴增长型企业地位：财年结束时总营业收入超过 10 亿美元；公司上市后第 5 个财年结束；前 3 年非可转债数额超过 10 亿美元；成为大型加速申报企业（即公开流通股达到 7 亿美元）；新兴增长型企业地位可自行选择，但上市时必须澄清是否保留新兴增长型企业地位。

3. 上市改革

针对新兴增长型企业的上市流程改革，包括：减少 S-1/F-1 中的历史财务信息要求；SEC 秘密对上市登记表进行首次审查；减少对上市前与投资者沟通的限制（认可的投资者或者合格机构投资者（QIBS））；减少对新兴增长型企业相关研究出版物的限制。

针对新兴增长型企业上市公司报告要求的变更包括：降低萨班斯—奥克斯利法案（以下简称 "萨班法案"）404（b）条款规定的审计师鉴定要求；放宽上市公司会计准则；降低美国通用会计准则的适用性；减少股东对高管薪酬举行投票和信息披露的要求。

JOBS 法案的第三章集中探讨众筹的相关定义、监管、使用范围、例外情况等。而在 2015 年 10 月 30 日的修订案中，更是以 3∶1 的投票正式开放了股权众筹市场。按照此法案，绝大部分中国公司都适用 JOBS 法案，这对计划赴美上市的中国企业将是一大利好。

纽约证券交易所报告显示，JOBS 法案对促进中国企业赴美上市的作用主要体现在五个方面：①注册文件和招股说明书在准备阶段再次适用向美国证券交易委员会秘密递交。此前所有外国公司上市材料为秘密递交，但在 2011 年 12 月修改为公开递交。②上市 5 年后才需要满足萨班法案 404 条款的合规要求。此前所有公司都需要在 IPO 之后的第 1 个完整会计年度开始进行 404 条款的审计。③允许上市过程中公司和投资银行研究分析师、潜在投资者进行接触。此前针对所有公司有诸多限制。④允许投资银行研究分析师在俗称"静默期"期间发表研究报告。此前规定针对所有公司，在 IPO 45 天之后才可以发布研究报告。⑤在招股书中只提供 2 年的审计财务数据。此前规定所有公司都需提供 3 年的审计数据。

上述五项改变在一定程度上减轻了赴美上市的中国企业的财务和法务压力。JOBS 法案的相关新规定，给上市后的中国企业预留了缓冲期，有助于企业更好地适应美国市场的规则。

三、美国和中国香港上市比较分析

企业选择上市地点，涉及上市公司自身的比较优势和市场定位，涉及对不同证券交易所的比较和判断，也涉及对不同市场的投资者的评估，以及对于所聘请的投资银行的承销能力的判断等多种因素。企业上市地点的选择，应当是在综合考虑上市可能获得的筹集资本、市场声誉等方面的收益和需要支付的上市费用、维持挂牌需要付出的资源等之间进行理性权衡的结果。

下面将对在美国和中国香港上市进行简单比较。

（一）美国和中国香港上市时间表比较

公司在美国和中国香港上市的时间表差不多，最快能够在 5～6 个月内完成上市。各自的上市流程时间轴对比如图 9.2 所示。

（二）美国和中国香港上市投资者参与度比较

为了将需求最大化和提高定价能力，公司需要为其上市接触所有潜在的投资者。不同投资者对美国和中国香港上市的参与程度有所不同，其参与度的比较如表 9.5 所示。行业专属基金在美国上市的参与度远高于在中国香港上市的参与度；中国专属基金、亚洲基金及个人投资者在中国香港上市的参与度明显更高；对冲基金及主权财富基金在两个市场都很活跃；合格境内机构投资者在中国香港非常活跃，但还没进入美国。

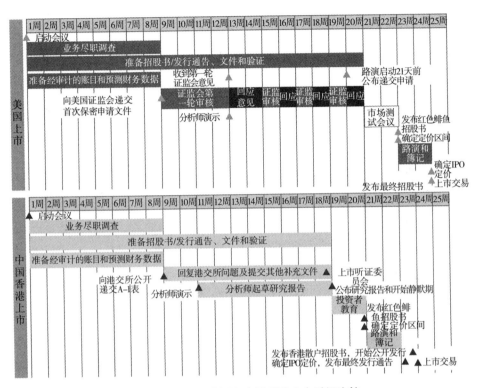

图 9.2　美国和中国香港上市时间比较

资料来源：根据公开资料整理。

表 9.5　美国和中国香港上市投资者参与度比较

机构投资者		美国上市参与度	中国香港上市参与度
行业专属基金	● 仅专注于单一行业的股票投资，对行业透彻了解，能对公司作出深入的研究 ● 投资于科技有关成长性股票最有经验的投资者，基于对投资于较小型上市交易的熟悉，最乐意以较高估值倍数进行投资 ● 美国是科技行业专门投资者的集中地	●	◔

续表

机构投资者		美国上市参与度	中国香港上市参与度
全球机构投资者的中国专属基金	• 在全球拥有投资分支和中国专家的大规模基金 • "专注于中国"表示它们一定会研究中国公司的首次公开发行 • 对首次公开发行估值最有发言权的投资者 • 下大额订单的首次公开发行积极买家，股票的长期持有者和支持者	◑	●
亚洲基金	• 仅专注于亚洲股票 • 会和其他亚洲/中国具有成长性的公司或投资机会进行比对	◑	●
主权财富基金	• 在全球范围内投资的政府投资基金，拥有雄厚资本和首次公开发行投资经验 • 股票的超长期持有者和支持者 • 其参与的首次公开发行通常会吸引媒体注意并帮助产生额外的投资兴趣	◔	◔
对冲基金	• 高度灵活的投资自主权，目前很多基金的投资政策倾向于长期持有 • 投资决策最快，在簿记认购过程中提供早期需求 • 可以为首次公开发行提供额外的大规模需求	●	●
合格境内机构投资者（QDII）	• 拥有充足资金并且有资格投资海外的中国投资者 • 对中国香港上市发行的参与尤其增多 • 对中国长期投入，并且已经被证明在市场波动时对估值的敏感度较低	○	●

个人投资者		美国上市参与度	中国香港上市参与度
高净值个人	• 拥有强大投资能力的富裕个人或企业 • 对中国香港上市尤其有影响力的投资者 • 部分私人银行能够为公司的首次公开发行提供独特的渠道来接触高净值人士	◑	●
散户投资者	• 中国香港上市的重要参与者，给散户投资的中国香港公开发行部分一般占总发行规模的10%，若散户投资热烈，公开发行部分最高可回拨至总发行规模的50% • 中国香港上市公司要求有至少300名不同的股东，散户的投资有助于公司符合此条件 • 在美国上市中的重要性相对较低	◑	●

四、境外上市过程中的主要工作内容

无论是在美国上市还是在中国香港上市，公司在整个过程中都需要做大量的工作，简要介绍如下。

（一）上市前准备工作

在公司上市过程正式开展前，为建立正确的上市公司结构并符合上市要求，公司需要在内部做好准备。

1. 长期发展和公司战略

• 确定资产注入后的资本结构和股权结构（例如作为收购对价的股份发售）；

• 确定支持长期战略的资本需求，包括资本投资、产品和技术发展、销售和营销投资、营运资本；

• 可持续发展策略，包括有机增长、合并与收购。

2. 审计和财务控制

• 准备时间长短取决于上市公司财务记录的完整性；财务工作须聘请具有知名度的会计师事务所进行；具备过去 3 个财年的完整财务数据；所有股票发行明确披露；符合上市会计标准（中国香港/美国会计准则、国际财务报告准则）。

• 建立财务内控和报告结构，以定期和准确地报告财务状况。

3. 公司架构

• 确定注册地；

• 简化股权和资本结构；

• 建立专业的管理团队，聘任专业首席执行官、首席财务官、副总裁等；

• 建立符合要求的董事会架构，包括组建董事委员会、聘任独立董事；

• 管理层背景审查和资格验证；

• 股东登记，包括全部股本证券、期权、认股权证和可转换债券等；

• 员工股票期权计划或其他激励计划；

• 关联方交易披露。

4. 法律和资产或知识产权权利

• 国内审批；

- 过往诉讼解决披露（如有）；
- 解决剩余赔款和未决诉讼，包括专利、可能的诉讼或争议、披露问题、资产减值或冲销；
- 其他贷款及第三方协议披露。

5. 财务数据和预测

- 准备 3~5 年的财务预测；
- 详尽的财务数据和运营假设；
- 明确解释预测和长期公司战略之间的关系。

（二）上市项目需要聘任的中介机构

1. 上市公司与承销团队各自的职责

发行人上市的执行过程需要各中介机构及公司紧密配合，包括：

公司：应参与重要问题的解决与决策；提供信息，参与尽职调查；管理层阐述上市题材；参与推介过程，包括路演、与投资者进行一对一会议；协调内部资源，推动交易的执行。

承销团队：应全面负责执行过程的协调和保证工作质量；明确并解决任何可能出现的上市相关问题；协助公司写招股说明书和进行尽职调查；协助公司进行关键的决策，例如上市地点及时间表；协助公司取得国内外的上市批准；协助公司估价；与管理层共同编写上市题材；簿记、定价及配售。

2. 上市公司和承销团队需要聘请的中介机构

（1）公司律师。公司应在上市地聘请律师，其主要职责如下：参与尽职调查，出具法律意见书；起草招股说明书及与中国香港监管要求相关的法律文件和 144A 文件；负责与香港联合交易所的联络。

公司还应在中国内地聘请律师，主要职责包括：参与尽职调查；起草国内法律文件并协助同国内监管机构进行沟通；就项目中涉及中国法律的有关问题提供咨询意见。

（2）承销商律师。上市地承销商律师的职责包括：协助承销商进行尽职调查；起草承销协议；法律验证，就相关法律问题提供咨询意见；负责与香港联合交易所的联络。

中国内地承销商律师的职责是法律尽职调查，就相关法律问题提供咨询意见。

（3）审计师。对过去3年财务进行审计并出具意见书；就公司中国香港上市中所做的盈利预测在方法上的合理性进行确认。

（4）合规顾问。独立地就公司的合规实践和公司治理进行内部稽查，确保公司遵守中国香港上市规定内的所有条文；留意合规方面任何可能出现的问题，并向公司提供建议。

（5）内部控制顾问。了解公司的内部控制和提出解决内控缺陷的建议。

（6）印刷商。负责招股说明书的印刷及翻译工作。

（7）公关公司。协调公关及后勤事务，如推介地点选择、与媒体联络等。

（8）其他。如收款银行、股票登记处、路演公司。

第十章　境外债券融资

　　加强境外债券市场建设，提升境外市场发债融资规模，对于降低企业融资成本、实施"一带一路"倡议、稳定人民币币值、平衡跨境资本流动以及促进人民币国际化，均有重要意义。自2010年以来，中国企业一直都是亚洲债券发行市场上的主力，近年来中国的发行量占到整个亚洲美元债市场的一半以上。从投资端来看，亚洲投资者数量不断增加导致本地需求增长显著，尤其是来自中国国内的投资需求增加迅速。境外发债融资已经成为中国跨国公司重要的融资渠道。

　　本章将介绍中国企业境外发债概况、境外发债相关政策、境外债券市场发行结构、债券执行过程简析以及境外债券发行案例。

一、中国企业境外发债概况

　　债券计价货币：主要计价货币包括美元、人民币、港元和欧元。其中美元债券占比最高，2012~2016年累计发行金额占比达72.83%。

　　发行主体分布：目前银行业、房地产行业和金融服务业占比相对较高，存量上三者合计占比超过50%。

　　发债利率分布：银行业、互联网传媒行业的发债利率最低，在2%以下；房地产行业的发债利率最高，达6.9%；多数行业（电力、金融服务、勘探开采、公共事业等）的利率中枢为3%~4%。

　　境外发债规模（美元债）：

　　2010年之前：年发债数量仅为两位数，违约率也相对较高。

　　2010~2014年：发债金额以每年近2倍的速度增长，2014年债券发行数量突破2000只，债券发行金额突破2000亿美元。

　　2015年：发债速度有所放缓，2015年债券发行数量为1480只，同比下降27%；发行金额2166亿美元，同比下降10%。

2016 年：境外发债再次升温，2016 年债券发行数量达 2088 只，发行总额为 2617 亿美元。

2017 年：前 4 个月发债金额便已达到 2016 年的一半。

二、境外发债相关政策

2015 年 9 月发布《关于推进企业发行外债备案登记制管理改革的通知》（发改外资〔2015〕2044 号），取消对单个企业发行外债的额度审批，对境外发债实施备案登记管理。

2016 年 1 月发布《关于扩大全口径跨境融资宏观审慎管理试点的通知》（银发〔2016〕18 号），参与试点的金融机构和企业，在与其资本或净资产挂钩的跨境融资上限内，可自主开展本外币跨境融资，无须经人民银行和外汇管理局审批。

2016 年 4 月，中国人民银行发布《关于在全国范围内实施全口径跨境融资宏观审慎管理的通知》（银发〔2016〕132 号），统一了国内企业的本外币外债管理。人民银行和外汇管理局不实行外债事前审批，参与业务的金融机构和企业在与其资本或净资产挂钩的跨境融资上限内自主开展本外币跨境融资。

2016 年 6 月发布《关于改革和规范资本项目结汇管理政策的通知》（汇发〔2016〕16 号），在全国范围内实施企业外债资金结汇管理方式改革，允许境内企业的外债资金按照意愿结汇方式办理结汇手续，并针对外汇收入及其结汇所得人民币资金的使用，实施统一负面清单管理。

2017 年 1 月，外汇管理局发布了《关于进一步推进外汇管理改革完善真实合规性审核的通知》（汇发〔2017〕3 号），突破了 2014 年《关于发布〈跨境担保外汇管理规定〉的通知》（汇发〔2014〕29 号）对内保外贷业务项下的资金直接或间接调回境内使用的限制，允许境外债务人通过向境内进行放贷、股权投资等方式将内保外贷项下资金直接或间接调回境内使用，客观上为中资企业境外发债提供了更多灵活空间。

近年来，随着债券规模的快速增长，中资企业债券已成为境外投资者、ODII 基金等机构较为青睐和认可的产品。在操作中，预提税、登记备案、筹资方式以及信用评级等问题都需要企业认真看待。

三、境外债券市场发行结构

境外债券市场发行结构主要有以下五种：境内母公司直接担保结构、银行备用信用证担保增信结构、"维好协议+股权/资产购置保证协议"增信结构、境外直接发债结构以及红筹公司发债结构。公司需要努力在债券执行难度、融资成本、募集资金回流等方面取得最佳平衡。

在上述五种结构中，最常用到的是前三种结构，如表10.1所示。

表 10.1　境外债券市场发行结构

	境内母公司直接担保结构	银行备用信用证担保增信结构	"维好协议+股权/资产购置保证协议"增信结构
监管审批（2044号文之前）	● 前：无须事先获得外汇管理局审批，事后完成登记手续 ● 后：事前备案登记	● 前：不需要包括外汇管理局在内的任何监管机关审批 ● 后：事前备案登记	● 前：规定不需包括外汇管理局在内的任何监管机关审批 ● 后：事前备案登记
发行人主体	境内母公司的全资境外特殊目的子公司（SPV）或境内母公司境外子公司	境内母公司的全资境外特殊目的子公司（SPV）或境内母公司境外子公司	境内母公司的全资境外特殊目的子公司（SPV）或境内母公司境外子公司
担保方	境内母公司境外子公司，非必需	银行	境内母公司境外子公司，非必需
增信方式	境内母公司对于发行提供担保	银行对发行提供信用担保	境内母公司签署维好协议及股权购置保证协议
评级主体	境内母公司评级，债项评级	债项评级，借助银行评级	境内母公司评级，债项评级
募集资金用途	仅限境外项目使用	目前境外债券募集资金转移回境内使用存在一定的争议	可以通过借用融资租赁公司外债额度等方式将境外债券募集资金合法转移回境内使用
主要优劣势	√ 发行结构简单明了，投资者最易接受 √ 由公司直接提供担保，增信效力更高，有利于获得理想的发行价格和规模 × 2044号文前：募集资金不能调回境内使用	√ 信用质量最优，债券评级将与银行的信用相同，通常为A级评级，有利于控制发行成本并有效扩大发行规模 √ 资金调入境内相对自由，但需要遵从商务部以及外汇管理局的相关规定 × 需支付第三方信用担保的费用，间接增加发行总体成本	√ 2044号文前此结构不需监管机构审批。整体债券执行的进程快，难度低 √ 结构受到投资者及评级机构的广泛认可 × 在同等发行条件下，由于使用该结构的债券评级相比公司评级将有1个级别的调降，可能造成融资成本相对小幅增加

续表

境内母公司直接 担保结构	银行备用信用证 担保增信结构	"维好协议+股权/资产购置 保证协议"增信结构
案例	• 国家电网 12.5 亿美元 2.750% 5 年期债券、16 亿美元 4.125% 10 年期债券及 6.5 亿美元 4.850% 30 年期债券 • 中石化 12.5 亿美元 1.750% 3 年期固息债券、7.5 亿美元 2.750% 5 年期固息债券及 10 亿美元 4.375% 10 年期固息债券;15 亿美元 3 个月 Libor+78bps 3 年期浮息债券及 5 亿美元 3 个月 Libor+92bps 5 年期浮息债券	• 国银租赁 5 亿美元 2.000% 5 年期及 10 亿美元 3.25% 10 年期债券 • 华泰证券 4 亿美元 3.625% 5 年期债券	• 国银租赁 2.5 亿美元 3.250% 5 年期及 4 亿美元 4.250% 10 年期双期限债券 • 北京京投 7 亿美元 2.625% 3 年期及 3 亿美元 3.250% 5 年期双期限债券 • 北京京投 3 亿美元 3.625% 5 年期债券 • 保利地产 5 亿美元 4.500% 5 年期债券

(一)境内母公司直接担保结构

若公司考虑将境外发债募集资金全额用于境外,境内母公司可为发债提供担保,以充分利用公司优质信用,实现发行评级最高且发行结构市场接受程度最高。具体地,由公司境外子公司担任发行人,或者在境外子公司下设特殊目的子公司(SPV)担任发行人,公司作为担保人为债券提供跨境担保,如图 10.1 所示。

(二)银行备用信用证担保增信结构

此发行结构的关键在于公司需要取得第三方银行(一般为四大行海外分行)对拟发行债券进行担保。银行将出具不可撤销的信用担保函(Standby Letter of Credit),信用担保函将披露在招债书内。公司将支付第三方银行一定的担保费用。该方案的优点在于债券能够获得与信用银行相同的评级(通常为 A 级评级)、最低的发行成本并有效扩大发行规模,因为投资者将关注担保银行而非发行人的信用情况。发行结构如图 10.2 所示。

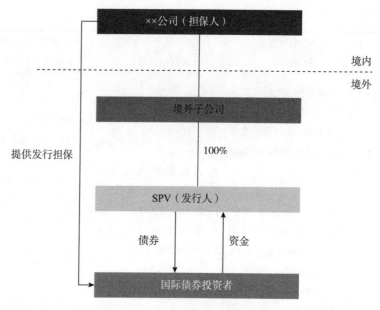

图 10.1 境内母公司直接担保结构

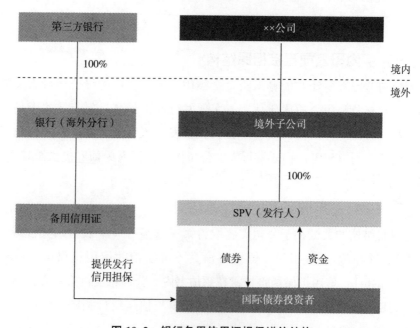

图 10.2 银行备用信用证担保增信结构

（三）"维好协议+股权/资产购置保证协议"增信结构

此结构是特定历史时期极具中国特色的产物。根据外汇管理局 2014 年 5 月 12 日最新发布的《跨境担保外汇管理规定》（以下简称《规定》），企业提供对外担保所募集的资金不得直接或间接调回境内使用。若公司考虑将境外发债募集资金同时用于境内外或者全额用于境内，为了绕开《规定》，维好协议结构被发明出来作为担保结构的变通手段，以实现部分或者全部募集资金的顺利回流。具体地，由公司境外子公司担任担保人，境外子公司下设 SPV 担任发行人，境内母公司作为维好协议提供人为债券提供维好协议/股权购置保证协议。

采用"维好协议+股权/资产购置保证协议"结构不需要取得任何政府批文。该结构下，境外募集资金可以调回境内使用，但由于维好安排信用增级效果弱于担保，因此会对发行评级及发行成本有一定影响。

此发行结构的关键在于境内母公司需要对境外子公司的债券发行提供增信，包括：为境外债券融资提供支持协议（包括备用信用融资承诺在内），在必要时通过跨境贷款安排向境外子公司提供流动性支持；为境外债券融资提供股权/资产购置保证协议，在必要时认购境外子公司所持股权/资产。发行结构如图 10.3 所示。

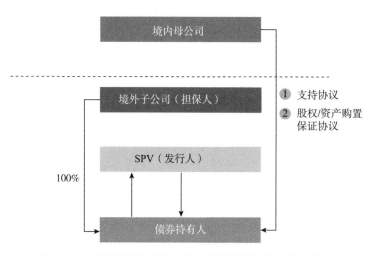

图 10.3　"维好协议+股权/资产购置保证协议"增信结构

在 2017 年 1 月 26 日之前，维好协议是风靡一时的境外发债结构。在境外发行债券，中国企业多在境外设立发行人；而中国企业主要资产多位于境内，所以在设计发行结构时，通常需要由境内主体为境外发行人提供增信措施。内保外贷是中国企业境外发债常用的一种增信措施，可以保证债券的评级与担保人的主体评级等同，也有利于债券的营销。然而，在汇发〔2017〕3 号文之前，内保外贷主要参考的法规是国家外汇管理局于 2014 年 5 月 19 日发布的《跨境担保外汇管理规定》及《跨境担保外汇管理操作指引》（汇发〔2014〕29 号）。其中，"内保外贷"的定义是"担保人注册地在境内、债务人和债权人注册地均在境外的跨境担保"。汇发〔2014〕29 号文还规定：外汇管理局对于内保外贷实行登记管理，不再需要审批；未经批准，内保外贷的募集资金不得调回境内使用；针对债券发行，作为担保人的境内公司需持有境外发行人股权。

汇发〔2014〕29 号文的出台，在当时的背景下具有积极的意义。对于内保外贷的管理，从审批转化为备案（虽然中国特色的备案不是把资料备齐然后交一张登记表那么简单），无疑是简政放权以及回归市场的举措，方便了境内企业的境外债券融资。在当时防止热钱涌入境内的外汇管理大趋势下，采用内保外贷进行境外债券融资的募集资金被禁止调回境内使用。对于为境外项目而融资的发行人而言，这项限制倒是没有任何影响；然而，对于多数中国企业而言，境外融资的主要目的还是利用境外融资渠道较广、成本较低的优势，募集境外资金用于其境内投资，所以，对于这些企业而言，汇发〔2014〕29 号文对募集资金用途的限制导致内保外贷的结构设计被"一票否决"了。同时，由于汇发〔2014〕29 号文规定作为担保人的境内公司需持有境外发行人股权，对于搭设了红筹结构的公司而言，其境内运营主体无法为境外主体的债券发行提供担保。汇发〔2017〕3 号文出台前，募集资金不能调回境内使用，使得内保外贷在很多境外发债项目进行结构设计时被忍痛割爱；取而代之的方案包括维好协议、跨境直接发行、备用信用证等。而汇发〔2017〕3 号文出台后，除了内保外贷本身，影响最大的无疑是维好协议。

与内保外贷一样，维好协议也是一种增信措施，具有中国特色。"维好"，顾名思义，就是维持良好。概括而言，在维好结构下，境内维好提供者多为发行人的母公司，需要维持境外发行人有足够的流动性，以用于履行偿还债券本息等义务；当发行人无法履约时，债权人可以强制执行维好协议。区别于担保，在维好结构下，债权人只能强制维好提供者向发行人提供补充流动性，从而使得发行人可以继续履约；而债权人不能强制维好提供者代替发行人直接向债权人偿付任何债务。

由于债权人不能强制维好提供者直接向债权人偿付任何债务，维好就不会被认定为内保外贷，进而不受限于汇发〔2014〕29 号文的一系列限制。因而，在维好结构下，募集资金可以调回境内使用，境外发行人也不需要由维好提供者直接或间接持股。而汇发〔2014〕29 号文中似乎也有为维好结构不受外汇管理局管制背书："具备以下条件之一的跨境承诺，不按跨境担保纳入外汇管理范围……（三）履行承诺义务不会同时产生与此直接对应的对被承诺人的债权……"

维好措施有很多种，包括跨境贷款、跨境股权投资等，还有作为升级版本的权益回购承诺协议；种类虽繁，核心目的只有一个——向发行人提供流动性。采用措施的不同，维好的松紧程度也是不同的，对于债券评级及营销的影响也略有不同。

国家外汇管理局在 2017 年 1 月 26 日发布了《关于进一步推进外汇管理改革完善真实合规性审核的通知》（汇发〔2017〕3 号）："允许内保外贷项下资金调回境内使用。债务人可通过向境内进行放贷、股权投资等方式将担保项下资金直接或间接调回境内使用。"汇发〔2017〕3 号文的出台，放宽了对于内保外贷募集资金调回境内使用的限制，对于境外债券资本市场而言，无疑是一大利好。反观维好协议，一方面，其资金可以调回境内使用的优势已不复存在；另一方面，维好协议会造成债券评级略低，从营销角度看也不如内保外贷有力，从而可能导致发行成本的增加。由于汇发〔2017〕3 号文的出台，相信在未来的债券资本市场中，维好协议将使用得越来越少，而内保外贷结构将占据更多的市场份额。

（四）境外直接发债结构

中国境内注册成立的企业直接去境外发债，发债主体是中国境内企业，也是直接持有主要业务和资产的主体，如图 10.4 所示。

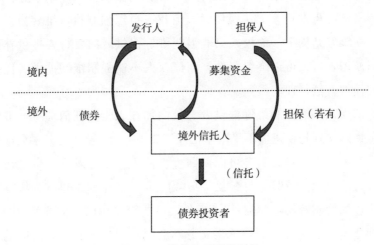

图 10.4　境外直接发债结构

(五) 红筹公司发债结构

中国境内企业的境外母公司在境外发债。该境外公司为持股公司，持有、控制在中国境内拥有主要资产和业务的公司，境外公司的最终控制人为自然人或者中国境内机构，但由于其发债主体在境外，主要业务和资产在境内，因而归入间接发债。如图 10.5 所示。

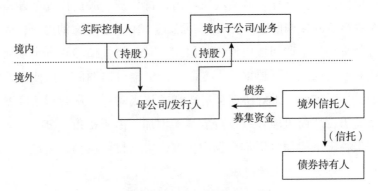

图 10.5　红筹公司发债结构

四、债券执行过程简析

（一）评级与发行的操作流程及相关文件概览

债券发行一般可以分为取得信用评级和展开发行工作两大阶段。评级可与债券发行准备工作同时进行，以加速进程。相关操作流程及文件概览如表10.2所示。

表 10.2　债券评级与发行操作流程及文件概览

	时间	工作安排	涉及的文件	负责方
取得信用评级	第1周	签署委任函	委任函	公司，投行
		关于债券发行召开工作开展会议	项目启动书	公司，投行
		通知评级机构准备并签署评级协议	评级委任协议	银行
		资料收集	评级问答清单及公司的书面回复材料	公司，投行
	第2周	准备信用评级简报及财务模型	信用评级简报、财务模型	公司，投行
	第3周	信用评级简报初稿	信用评级简报	公司，投行
	第4周	信用评级简报第二稿	信用评级简报	公司，投行
	第5周	信用评级简报及财务模型完稿	信用评级简报、财务模型	公司，投行
		预演陈述及与评级机构的会议	与评级机构会面时将使用评级简报	公司，投行
	第6周	跟进后续问题与解答	评级机构后续问题清单及公司的书面回复	公司，投行，评级机构
	第7周	初步指示性评级	—	评级机构
		选出律师及其他第三方机构（包括受托人、印刷商等）	视第三方需求签署委任函	公司，投行，法律顾问
		尽职调查问卷及尽职调查会议	尽职调查问卷（业务/法律/审计师）	公司，投行，法律顾问

续表

时间		工作安排	涉及的文件	负责方
展开发行工作	第8周	评级结果	评级报告	评级机构
		起草募集说明书及所有法律文件	债券募集说明书及法律文件。其中，法律文件包括债券条款清单，认购协议，担保协议/代理协议，审计师安慰函，安排函，法律意见书	投行，法律顾问
	第9周	传阅发行说明书及所有法律文件初稿	债券募集说明书及法律文件	投行，法律顾问
	第10周	传阅发行说明书及所有法律文件第二稿	债券募集说明书及法律文件	公司，投行，法律顾问
		准备路演材料	路演材料、投资者问答清单	公司，投行
	第11周	完成发行说明书及所有的法律文件	债券募集说明书及法律文件	公司，投行，法律顾问
		将发行说明书呈交给交易所	债券募集说明书、律师准备的上市申请文件	公司，投行
		完成路演材料	路演材料、投资者问答清单	公司，投行
	第12周	收到交易所的回复	交易所初步回复文件	公司，投行
		公开发布评级结果及评级报告	评级报告	评级机构
		交易公告	彭博公告	银行
		市场营销（路演/一对一会议/投资者电话会议）	路演材料、投资者问答清单	公司，投行
	第13周	完成尽职调查	定价前尽职调查问卷	公司，投行，法律顾问
		定价	—	公司，投行
		法律文件签署及交割	债券募集说明书及全部法律文件（包括付款指示等结算文件）	公司，投行，法律顾问

（二）评级机构的评级步骤

评级机构的评级方法结合了发行人的业务风险状况评估、财务风险状况评估以及其他调节因素，以确定最终评级，如图 10.6 所示。

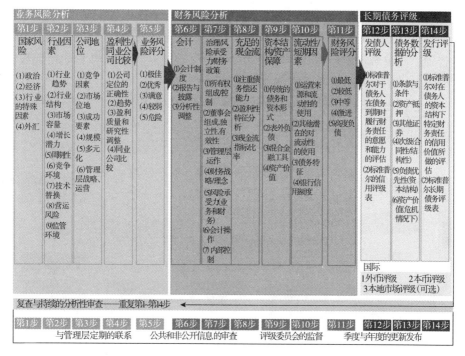

图 10.6　评级步骤

在实务中，国际投资银行（简称"投行"）为了承揽公司的债券发行业务，也可以为公司提供评级咨询支持服务。不少国际大投行配备有从三大国际评级公司挖过来的专业人才，为公司提供与评级公司相符的预评级。

国际投行能提供的评级咨询支持包括：

（1）信息收集。银行将提供覆盖主要尽职调查内容的详细问题清单，了解公司的业务模式及公司内部的主要程序，确定将影响评级的重要质化及量化事项，提供同业群体的分析（包括质化及量化）。

（2）信用定位。基于尽职调查的结果，协助公司建立具有说服力的信用定位；设计评级机构演示材料的结构；指导管理层有关评级机构的期望，建立演讲人对评级机构的观点及偏好；协助管理层排练演示，并给予评论。

（3）管理层的筹备工作。描述评级过程及评级机构的惯常做法；解释评级机构的评级方法，并提供有关评级机构/分析师偏好的详细资料；标示主要的关注领域以及潜在困难；协助管理层设定实际的评级目标（还有其他目标）及期望；标示潜在提问。

（4）流程管理。安排与评级机构举行会议；出席公司与评级机构的会议；在管理层会议举行前后与评级机构紧密合作，以优化评级结果及加快评级公布的时间；游说并争取最合适的分析团队。

（三）信用评级执行程序

信用评级的评级程序和执行时间表如图 10.7 所示。

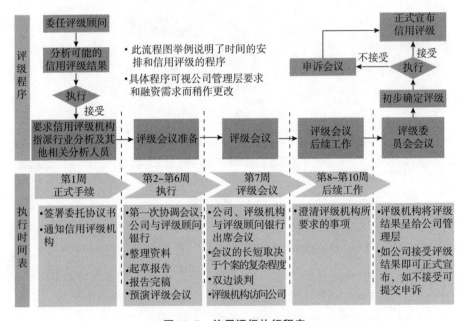

图 10.7　信用评级执行程序

（四）首次评级咨询工作

一般而言，在举行评级会议后，评级机构的评级过程最少需时 3～4 周，方可得到最终评级。

1. 准备会议所需文件，与管理层进行尽职调查

- 为取得理想评级部署相关战略；
- 与评级分析员进行初次对话，筹备会议；
- 编制详尽的评级机构简介书刊；
- 编制会议简报资料；
- 为将举行的评级机构会议进行排演；
- 与管理层审阅可能被问及的问题和答案，以及评级机构关注的问题；
- 为取得所需的支持文件进行协调工作，该类文件包括发债条款概要、银行文件及经审核财务数据。

2. 评级机构进行简报公布

- 安排进行简报公布，若可于同一天或期后日子进行连续会议则更理想；
- 会议将需时 2~3 小时；
- 安排评级机构在简报同一天看场，或者另外安排日子看场；
- 确定出席会议人士，除了公司高级管理层外，还包括 2~4 名评级机构人员。

3. 跟进工作

- 与评级分析员每天联络以取得回馈意见；
- 协调评级机构和管理层之间的问答；
- 在评级机构进行尽职调查期间向公司提供协助；
- 为取得理想的评级目标，积极地向评级机构提供指引。

4. 做出评级决定

- 安排评级机构委员会前反馈；
- 不断合作直至评级委员会的首席分析员给予目标评级；
- 取得评级机构的初步评级通知；
- 准备提出上诉（如需要）；
- 审阅并修改新闻稿和详细评级报告。

（五）评级简报基本内容

评级简报的基本内容如图 10.8 所示。

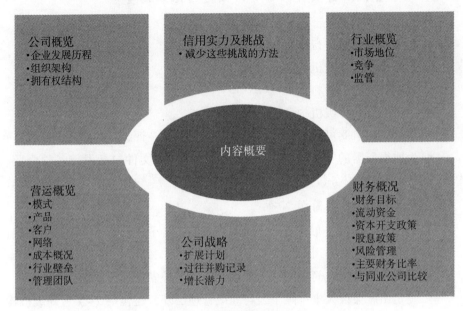

图 10.8　评级简报基本内容

五、境外债券发行案例①

（一）五矿集团发行 20 亿元人民币债券

发行概况如表 1 所示。

表 1　五矿集团 20 亿元人民币债券发行概况

发行人	中国五矿集团公司
发行人评级	未评级
发行评级	未评级
发行格式	规则 S
年期	3 年
金额	20 亿元人民币

---

① 此部分根据公开资料整理。

续表

发行日	2014 年 6 月 16 日
到期日	2019 年 6 月 16 日
发行价格	100.00 元
票息	4.250%
资金用途	一般资金用途

1. 交易概述

承销银行为中国五矿集团公司（以下简称"五矿"或"公司"）成功发行了 3 年期 4.250% 20 亿元人民币高级债券。债券发行人为在国内注册成立的五矿，公司也是当时仅有的 6 个中国发行人之一，直接获得了来自国务院发展和改革委员会及国家外汇管理局对于公司在境外发行境外人民币债券的相关监管审批。

五矿是国内领先的金属及矿业巨头，由国务院国有资产监督管理委员会（简称国资委）100% 持股。五矿在全球金属及矿业行业均占据领先地位，当时是全球第九大铜生产商和第三大锌生产商，2013 财年总收入为 4147 亿元人民币。公司在全球有广泛销售网络，涵盖亚洲、大洋洲、南美洲、北美洲、非洲和欧洲。

五矿主要从事以下三方面业务：①有色金属。包括有色金属的采矿、处理和贸易（中国第一大有色金属生产商和供应商，也是全球领先的稀土生产商）。②钢铁及原材料。包括钢铁及冶金制品的贸易（中国原材料及冶金制品行业的第一大供应商）。③黑色金属。包括铁矿石、煤炭和镁矿石的采矿、熔炼及销售（中国第一大黑色金属生产商，同时拥有中国最大的两个铁矿）。

本次交易是公司的第二笔境外人民币交易。尽管市场总体波动更强，流动性也更差，但相比市场中其他类似的债券而言，此次交易仍然表现抢眼。公司作为未评级发行人，投资者只能依赖于公司的国企背景和具有说服力的信用事实，最终定价更是几乎不包含任何新发行溢价。

2. 执行过程

作为在境外人民币债券市场中广受认可的发行人，公司没有进行路演，直接宣布交易，最大程度锁定了有利的市场窗口。考虑到本次交易较大的目标融资规模，在承销商对外宣布交易前已经试探了一些可能的潜在投资者，并锁定了可观的基石投资者兴趣。

随着美国和中国主要经济数据均与预期相符从而稳定了市场氛围，公司在 2014 年 6 月 6 日亚洲时间早上以初始价格指引 4.500% 区间对外宣布交易。订单账簿打开之始就受到了投资者的热烈追捧，总订单在亚洲时间中午收市前就已完全达到了目标发行规模并在午后继续增长；在伦敦开市前总订单已接近 50 亿元人民币，随后将最终价格指引大幅收窄 20 个基点；交易最终在当天亚洲时间傍晚以 4.250% 水平定价，获得来自 88 个高质量、多样化投资人账户总计 57 亿元人民币的订单，达成近 3 倍超额认购。投资者构成情况见图 1 和图 2。

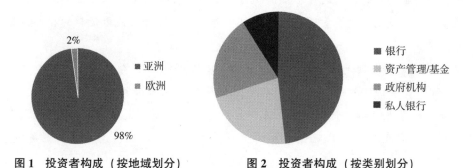

图 1　投资者构成（按地域划分）　　图 2　投资者构成（按类别划分）

（二）北京市基础设施投资有限公司发行 10 亿美元债券并首次尝试双期限发行

北京市基础设施投资有限公司 10 亿美元债券发行概况如表 2 所示。

1. 交易概述

北京市基础设施投资有限公司（以下简称"京投"或"公司"）成功发行了 3 年期 2.625% 7 亿美元和长 5 年期 3.250% 3 亿美元双期限债券。债券由京投旗下全资境外特殊目的子公司发行，由京投的全资境外子公司提供担保，且由京投提供维好及流动性支持协议和股权购置保证协议，为发行增信。本次美元债券发行也是公司中期票据计划下的第三次发行。

表 2 北京市基础设施投资有限公司 10 亿美元债券发行概况

发行人	Eastern Creation Ⅱ Investment Holdings Ltd.	
担保人	京投（香港）有限公司	
维好协议及股权购置保证协议提供者	北京市基础设施投资有限公司	
担保人评级	A1/A+/A+（穆迪/标普/惠誉）	
发行评级	A2/A-/A+（穆迪/标普/惠誉）	
发行格式	规则 S	
到期日	3 年期	2017 年 11 月 20 日
	长 5 年期	2020 年 1 月 20 日
金额	10 亿美元	
发行日	2014 年 11 月 20 日	
发行价格	3 年期	99.848 元
	长 5 年期	99.753 元
票息	3 年期	2.625%
	长 5 年期	3.250%
发行收益率	3 年期	2.678%
	长 5 年期	3.303%
资金用途	（1）主要为支持北京轨道交通的发展 （2）一般公司用途，包括运营资本	

　　京投由北京市国资委全资拥有，是北京市城市轨道交通的唯一投融资建设运营主体，负责首都地铁的投融资、建设、运营、资本运作及土地开发。京投持续受到北京市政府财务及政策上的大力支持，业务主要涉及三个方面：地铁的投资、建设、运营；资源开发；对地铁相关行业的战略性投资。

　　此前，公司在国际市场上成功发行了一系列的债券，包括于 2014 年 3 月成功发行其首笔国际美元债券，以及 2014 年 6 月设立中期票据计划之后成功发行人民币债券。公司已经真正在境外债券市场上建立了一个融资平台。本次美元债券发行，公司再次受到国际投资人的追捧，投资人被公司稀有的信用价值所吸引。

2. 执行过程

　　随着此前投资者高度关注的美联储公开市场委员会会议于 2014 年 10 月底落下帷幕，以及随后 11 月第一周较为中性的非农就业指数的公布，债券市场走势稳定，由此为本次债券发行创造了较好的发行窗口。为了尽可能地利用有利的市场，承销行建议并为公司安排在 11 月 10 日周一对外宣布交易，并随后在中国香港进行了一整天的路演及全球投资者电话会议。凭借路演过程中收集到的投资者反馈，在 11 月 13 日周四正式对外宣布交易建档。

为了达到公司对于发行期限和规模的目标，承销行建议公司以 3 年期 T+190 个基点区间和长 5 年期 T+195 个基点区间的初始价格指引宣布交易建档。事实证明该策略行之有效，订单量总额在建簿开始的 90 分钟内就已完全覆盖目标发行规模，在中午之前订单量总额就已经超过了 30 亿美元。在亚洲午后，总订单量保持良好增长态势并达到 60 亿美元，随后成功将最终价格指引向下收紧至 3 年期 T+170–175 个基点和长 5 年期 T+170±2.5 个基点。

最终，本次交易在利率下限分别以 3 年期 T+170 个基点和长 5 年期 T+167.5 个基点水平（发行收益率 2.678% 和 3.303%）定价。交易总共吸引到了总计将近 70 亿美元的订单，其中 3 年期订单来自 213 个高质量账户，长 5 年期订单来自 205 个高质量账户，达成近 7 倍超额认购。投资者构成情况见图 3 和图 4。

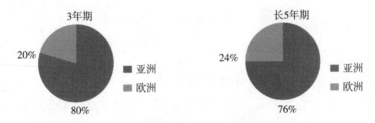

图 3　投资者构成（按地域划分）

图 4　投资者构成（按类别划分）

（三）海航集团再次发行境外人民币债券

海航集团（国际）有限公司发行境外人民币债券概况如表3所示。

表3 海航集团（国际）有限公司发行境外人民币债券概况

发行人	海航集团（国际）有限公司
担保人	海航集团有限公司
担保人评级	未评级
发行评级	未评级
发行格式	RegS
发行年期	3年
规模	12.5亿元人民币
发行日	2014年11月13日
到期日	2017年11月13日
发行价格	100.00元
票息	8.000%

1. 交易概述

海航集团有限公司（以下简称"海航集团"或"公司"）成功发行了3年期8.000% 12.5亿元人民币债券。债券由海航旗下境外子公司海航集团（国际）有限公司担任发行人，海航集团提供担保。

海航集团是领先的综合性集团及现代服务业综合提供商，业务广泛分布于航空运输、机场运营服务、房地产、酒店及餐饮、旅游、商业零售、物流运输、金融等行业。海航集团旗下拥有海南航空和香港航空等15家航空公司，在中国境内16个机场中拥有权益并且管理运营这些机场，如海口美兰机场。海航集团还运营21家酒店，总的房间数为5291间。

截至2013年12月31日，海航集团总资产约为人民币2660亿元，2013年海航集团净利润约为人民币15.5亿元。

发行人海航集团（国际）有限公司是海航集团全球化的平台，在海航集团成为国际品牌的战略中扮演至关重要的角色。海航集团（国际）有限公司的核心业务为金融服务、旅游服务和物流运输。

本次交易是公司继2012年首次发行3年期8亿元境外人民币债券以来第二次发行境外人民币债券。

2. 执行过程

与 2014 年 9 月 217.5 亿元的境外人民币债券发行量相比，10 月境外人民币债券市场非常不活跃，发行量缩水至 75 亿元，发行数量仅为 6 只。经过了几周低迷的市场后，市场重振信心，为本次发行创造了良好的发行窗口。公司于 11 月 4~5 日在中国香港和新加坡进行了两天的路演，并且与伦敦的投资者进行了电话会议。

公司在亚洲时间 11 月 6 日早上以初始价格指引 8.375% 对外宣布交易。订单账簿打开之后就受到了来自银行、基金和私人银行等投资者的热烈追捧，总订单在亚洲时间中午收市前就已完全达到了目标发行规模并在午后继续增长；午后总订单已超过 30 亿元人民币，随后将最终价格指引大幅收窄至 8.125%±1/8 区间。交易最终在当天亚洲时间傍晚以 8.000% 水平定价，获得来自 82 个高质量、多样化投资人账户总计 32 亿元人民币的订单，达成近 2.6 倍超额认购。投资者构成如图 5 和图 6 所示。

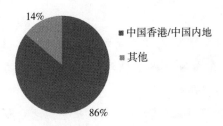

图 5 投资者构成（按地域划分）

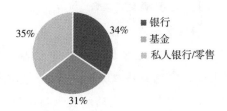

图 6 投资者构成（按类别划分）

第十一章 国际银团贷款

银团贷款是国际金融市场最重要的融资方式之一。自 20 世纪 60 年代首笔银团贷款签署以来，银团贷款在项目融资、并购重组等领域发挥了十分重要的作用，极大地促进了全球经济发展。20 世纪 90 年代末以来，随着全球贷款二级市场的发展，银团贷款年筹组额不断提高。

一、银团贷款的概念、起源与发展

（一）概念

银团贷款是指由两家或两家以上银行或金融机构基于相同贷款条件，依据同一融资合同，按约定时间和比例，通过代理行向借款人提供的本外币贷款或授信业务。

银团贷款得以进行的前提：借款人本身的条件必须符合银团贷款的惯例和一般要求，而银团贷款的条件也要符合借款人的要求，只有两方面互相认可，银团贷款工作才能顺利进行。出于贷款安全性考虑，银团贷款对借款人的选择倾向于一国政府机构、地方政府、中央银行、官方金融机构和有实力的企业及国际机构、跨国公司等。借款人的资信程度越高，越容易获得银团贷款，而且条件相对越有利。银团贷款的使用尽管较外国政府贷款、国际金融组织贷款宽松，但用途必须明确，即前者并不像后者那样事先已规定贷款的使用方向，但在申请贷款时用途一定要明确。

银团贷款分为直接贷款和间接贷款。前者是由银团内各成员行、委托代理行向借款人发放、回收和统一管理的贷款；后者是由牵头行将参加贷款权（即贷款份额）分别转售给其他成员行，全部的贷款管理工作均由牵头行负责的贷款。直接参与型的国际银团贷款是在牵头行的组织下，各参与行直接与借款人签订贷款协议，按照一份共同的协议所规定的统一条件贷款给借款人，参与行与借款人之间存在着直接的债权债务关系。而间接参与型的国际银团贷款则是先由牵头行向借款人提供或承诺提供贷款，然后由牵头行把已提供的或将要提供的贷款以一定的方式转让给参与行，参与行与借款人之间一般不存在直接的债权债务关系，某些情况下借款人甚至不知道参与行的存在。

（二）起源与发展

银团贷款起源于 20 世纪 60 年代，是当时国际信贷市场兴起的一种债务融资方式，是适应现代化大生产、经济全球化和金融国际化而进行金融创新的产物。银团贷款是随着资本主义经济的不断发展而出现的一种融资方式。特别是第二次世界大战后，一些资本主义国家为了迅速弥合战争创伤，采用多种方式组织国际银团贷款，筹措资金、发展生产、振兴经济，收到了良好的效果，促进了生产向国际化发展。生产的国际化促进了市场的国际化，加快了国际贸易的发展，增加了融资需求，所需资金数额也逐渐增大。由于巨额贷款仅靠一家银行的力量很难承担，况且风险也很大，任何银行都不愿独自承担。为了分散风险，有意发放贷款的各家银行便组成集团，每家银行认购一定的贷款份额，由一家代理行统一发放和回收。银团贷款由此产生。迄今为止，银团贷款不仅成为全球债务市场的主流业务，而且显示出了与全球资本市场强烈的融合趋势，被广泛用于兼并、资产证券化等投资银行业务。

国际银团贷款经历了三个阶段：

第一阶段是 1967 年到 20 世纪 80 年代中期，这段时期银团贷款的服务对象集中在基础设施建设领域，以欧美发达国家的公路、电力、石化和通信等基础设施建设项目融资为代表。

第二阶段是 1987 年到 20 世纪 90 年代末，在这段时期中，银团贷款迎来了以并购杠杆交易为主的第二个发展高潮，尤其是以并购融资为主导的美国的银团贷款市场异常活跃，形成了 20 世纪 90 年代末期的市场主流。那段时期，很多跨国公司都发起了创纪录的并购交易。

第三阶段是 20 世纪 90 年代末至今，以银团贷款二级市场交易为主的金融创新促进了银团贷款市场与资本市场的融合。随着《巴塞尔协议》的实施，银行业的一个重大变化就是更灵活地主动管理自己的贷款投资组合，这种对资金流动管理的需求导致了银团贷款二级市场的快速发展，机构投资者引进了资产证券化、风险评级和盯市定价等产品或者技术，使银团贷款向透明度高、流动性强和标准化方向发展。

二、银团贷款的特点

（一）国际银团业务架构

国际银团贷款一级市场主要交易模式有俱乐部贷款和一般银团贷款。

俱乐部贷款（Club Deal）：是指在借款人存在交易关系的银行内部组建银团的一种筹组模式，并不邀请新的银行参与。

一般银团贷款（General Syndication）：是指发送邀请函给潜在有参与意向的金融机构，金融机构可以自由选择是否参与。银团贷款与双边贷款的比较如表11.1所示。

表 11.1　银团贷款与双边贷款的比较

	银团贷款	双边贷款
参贷银行	多家银行	单一银行
融资条件	统一的融资条件	因各银行风险偏好而异
市场声誉	建立公开记录，提升市场形象	通常非公开
后续资金供应	更能保证资金供应	易受贷款规模限制
后续管理	由代理行进行日常操作，简化借款人管理手续	管理多个双边贷款，会增加管理成本

如表11.1所示，与双边贷款相比，银团贷款因为参加银行多，可以提供比双边贷款更大额度、更长期限的资金，并可以使企业通过一笔贷款获得多家银行的授信并与之建立授信业务合作关系。对于借款人而言，利用银团贷款可以充分发挥杠杆作用，这样可以支持企业在经济发展中的有效信贷需求。

在银团贷款的业务谈判中，借款人只需委托牵头行，由牵头行代借款人与各家潜在参加行进行谈判，谈判的框架基于事先确定的贷款条件清单，因此可以有效地缩短谈判周期。

此外，银团贷款的发放与偿还、抵质押物的登记、提款条件的审核和贷后管理统一由代理行代为办理，可以大大减少企业的工作量，提高企业的运作效率。

（二）银团贷款的成员角色

在银团贷款的筹组阶段，需要顾问行、牵头行（联合牵头行）、参加行等角色。在银团贷款管理阶段，则需要代理行、参加行等角色。

由于参加贷款行承担的贷款份额各不相同，因而在银团中拥有的地位和分工也不尽相同。①牵头行。牵头行是银团的组织者，一般均选择有实力、有威望的大银行担任。职能是：为借款人物色贷款银行，组织银团；协助借款人编制资料备忘录；聘请律师起草贷款协议和有关法律文件；负责贷款的广告宣传；安排贷款协议的签字仪式及首次提款；等等。②副牵头行。在较大的银团中，仅有一家牵头行往往力不胜任，还需设副牵头行协助工作。③代理行。由银团委托作为贷款管理人的银行，全权代表银团在贷款协议上签字，按照贷款协议的条款负责发放贷款和回收贷款，并负责全部贷款的管理工作。它还负有沟通银团内各成员行之间的信息、代表银团与借款人谈判、出面处理违约事件、协调银团与借款人之间的关系等责任。④参加行。参加行指其他参加银团，并按比例认购贷款份额的银行。

三、银团贷款的一般流程

银团贷款的流程可大体分为筹组期和管理期两个阶段（见图11.1）。

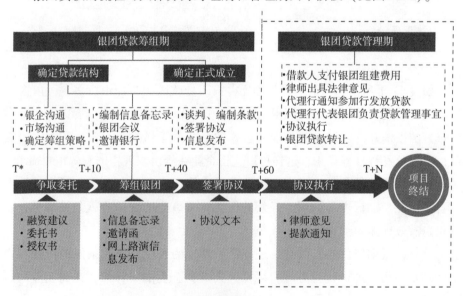

图 11.1　银团贷款流程

参与银团贷款的银行均为银团贷款成员。银团贷款成员应按照"信息共享、独立审批、自主决策、风险自担"的原则自主确定各自授信行为，并按实际承诺份额享有银团贷款项下相应的权利、义务。收到贷款邀请函的银行应根据银团贷款信息备忘录的内容，在全面掌握借款人相关信息的基础上做出是否参加银团贷款的决策。

四、银团贷款的优势

（一）对于借款人而言的优势

第一，统一了融资条件，保证了资金供应。筹款金额大，期限长（一般为 3~8 年，有的甚至长达 10 年以上），不受贷款规模的限制。特别是在建设周期较长，跨境、跨业、跨市场的大型项目中，建立统一的贷款条件机制，贷款金额的承诺性约定非常关键。

第二，筹资时间较短，费用也比较合理。通过一家或者多家牵头行分工协作，一揽子与借款人拟定贷款条件清单、统一合同文本，按照银团贷款筹组时间计划推进，缩短了谈判周期，提高了运行效率，而且不附带诸如贷款必须用于购买贷款国商品等限制性条件。

第三，由于银团贷款公开市场化运作的特性，银企双方都能通过银团贷款提升市场形象，牵头行进一步巩固了银企关系，潜在行也通过银团筹组拓展了新的银企合作渠道。

（二）对于借款银行而言的优势

第一，有利于分散贷款风险，改善信贷结构。由于是通过众多银行对同一借款人提供一笔数量较大的资金，各贷款行只按各自贷款的比例分别承担贷款风险，万一借款人无力还债时，呆账的风险由所有参与银团贷款的成员分摊，避免了因信贷集中带来的"鸡蛋放在同一个篮子里"的风险。同时，银团贷款强调贷款人要制定合理的风险偏好政策，反对风险过度集中，从而改善了信贷风险结构。

第二，有利于提高银行业资产流动性。相对于商业银行资金运用的长期化，商业银行面临资金期限结构不匹配的矛盾，流动性压力逐步显现。通过银团贷款的分销，可以有效提升资产的流动性。另外，银团贷款的标准化文本和转让机制方便了信贷资产在各金融机构间的流转，也能改善和增强流动性。

第三，有利于推动我国利率市场化改革。利率市场化最关键的是贷款定价市场化，在银团贷款定价过程中，费率和利率的确定过程是透明的，是由借贷市场决定的。而银行在利率和费率的定价过程中充分考虑了客户的风险水平，可以形成贷款市场对企业优胜劣汰的市场选择机制；同时，转变盈利模式，争取合理的手续费收入，对商业银行盈利模式的改变具有重要促进作用。

第四，有利于金融市场安全运行和健康发展。避免了同业竞争，增强了业务合作，促进银行间关系从单纯的竞争走向竞合，防止恶性竞争损害银行业和客户的关系，改善金融秩序，形成和谐竞争、银企共赢的新局面。另外，在获取业务收益的同时达到了良好的品牌宣传效果。

五、银团贷款协议

银团贷款协议是一项极为重要的法律文件，对签署协议的各方当事人均有法律约束力。

贷款金额和货币种类。这是贷款协议的核心，表明银团对借款人承担义务的限度。在银团贷款中，货币选择的范围一般包括自由的可兑换货币、国际上可大量得到的货币（通过金融市场）和适合于借款人需要的货币。

贷款期限。银团贷款的期限比较灵活，短则 3~5 年，长则 10~20 年，但一般为 7~10 年。银团贷款的整个贷款期分为三个阶段，即提款期、宽限期和还款期。提款期一般为 2~4 年，在此期间全部贷款必须提完，逾期未提部分视为主动放弃，不得再次提取。宽限期从提款期结束开始，一般为半年至 1 年，在宽限期内借款人只付利息，不还本金。还款期视贷款金额的大小、期限的长短而定，一般为 5~7 年，在还款期内贷款本金可分若干次偿还，直至贷款全部还清为止。

贷款利率。银团贷款的利率有固定利率和浮动利率两种。浮动利率一般以国际银行同业拆借利率为基础利率。国际上比较通用的基础利率为伦敦银行同业拆借利率（Libor）。伦敦银行同业拆放利率是指伦敦欧洲货币市场银行间的资金拆借利率，它是目前国外浮动利率贷款中采用得最多的基础利率，它从币种上分为美元、日元、英镑、马克等。浮动利率的调整期限有 1 个月、3 个月、6 个月、1 年等多种。该利率每天都在变化。

说明与保证。它是借款人在贷款协议中对其承担义务的合法权利及其财务状况与经营状况等事实所做的明确说明，借款人必须保证该说明是真实准确的。说明包括借款人的法律地位、借款行为是否得到政府的批准和许可的证明、借款人的财务状况等。

先决条件。包括：提供使贷款人满意的担保函；一切必要的政府批文、证明或授权；借款人的证明文件，如合资合同、章程、营业执照、财务报表等；律师意见书；费用函；等等。

费用条款。在银团贷款中，借款人除了支付贷款利息以外，还要承担诸如承担费、管理费、代理费、杂费等费用。

税务条款。一般来说，国际银团贷款所涉及的税收有利息预提税、印花税和对贷款人在借款人国家开立的办事机构征收的税项。不同国家所课税项的税率各不相同。

法律条款。一般包括确定准据法、规定审判地点和指定诉讼代理。准据法即规定以某国的法律作为该贷款协议的必遵法律，常用的为英国法、美国法和中国香港法。准据法确定后，审判地点也就确定了，一般都在同一国家。此外，借款人还须指定它在审判地点的诉讼代理，以便在今后发起起诉或被诉时，由其合法的诉讼代理接受法院传票并办理有关法律事宜。

六、案例——工银金融租赁有限公司银团贷款项目①

（一）引言

在金融市场成熟国家，融资租赁是与银行信贷、直接融资、信托、保险并列的五大金融形式之一。从租赁的市场渗透率（租赁总额占固定资产投资总额的比率）看，融资租赁已成为仅次于资本市场、银行信贷的第三大融资方式，在国民经济和市场体系发展中扮演着重要的角色。我国现代租赁业始于 20 世纪 80 年代初，从政策监管上分，我国融资租赁分为金融租赁和融资租赁：银行及非银行金融机构开办租赁公司的属金融租赁，由银监会批准、监管；非金融机构开办租赁公司的属融资租赁，由商务部批准设立，有中外合资、外商独资以及内资租赁公司之分。

目前，我国正式运营的中外合资金融租赁公司、外商独资租赁公司和内

---

① 中国银行业协会银团贷款与交易专业委员会. 中国银行业银团贷款优秀案例 [M]. 北京：中国金融出版社，2014.

资租赁公司三大类共有约 560 家。截至 2012 年底，银行业监督管理委员会（简称银监会）共下辖 20 家金融租赁公司，资产规模约 7990 亿元，比 2011 年增长 51.6%；其中有 11 家为银行系金融租赁公司。在银行系金融租赁公司中，国银金融租赁、工银金融租赁和民生金融租赁位居前三，而工银金融租赁为前三名金融租赁公司中唯一一家大型商业银行独资公司。

（二）案例介绍

1. 基本情况

借款人简介：借款人工银金融租赁有限公司（以下简称"工银租赁"或"公司"）是由中国工商银行股份有限公司（以下简称"工商银行"）全资设立的子公司，成立于 2007 年 11 月，注册资本 80 亿元人民币。

工银租赁是国务院确定试点并首家获得中国银监会批准开业的由商业银行设立的金融租赁公司，也是国家确定滨海新区发展战略后落户新区的最大法人金融机构之一。工银租赁的定位为大型、专业化的航空、航运和设备租赁公司。工商银行是全球市值最大的银行，也是中国规模最大的商业银行，资产总额超过 17 万亿元（截至 2012 年底）；工商银行同时是全球最盈利的银行之一，2012 年实现净利润 2386.9 亿元。工商银行凭借庞大的全球业务网络和优质的客户资源，给予了工银租赁极大的资金及业务支持。

工银租赁是国内资产规模最大的金融租赁公司之一，在银监会下辖的 20 家金融租赁公司中盈利能力名列前茅。自成立以来，工银租赁凭借优秀的自身资质以及母公司的网络及客户资源优势，与诸多大型航空公司、运输公司及大型设备制造商建立了良好的长期合作伙伴关系。近年来，工银租赁国际化经营步伐逐渐加快，国际声誉和市场影响力不断增强，并在航空、航运和设备领域取得了重大项目突破，开创了业务全面国际化发展的新局面，进一步提高了公司的国际竞争力。

2. 项目需求

此项目主要是为工银租赁提供公司运营资金。公司希望通过较低的贷款融资成本发展其设备租赁业务，提升竞争力。公司计划融资 2.3 亿美元运营资金，发展其设备租赁业务。

3. 银团筹组思路和执行

（1）执行过程。苏格兰皇家银行一方面持续跟踪市场、发掘市场潜在新流动性，另一方面就潜在新融资与公司进行沟通、讨论，最终在距上一笔银团贷款结束后的 6 个月内成功获得工银租赁新一笔境内美元银团贷款独家牵头行地位。此笔银团贷款是国内金融租赁行业首笔独家包销式贷款项目。银团组建主要进程如下：

- 2013 年 4 月，苏格兰皇家银行北京分行为项目提供银团融资方案；
- 2013 年 5 月，工银租赁正式委任苏格兰皇家银行独家牵头组建银团贷款并签署委任函；
- 2013 年 5~6 月，苏格兰皇家银行牵头编制项目信息备忘录；
- 2013 年 6 月中旬，银团贷款正式在市场启动；
- 2013 年 7 月中旬，银团筹组完成；
- 2013 年 7 月下旬，工银租赁与牵头行、成员行签订银团贷款协议，牵头行与成员行签订银团间合作协议。

（2）银团贷款结构。本次银团由苏格兰皇家银行（中国）有限公司独家协调筹组，银团贷款总额为 2.3 亿美元，期限不超过 3 年（含宽限期 1.5 年），贷款采用信用方式，贷款利率为 Libor+2%，银团参贷行及角色安排如表 1 所示。

表 1　银团参贷行及角色安排

银团成员	银团角色	承贷额度（万美元）	贷款占比（%）
苏格兰皇家银行（中国）	协调安排行、牵头行和代理行	5000	21.74
华侨银行（中国）	牵头行	8000	34.78
澳大利亚联邦银行上海分行	牵头行	5000	21.74
马来西亚马来亚银行北京分行	牵头行	3000	13.04
马来西亚马来亚银行上海分行	牵头行	2000	8.70
合计		23000	100

（三）案例特点

1. 较低的资金成本为金融租赁公司带来良好的经济效益和社会效益

该项目银团贷款用作运营资金。作为 2013 年国内金融租赁公司价格最低的银团贷款之一，为工银租赁提供低成本的资金来购买设备，再以极具竞争力的价格把设备租予企业，得到良好的社会效益和经济效益。苏格兰皇家银行在此项目中，有效及快速地为工银租赁组成银团，协助工银租赁狠抓市场机遇，收购设备来提供租赁服务。而该项目的大部分美元资金均为银行国外资金，此项目引入外资提高市场货币流动性，也符合社会经济效益原则。

2. 分层营销模式奠定成功基础

苏格兰皇家银行建议采取分层营销模式：借鉴以往银团经验及参考公司关系银行后，圈定潜在牵头行团队并对项目细节一一进行沟通。此营销模式推出后，苏格兰皇家银行在 10 个工作日内锁定重要投资者，成功为组团造势。此模式不仅更加有效及快速地推进营销工作，且扫除了日后项目宣布后的不确定性，为项目成功筹组奠定了坚实的基础。

银团组建过程中虽遭遇国内市场流动性危机、放贷收紧等情况，但苏格兰皇家银行高层多次参与银团谈判，通过提高谈判层次，有力地推动银团筹组进程，最终成功完成银团组建并达到超额认购。

基于正确的营销方案，从银团组建至参与行放款，整个过程仅用五周时间，比借款人预计完成时间缩短了一周，获得借款人好评，巩固了与工银租赁业务合作关系。

3. 科学管理使银团成效突出

银团组建后，苏格兰皇家银行建立了系统科学的银团管理模式，明确了牵头行、成员行及代理行的职责分工，从而提升各方工作效率，维护各方利益，有效避免了过度同业竞争，提升了产品的定价、议价能力。

4. 银行内部分工明确，有力保障项目落实

为确保项目的顺利进行，苏格兰皇家银行内部也建立了明确的分工小组制：客户团队负责客户关系维护、内部审批工作，并就项目进程及潜在问题第一时间与客户进行沟通；执行团队主要负责项目条款草拟及法律文件讨论，并牵头编辑信息备忘录；销售团队负责银团组建及营销，收集并协调各个参与行对项目的反馈意见。

第十二章　境外并购融资创新：
封闭式融资

　　中国企业的境外并购通常都是采用常见的融资模式，即通过各种途径筹集资金，支付境外的并购。本章将介绍一种比较有意义的境外并购融资模式，即所谓的"封闭式融资"。从本质上说，除了这种"封闭式融资"，目前中国企业所做的大多数并购都是在国内自行筹资进行境外并购，算不上是真正意义上的并购和并购融资。目前只有少数中国企业的境外并购使用了这种封闭式融资模式。2017年6月8日，中国最大的化工企业中国化工集团公司（以下简称"中国化工"）在北京宣布，已经完成对先正达的交割，并拥有先正达94.7%的股份。这项总交易金额近440亿美元的项目，是迄今为止中国所实施的最大规模的一单境外企业并购。由于巨额融资需要而设计了复杂的交易结构，该项目的债权融资分为Holdco银团和Bidco银团两部分。Bidco银团部分就是封闭式融资。

一、封闭式融资的含义和分类

　　封闭式融资是指资金的筹集仅建立在并购目标的现金流基础上，以竞标公司或目标公司为借款人，而对母公司无追索权。这样的融资方式不会增加母公司的负债规模，从而不会影响母公司的财务指标，不会增加母公司的资产负债率，也不会对母公司的信用评级产生消极影响。

　　封闭式融资本质上是杠杆收购的一种特殊形式，即债务以目标公司的未来现金流为基础，是对母公司无追索的杠杆融资。

　　封闭式融资可以分为纯粹银行（银团）贷款和结构融资。纯粹银行贷款就是资金完全来自银团参贷银行；而结构融资则在银行贷款资金之外，还有贷款抵押债券、信贷基金、养老金、保险资金等多种资金来源，这些资金可分为优先级、劣后级等多个层次。这两种模式在许多方面都存在差异（见表12.1）。

表 12.1　纯粹银行贷款和结构融资的差异

主要指标	纯粹银行贷款	结构融资	备注
授信额度*	最多 X 倍（例如 3.5 倍），息税折旧摊销前利润定期贷款 A	最多 X+Y 倍（例如 5.0 倍），息税折旧摊销前利润分为定期贷款 A 和定期贷款 B	纯粹银行贷款式交易中只有银行不需要分层，相关贷款文件精简
分期偿还	定期贷款 A：35% ~ 40% 于整个贷款期间分期偿还	定期贷款 A：40% ~ 60% 于整个贷款期间分期偿还 定期贷款 B：一次性偿还	在纯粹银行贷款中有更低的分期偿还
期限	一般最多 5 年	最多 7 年	银行贷款交易有效期最多为 5 年
投资者	仅银团参贷银行	还可包括贷款抵押债券、信贷基金、养老基金和保险，分优先级、次级等	核心银行 VS 收益率驱动的投资者
评级	不需要，节省公开评级成本及减少披露要求	需要，标普/穆迪评级且每年更新	纯粹银行贷款由于不需要评级从而极大地节省了成本
定价	取决于信用评级	比纯粹银行贷款融资成本更高	纯粹银行贷款的价格更具吸引力，因为银行将其他业务也包含在内
预付金	一般要求前端费用	一般包括前端费用和原始发行折扣	纯粹银行贷款成本更低
约束条款	含有约束条款（净杠杆比率按季度评估）	约束松弛（净杠杆比率按季度评估）	取决于最终的结构
不可回购期限	无	一般 12 个月之后可赎回	纯粹银行贷款更加灵活，再融资成本更低

注：* 表示授信额度取决于目标公司的评级、所属行业以及市场活跃度。

对并购者来说，仅仅将融资建立在并购目标创造现金的能力上有不少好处。封闭式融资相关的要求：

- 并购采用准杠杆收购，而并购者将扮演一个投资者的角色。
- 融资银行需要对竞标公司与并购目标之间的融资活动进行限制。
- 在封闭式融资存续期间，相关融资文件将对目标公司的分配和支付进行限制。

● 这种融资结构将被高级担保，担保组合将需要更具体的评估，包括经营/控股实体的股票质押（包括公司间贷款的分配和从属契约）、相关账户质押以及应收账款质押（如可行）等。

● 其他问题还有：①对所有现存双边贷款的再融资；②为满足成长企业的需求而潜在增长的循环信贷额度。

二、封闭式融资结构举例

图12.1是假设某中国公司准备收购位于德国的标的公司的融资结构示例。出于税收优惠和利于融资、风险隔离等因素考虑，中国买家公司可在上海、中国香港、卢森堡、德国等国家和地区设立多家SPV公司，与其他的股权和债券投资者共同筹资，去收购一家德国的公司。该并购融资以目标公司的现金流为基础，设在德国的竞标公司与目标公司为债务人，对其母公司并无追索权，为"封闭性融资"。

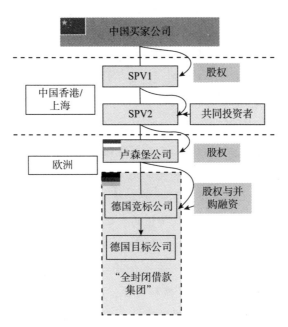

图 12.1　中国公司收购德国标的公司融资结构示例

三、案例——中国化工—先正达超级并购融资①

中国化工并购先正达交易总价接近 440 亿美元，成为中国史上最大的境外收购项目。

2017 年 6 月 27 日，新当选的先正达（Syngenta，NYSE：SYT）董事会主席、中国化工集团董事长任建新与先正达董事会副主席米歇尔·德马尔在先正达总部所在地瑞士巴塞尔宣布，中国化工集团完成了对先正达的收购。至此，这项中国创纪录的境外并购基本画上了句号。

据美国证券交易委员会（SEC）披露的最新文件，这项交易总价已接近 440 亿美元。这个费用包括收购先正达普通股和 ADS 的对价，以及相关交易费用等。这项交易成为中国史上最大的境外收购项目。

（一）并购历程

先正达是位于瑞士的农化及种子生产商，是全球农药领域第一、种业第三的大公司，拥有最全的农药产品线，并有多个明星产品。先正达 2016 财年收入 127.9 亿美元，净利润 11.8 亿美元。其中，农药和种子分别占全球市场份额的 20% 和 8%。近年来先正达一直是其他农业巨头围猎的目标。受市场低迷、汇率因素等综合影响，先正达 2015 财年整体业绩下滑明显：净盈利 13 亿美元，同比下降 17%；未计利息、税项、折旧与摊销前盈利（EBITDA）下降 5%，至 27 亿美元。

长期以来，全球农化行业第一梯队呈现"六巨头"格局，分别是先正达、孟山都、拜耳、陶氏、杜邦和巴斯夫 6 家跨国公司。根据 2014 年西班牙一家调查机构的数据，孟山都、杜邦和先正达三家跨国公司控制着世界 50% 以上的种子市场。瑞士先正达是全球第一大农药公司、第三大种子农化高科技公司，拥有 259 年历史，是全球最具价值的农化品牌。

从 2015 年开始，全球农化行业出现 20 年来的第二次大整合。其中，陶氏化学公司与杜邦公司的 1400 亿美元合并案是第一笔被宣布的交易，拜耳 660 亿美元收购孟山都一案也备受市场关注。而中国化工收购先正达则让中国企业一步跨入了全球农化并购的第一线。

---

① 本案例主要基于《财经》杂志及其他媒体相关报道的市场公开信息整理编辑。

中国化工集团收购先正达分为三个阶段：

第一个阶段为谈判阶段。

2008 年金融危机期间，农化行业低迷，并购整合盛行。中国化工当时就考虑收购先进的农化公司，和孟山都、先正达都有过接触，可惜并没有谈成。中国化工与先正达的密切联系始于 2009 年，并在 2016 年 2 月 3 日正式签署了总计达 430 亿美元的收购协议。这期间，中国化工经历了拒绝、初步接触谈判、与孟山都对垒、董事会的多次拒绝，以及锲而不舍的追求终达目标的磨心历程。

有多家农化巨头向先正达表达了"联姻"愿望，但均遭先正达拒绝。孟山都在 2014 年就接触过先正达。这两家种子、农化细分领域的榜首公司如若联手，无疑将构筑最强大的农业技术阵营。2015 年 4 月，孟山都正式向先正达发出要约收购。不过，这一或将拆分业务、强势干预经营的要约，受到后者管理层的抵制。

2015 年 5 月 8 日，在先正达拒绝孟山都 450 亿美元收购要约的同一天，中国化工集团董事长任建新就联系了先正达公司 CEO，表达了收购意向。在之后的 9 个月里，中国化工集团一直与孟山都进行竞争。随后中国化工三次提价，价码和条件愈加优厚，先正达多次拒绝中国化工的报价。12 月 15 日，中国化工给出了第三次报价，收购 66.7% 股权和 100% 股权两种方案各加价 5 美元/股，分别为每股 470 瑞士法郎和 465 瑞士法郎。全额收购总价升至 430 亿美元，此外收购后还给予先正达股东每股 5 瑞士法郎的额外股利。在 2015 年的最后两周，中国化工的报价基本被接纳。双方围绕报价条件、融资承诺、中国化工关于获得行政审批的承诺、公司治理安排等进一步谈判。

先正达强调关于审批承诺和与此关联的分手费的重要性。2016 年 1 月 30 日，要求中国化工的反向分手费应从 11 亿美元增至 30 亿美元。中国化工次日即回复同意，同时补充中国化工支付反向分手费的触发条件是：交易未获反垄断部门和中国政府部门的审批，而对 CFIUS 和其他外国政府部门的投资审批免责。这意味着如果中国政府审批不能通过，作为国企的中国化工就必须支付 30 亿美元分手费。

历经 9 个月的谈判拉锯，瑞士时间 2016 年 2 月 2 日晚间，任建新携中国化工管理层与先正达董事会在苏黎世会面，终于签署了收购协议。

2016 年 3 月 8 日，中国化工披露的要约收购公告（以下简称要约书）显示，要约收购先正达 100% 股权，价格为 465 美元/股及 93 美元/ADS（存托凭证），并在交割时支付约 5 美元/股的特别股息，交易总对价锁定在 430 亿美元。

收购时，先正达总市值约 380 亿美元。为比较不同收购标的的估值水平，通常选用交易价格与收购标的前 12 个月 EBITDA 的比值（Transaction Value/Trailing Twelve Month EBITDA）。根据彭博的数据，在中国化工收购先正达交易中，交易价格是先正达 EBITDA 的 19.28 倍，高于孟山都对先正达的估值 18.26 倍，低于拜耳收购孟山都的估值 20.57 倍。陶氏兼并杜邦属于换股合并，这一比值则为 13.33 倍。

中国化工的要约价，比宣布收购日前一交易日股价溢价 20%。然而，先正达后续股价却一路走低，一直未达到 93 美元/ADS 的要约价格，到 2016 年 7 月甚至跌至 75 美元/ADS 附近。此前孟山都 2015 年上半年提出收购意向时，先正达的 ADS 一度涨到 98 美元。

股价的低迷，显示投资者并不看好这桩"婚姻"的可行性。直到 2016 年 8 月 22 日，先正达股价才开始跳空大涨，此后在 80~90 美元/ADS 一带盘整。背后的原因，一是交易得到美国 CFIUS 审批，二是受到竞争对手拜耳、孟山都合并消息的刺激。

第二个阶段为审批阶段。

中国化工集团与先正达均在全球拥有业务，达成收购协议后，还需通过相关国家政府监管机构审批。资料显示，这项交易最终通过美国外国投资委员会（CFIUS）等 11 个国家的安全审查机构和美国、欧盟等 20 个国家和地区反垄断机构的审查。

在审批阶段，最受瞩目的是欧盟和美国的反垄断审查。这项交易先是在 2016 年 8 月通过了美国外国投资委员会的审查。2017 年 4 月 5 日，中国化工和先正达以剥离三类杀虫剂的条件，通过了美国联邦贸易委员会的反垄断审查。一天之后，在中国化工同意剥离子公司安道麦在欧洲的部分农药资产后，这项交易也通过了欧盟委员会的反垄断审查。

2017 年 4 月 10 日，最后一个国外政府审查机构墨西哥联邦经济竞争委员会通过了对这项交易的反垄断审查；4 月 12 日，这项交易获得中国商务部的批准。至此，历时一年两个月，中国化工收购先正达通过各国政府监管机构的审批。

第三个阶段为交割阶段。

根据并购协议，中国化工向持有先正达股票的公众股东及 ADS 持有人发起收购要约，至 2017 年 5 月 4 日主要约期结束，接受要约的股票占 82.2%；至 5 月 24 日附加要约期结束，共有 94.7% 的股票接受中国化工提出的要约。

中国化工集团分两次进行交割，对应两个要约期股东及 ADS 持有人，至 6 月 7 日第二次交割完成后，中国化工持有先正达 94.7% 的股份。

交割完成后，根据相关法律法规，先正达股票将从瑞交所退市、美国存托凭证（ADS）将从纽交所退市。据日本经济新闻报道，中国化工计划五年内实现先正达部分股票重新上市，并将保持先正达运营的独立性，总部仍将留在瑞士。

（二）战略意义

国内外业界人士普遍认为，"这一收购对中国是有战略意义的"。从战略上看，收购先正达势必将对中国的农业发展产生深远影响。有市场分析认为，中国可以凭借收购先正达，迅速进入农化、种业第一梯队，并获取行业最先进经验，提升中国行业水平。鉴于这一交易对农业技术提升的长期价值，中国或可借此展开农业资产的新一轮整合。中国化工与先正达具有很强的互补性；中国化工集团自有的农药资产多为原药生产厂，其于 2016 年完成了对世界最大的仿制药生产商安道麦（ADAMA）公司（原名马克西姆—阿甘）100% 股权的收购；此次收购的先正达是全球最具实力的专利药生产商，通过收购先正达，中国化工拥有了一个完整的农药产业链；此外，先正达的种子业务可以弥补中国化工的空白，也符合世界农化与种子结合的潮流。通过收购先正达，可以推动中国农化、种子产业的升级换代，并确保中国的粮食安全。

先正达并入中国化工，显然将为先正达开拓中国市场提供助力。中国在农药生产、销售，转基因作物上均实行严格的审批制。有中国化工的央企身份背书，先正达农药、转基因产品进入中国的审批流程或将加快。

（三）超级并购融资

市场对中国化工收购先正达也不无争议。市场对中国化工的疑虑，首先来自财务可行性。在总额高达 504 亿美元的交易结构中，中国化工运用了极高的融资杠杆，从境内到境外搭建了三层架构、六个 SPV（特殊目的公司），几乎没有自有资本。市场忧其收购后的财务压力，以及难测的整合协同前景。如此重大的交易系于一家负债率高达 80% 的非传统农业企业，确属罕见。而2016 年以来的国际外汇走势，也增添了政策环境的复杂性。

在整个报价过程中，中国化工始终坚持用全现金方式支付股权对价，并未采用跨国并购常用的"股权+现金"融资方案。交易对价虽然锁定在 430 亿美元，但整体实际所需资金总额高达 504 亿美元。

融资资金结构：

（1）融资总体情况。最初的要约书披露的并购融资方案中，包括股权融资和债务融资。

第一是至少 250 亿美元的股权融资，主要用于补充各类 SPV 的资本金，包括 150 亿美元的专项资金、50 亿美元的优先级资金、50 亿美元的普通股。

第二是 254 亿美元的债务融资，包括：125 亿美元对于香港控股公司的定期贷款；125 亿美元对于竞标公司的定期贷款，包括 75 亿美元银团贷款和给予先正达的 50 亿美元债务重组贷款；两大银团分别给出 2 亿美元流动资金贷款。

（2）股权资本。中国化工逾期收到某些股权资本注入作为收购金额的一部分。此外，中国化工还将引入一些共同的投资者以股本的形式投入香港控股公司。而香港控股公司额度的提款将以其收到至少 250 亿美元的股权资本为前提条件。

（3）香港控股公司额度。香港控股公司层面的 127 亿美元的额度是由中国化工和中国农化提供担保的。担保措施包括借款人集团的股份质押，但不含共同投资人的股份。虽然香港控股公司的额度无权直接要求先正达的现金流，但如果竞标公司的额度 A 按照计划取消而且竞标公司（包括目标公司）保持投资级信用评级，那么将有竞标公司和目标公司的现金流向上流到香港控股公司。按照相关财务预测，每年至少有 10 亿美元的现金被允许以分红或其他形式从竞标公司和目标公司流向香港控股公司。

在香港控股公司额度的架构下，中国化工作为担保人，有义务保证目标公司给予香港控股公司的分红及其他形式分配，保持与 2013 年和 2014 年一致的分红政策。而香港控股公司额度架构下相关支付被允许发生的条件是竞标公司的信用评级满足条件以及其额度没有出现违约。竞标公司的信用评级要求条件是：①预先达成一致的评级公司中至少有两家给竞标公司的长期信用评级等于或高于BBB-或Baa3；②竞标公司额度中的额度A为零。如之前所述，只要竞标公司收到了375亿美元的资金，竞标公司额度中的额度A就将被取消，这样竞标公司的资本结构有助于其保持投资级的信用评级，以及目标公司的长期业务和财务健康，所以向上流向香港控股公司的现金流没有障碍。

（4）竞标公司融资——无追索的封闭式融资。竞标公司的额度没有由中国化工或其任何子公司提供担保。这种无追索的封闭式融资集团开始于位于卢森堡的由香港控股公司100%持有的卢森堡控股公司，包括竞标公司、先正达及其子公司。竞标公司的并购过桥贷款和备用额度（一并称为"竞标公司额度"）可分为五个层次：

● 额度A-50亿美元的过桥贷款（只要竞标公司收到了375亿美元资金，额度A将被取消）。

● 额度B-100亿美元的过桥贷款（将被减少到75亿美元）。

● 竞标公司循环信用额度-2亿美元（只有在额度A被取消且信用评级条件得以满足时才可得）。

备用额度：

● 目标公司备用定期贷款-25亿美元。

● 5年期的目标公司循环信用额度-25亿美元。

额度A和额度B以及竞标公司循环信用额度将在竞标公司层级享受先正达的分红，备用额度将用于先正达层级。5年期的25亿美元目标公司循环额度计划在并购完成后用于偿还先正达的现有25亿美元循环贷款。

（5）股权融资、香港控股公司融资、竞标公司融资三者的关联。至少250亿美元的股权融资和给香港控股公司的125亿美元的定期贷款，合计375亿美元的资金会向下流入竞标公司。香港控股公司额度的提款将以其收到不少于250亿美元的股本注入为前提。竞标公司在收到这375亿美元后，给竞标公司的200亿美元额度A中的50亿美元会取消，竞标公司额度B会从原来的150亿美元减少到125亿美元。前文提到的375亿美元和额度B剩下的125

亿美元合计 500 亿美元将被用于收购的各项用途。结果，控股公司和竞标公司在初步关闭日各自的资本结构将为：

- 控股公司：

股本 250 亿美元，

债务 125 亿美元，

合计 375 亿美元。

- 竞标公司：

股本 375 亿美元，

债务 125 亿美元（包括目标公司的 50 亿美元债务），

合计 500 亿美元。

在如此资本结构下，作为香港控股公司额度担保公司的中国化工和与目标公司合并财务报表的竞标公司将很有希望能够保持投资级的信用评级。而两个银团的融资成本与中国化工及竞标公司的国际公开评级紧密挂钩。

（6）两个银团的组织情况。最初的要约书披露，中信银团负债组团提供约 300 亿美元融资给香港控股公司层面，汇丰银团提供约 200 亿美元给竞标公司层面。

A. 中信银团→香港控股公司。

中信银团本欲引入 8 家银行，每家分销 15 亿美元。融资初期，有意向出具承诺函的银行包括建设银行、招商银行等实力较强的银行，但后来并未参与。最终共有 7 家中外资银行加入中信银团，其中 3 家中资银行分别为中信银行、兴业银行、浦发银行。外资银行则包括法国巴黎银行、东方汇理银行、瑞士信贷集团新加坡分行、法国外贸银行香港分行及裕信银行。另外，荷兰合作银行以牵头行名义参加。中信银行主要通过在中国香港的投资子公司信银国际来牵头此次银团。

2017 年 6 月 8 日，中信银行宣布，中国化工收购先正达巨额交易中的 127 亿美元银团贷款（包括 125 亿美元银团贷款和 2 亿美元流动资金贷款），已于 6 月 3 日完成首层分销，并超募了 20%。按此推算，该银团已获得超过 152 亿美元的融资。中信银行的 125 亿美元银团贷款期限为 12 个月，可延期 6 个月；年利率在 3.65% 左右，为 3 个月 Libor+300bp（基点，万分之一），按季度付息，到期还本。

参与此次收购银团，看中的是先正达在世界农化领域的地位。特别是在当时资产荒的情况下，这笔交易能让银行赚到 200~300 个基点。

B. 汇丰银团→竞标公司。

竞标公司层面的汇丰银团贷款分为三层。汇丰银团的方案是，第一层的 50 亿美元在中信银团未能成立的条件下启动，第二层 100 亿美元用于完成收购。后由于中信银团融资较为顺利，汇丰银团实际使用贷款为 75 亿美元。

汇丰银行通过旗下信托公司 HSBC Corporate Trustee Company（UK）Limited 牵头，与瑞士信贷银行、荷兰合作银行、意大利裕信银行组成银团。综合先正达收购报告书以及金融机构分析报告信息，汇丰银团的贷款期限是 12 个月，可延期 6 个月；利率定价根据 Libor（伦敦银行同业拆借利率）加上评级指标的利率价差而定。

目前国际三大评级机构均缺席对中国化工集团的评级，而国内评级机构联合资信和大公国际都对其给出 AAA 的高评级。但在跨境交易中，国内评级不能与国际评级对应，还需另行评定。

根据收购要约书，若中国化工的国际评级在 BBB/Baa2 及以上，对应的 12~18 个月期限内价差为 220bp，若评级在 BBB-/Baa3，则为 225bp。

银团最终可能用 3 个月 Libor 即约 0.65% 为基础，则汇丰银团贷款的年利率在 2.85%~2.9%。

（7）融资架构：三层架构六个 SPV。从要约披露及其他并购文件可见，中国化工为此桩大买卖共设立了三层结构、六个 SPV 子公司。如此复杂的架构，除了避税，也是为了使中国化工作为收购方在实现资本金达标的同时，仍能保持股权的绝对控制。因为中国化工自己并没有足够的资金。工商资料显示，中国化工注册资本金为 110 亿元，约 16.5 亿美元。2016 年第一季度报告显示，集团总资产 3780 亿元，总负债 3080 亿元，资产负债率为 80.68%，净利润 2.6 亿元，未分配利润亏损 116 亿元。

此次收购的第一层结构是境内主体——中国化工的农化业务板块、全资子公司中国化工农化总公司（以下简称中国农化）。

第二层结构为中国香港 SPV。2016 年 2 月 17 日，中国化工在同一日注册了四家 SPV，注册地位于中国香港中环永吉街 6-12 号的诚利（Shing Lee）商业大厦 17 层。这四家 SPV 从上至下分别为 CNAC（HK）Holdings Company

Limited（中国化工香港控股有限公司，SPV1）、CNAC（HK）Investment Company Limited（中国化工香港投资有限公司，SPV2）、CNAC Century（HK）Company Limited（中国农化世纪香港有限公司，SPV3）、CNAC Saturn（HK）Company Limited（中国农化萨坦香港有限公司，SPV4）。

第三层结构为欧洲主体。包括由 SPV 全资持股的卢森堡公司、CNAC Century（Lux）S. ar. l.（以下简称 LuxCo，SPV5），以及项目的执行公司，在荷兰阿姆斯特丹注册的离岸公司 CNAC Saturn（NL）BVS（SPV6）。SPV6 由 SPV5 100%控股。

要约指出，LuxCo 和四家香港 SPV 子公司主要用于连接交易协议。

中国化工拟筹资 150 亿美元专项资金注资 SPV1，这是多层融资架构得以启动的源头。SPV1 拟以 150 亿美元注册资本金加上中信银行牵头筹集的 50 亿美元优先级资金，共计 200 亿美元注资 SPV2。中国化工通过 SPV1 持有 SPV2 75%的股份。

SPV2 在此基础上扩股，发行 50 亿美元普通股，以 250 亿美元注资 SPV3。前述中信银团的 125 亿美元并购贷款则注入 SPV3 中作为资本金。SPV3 将共计 375 亿美元融资全部注入 SPV4，由此层层控股递推到 SPV5、SPV6，资本金均保持在 375 亿美元。SPV6 撬动的是汇丰银行牵头的 75 亿美元银团贷款。

到此，上述 6 个 SPV 集合的 450 亿美元股权、债权融资，满足了对先正达 430 亿美元收购款以及 20 亿美元收购财务成本的资金需求。在收购后，汇丰银团还将给先正达集团 50 亿美元债务重组贷款。

中国化工官方披露，其在 2017 年 6 月 14 日更新了融资结构，SPV6 的部分贷款将被一笔股权融资所替换。该股权融资的规模为 50 亿美元，是由中信信托发起的一只名为 Feng Xin Jian Da 基金的优先级资金。中国化工在公告中指出，此次股权融资之后，债务融资比例将降至瑞士规定的并购贷款比例红线之内。

如此复杂的 SPV 结构设计，显然是为了满足不同借贷机构的权益要求和融资成本，其中最上层的股权投资（其资金也很可能是中国化工借贷而来）承担的风险最高，而欧洲主体的融资则最有保障。如果考虑股权融资的成本，经过各层 SPV，这一交易真正的杠杆水平远远超过某个 SPV 表面的负债比例，总体财务成本不容小觑。

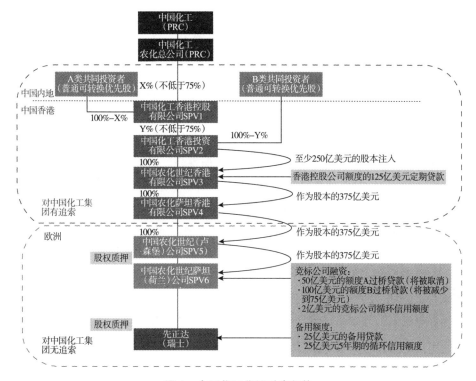

图 1　中国化工集团融资架构

（8）中国化工的杠杆。层层杠杆显示，中国化工没有出一分钱自有资金，就撬动了 500 多亿美元的融资，而它本身负债已超过 3000 亿元（近 450 亿美元）。在正常的商业条件下，如此高杠杆的公司是不可能融到这么大规模资金的。多个 SPV 的设立，保证了中国化工可以在保持控股权的同时获得较多融资，但杠杆风险的确过大。

数百亿美元银团贷款的担保方式也比较单一。要约文件披露，汇丰银团贷款的担保是 SPV6 及 SPV5，这两个 SPV 将收购取得的先正达股权作为质押资产；而中信银团贷款的担保是中国化工及中国农化。鉴于后两者本身较高的负债水平，中信银团贷款相当于信用担保，风险敞口几乎是 100%。

中资银行担忧的是，中国化工自身财务状况较差，目前央企违约已有先例，中国化工债务违约风险同样高企。一些银行已将中国化工列为"退出类"，严禁新增贷款。

国开行、进出口银行两家政策性银行，以及工、农、中、建、交五家国有大行，是为中国化工日常运营进行融资安排的主力军。其中，国开行的贷款余额为200亿元，建行180亿元，进出口银行和中行各自150亿元，交行80亿元，农行70亿元，工行60亿元。

对于银行来说，在前述的交易结构中，银行存在几乎无法退出的风险。这是大部分银行，包括一些国有大行不参与这笔大生意的原因。中信银团可能的退出方式为发债置换或后续上市。254亿美元的债权融资部分，可能通过更长期限比如10年期债务进行置换，基本依赖于中国化工的再融资能力。据传中国化工正在紧锣密鼓地准备发债；250亿美元的股权融资，则可能通过上市后退出。重组后的先正达行将退市，何时重新上市？银行预计在5年之后。值得注意的是，汇丰银团通过注入50亿美元债务重组资金后成为先正达的股东，能够享受股东分红。而中信银团没有直接注入标的公司，很难享受到分红。

市场传闻，在国资委主导的央企合并大潮下，中国化工集团将与中化集团合并，主要考虑因素包括应对并购先正达带来的巨大融资压力。

第十三章　出口信贷融资

一、出口信贷融资的基本概念及特点

出口信贷机构（Export Credit Agency）是各国为了促进本国资本性产品出口、使本国出口商在出口贸易中得到有力的信贷支持而成立的政策性金融机构，从而帮助外国买家获取成本较低、期限较长的信贷资金。

出口信贷是一种国际上普遍使用的信贷方式，它是出口信贷机构为支持和扩大本国大型设备等产品的出口，对出口产品给予利息补贴、提供出口信贷保险或信贷担保，鼓励银行等金融机构对本国的出口商或外国的进口商（或其银行）提供利率较低的贷款，以解决本国出口商资金周转的困难或满足国外进口商对本国出口商支付贷款的需要。

出口信贷融资支持的行业很多，包括电信、钢材、水泥、电力、肥料、纸业、港口、基础设施、船舶、飞机、机车、汽车、采矿设备等。

中国出口信贷机构是中国出口信用保险公司（以下简称中国信保）。

（一）出口信贷的优势

第一，期限长。对于出口至发展中国家的业务，还款期可以长达 10 年，对于某些资产（如船舶、飞机或核电厂）和项目融资型交易甚至期限更长。

第二，灵活的放款日程。提款期/宽限期与商业合同规定的交货期和建设期相匹配。

第三，与银团贷款和资本市场的信贷利差相比，出口信贷机构收取的风险溢价（保费）更加稳定。

第四，固定利率的选择。出口信贷机构为经合组织成员国提供与市场掉期利率相比更优惠的固定利率 CIRR（商业基准利率）。

第五，降低银行的资本占用。银行通过占用出口信贷机构额度和国家额度，能够扩大融资规模。

第六，出口信贷融资往往基于双边或者银行"俱乐部"合作，降低一般银团贷款中的分销风险。

第七，融资渠道多元化。帮助客户接触和利用不同的资金来源渠道。

第八，一些出口信贷机构，如 JBIC（日本）、US-EXIM Bank（美国）可以提供价格具有竞争力的直接贷款，更大程度上扩大资金来源，这对于一些大规模资本支出计划和项目融资至关重要。

（二）出口信贷与其他融资方式的比较

出口信贷是企业、私人投资者及政府机构实现资金渠道多样化和优化融资成本的重要选择。出口信贷与其他融资方式的比较见表 13.1。

表 13.1　出口信贷与其他融资方式的比较

	出口信贷	普通银行贷款	债务资本市场融资
融资期限长	期限最长可达 15~16 年	期限较短，特别是在发展中国家	取决于资本市场流动性与借款人资信
综合成本低	在后危机时代特别受到青睐	期限长则成本较高	取决于资本市场流动性与借款人资信
提款期灵活	提款期与项目资金流相匹配，避免借款人过重的利息负担	一般为立即提款	立即提款，容易导致负利差
固定或浮动利率	可选择	可选择	一般为固定利率
利息资本化	还款前可选择	不常见	不常见
危机时期贷款可获得性	即使在市场条件较差时仍可获得	较难获得长期贷款，特别是在发展中市场	取决于资本市场流动性与借款人资信
不影响国内信贷额度	一般不占用或极少占用国内贷款额度	必须有国内贷款额度	不需要国内贷款额度

二、出口信贷产品介绍[①]

（一）中国信保保险的出口买方信贷

1. 特点

● 适用于跨境资本性产品及相关服务出口。

---

① 主要参考中国出口信用保险公司主页（http：//www.sinosure.com.cn/）信息及市场公开资料。

● 融资金额最高可达出口合同金额的85%。在信保批准的情况下，最高可以达到出口合同金额的90%。

● 其余的10%~15%为现汇付款或预付款。

● 还款：一般为"起始日"的后6个月还款，"起始日"一般与商务合同付款相匹配，例如，交货日、建设期结束、试运行日、正式运行日。

● 每半年一次等额本金还款。

● 最长还款期限由中国信保根据买方国别、出口设备类型、出口金额等决定。

● 中国信保可能要求一定的担保（如还款保函、优先级抵押等）和环境评审调查作为提供保险的先决条件。

2. 优势

● 融资期限长，还款期限可达10~12年。

● 直至交货日/建设期结束的宽限期。

● 综合成本低。

● 融资渠道多样化。

3. 融资结构简介

● 融资金额：可达商务合同金额的85%（船舶类融资最高为80%），其余15%为现汇付款或预付款。

● 赔偿比例：中国信保对政治和商业风险提供保险，保险金额可达贷款总额的95%（项目融资最高赔偿50%）。

● 中国成分：机电产品、成套设备一般不低于60%，境外工程承包项的中国成分符合国家有关规定。

● 较长的融资期限：还款期在1年以上，一般不超过10年，大型项目不超过12年，总信用期限最长不超过15年。

● 提款时间灵活，提款期与商务合同付款计划相匹配。

● 贷款发放。贷款一般直接发放至出口商（在信保批准的情况下，可以以报销方式补充获得融资前已经支付的款项）。

4. 融资结构流程图

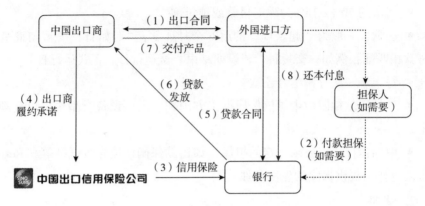

图 13.1 出口买方信贷融资结构流程

5. 典型案例

案例 1：危机下促进融资，出口买方信贷保险撬开境外电力市场

受 2008 年爆发的国际金融危机影响，B 国政府不得不选择对即将兴建的 M 电站进行融资，这一决定吸引了多家国际金融机构前来竞争，同时也给参与投标的我国某大型工程承包企业及中资银行增添了很大难度。

中国信保知情后，制定了"在出口买方信贷保险风险保障下，中资银行提供融资、国际多边金融机构参与共同完成"的融资保险方案。

中国信保完备的风险保障方案，实现了保险产品与世界银行担保产品的衔接和匹配，为中资银行的融资安排扫除了最大的风险障碍。这一方案给 B 国业主方留下了非常深刻且积极、正面的印象，直接促成中资银行承贷该项目。

案例 2：政策性保险护航——厦门船企成功斩获国际订单

经过半年的考察与谈判，厦门船舶重工股份有公司（以下简称"厦船重工"）与芬兰著名邮轮公司 VIKING LINE（以下简称"维京公司"），于 2017 年 4 月 5 日在厦门签订了（1+1）艘 2800 客邮轮型客滚建造合同。该艘豪华客轮的建造，开创了中国船厂进军豪华游轮市场的先河，该项目建造合同的签订将进一步推动我国豪华邮轮产业链的发展。

　　厦船重工作为全国 12 家国家船舶出口基地单位之一，多年来致力于增强船舶研发创新能力，特别是在汽车滚装船的建造领域占据领先地位。在本项目中，厦船重工凭借 2100PCTC、4900PCTC、8500PCTC 系列汽车滚装船的建造优势以及成功交付 26 艘汽车滚装船的骄傲业绩，搭配中国信保中长期政策性保险帮助船东搭建融资架构，最终在众多船厂中脱颖而出，成功获得维京公司的高度认可，成功签订此次 2800 客邮轮型客滚建造合同。

　　此次意义重大的合同签订最终能花落厦船重工，离不开中国信保的全程护航。自船东第一次来我国考察，中国信保全程积极参与——协同厦船重工与船东多次谈判、高效报出承保条件、积极与国外银团沟通协商并与厦船重工亲赴芬兰实地考察。该项目是通过中国信保政策性产品——出口买方信贷保险，成功解决船东交船后融资，推动商务合同顺利签署的成功案例。该项目的顺利推动不仅加快了企业转型升级高端制造的步伐，更是中国信保贯彻落实党中央、国务院关于推进供给侧结构性改革、建设制造强国和海洋强国的决策部署的具体表现。

　　之后，中芬两国积极构建和推进面向未来的新型合作伙伴关系，厦船重工与维京公司签订 2800 客邮轮型客滚建造合同，为两国关系发展注入了新的活力，对提升中芬关系具有重大的战略意义和经济意义。

（二）中国信保境外租赁保险项下融资——设备融资租赁

1. 融资要点

　　出口商为中国某知名设备制造商，通过融资租赁的方式实现了该中国企业的出口销售。

　　中国信保租赁保险：覆盖承租人违约风险，赔偿比例为 90%。

　　出租人（出口商的子公司）转让应收租赁款，银行提供有限追索权融资（仅在出租人未能履约时对出租人追索）。

　　融资期限为 7.5 年。

　　融资利率：美元固定利率。

　　担保条件：出口商提供履约担保；承租人提供母公司担保；出租人将其在租赁合同及承租人担保项下的所有权益转让给贷款行。

2. 融资结构

　　融资结构见图 13.2。

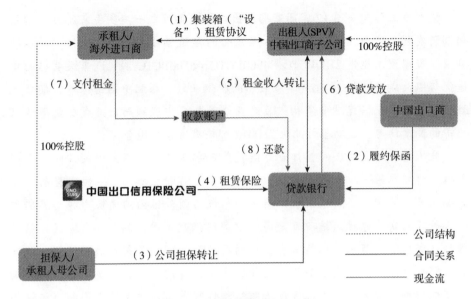

图 13.2 设备融资租赁流程图

三、跨境融资保函（内保外贷）

中国信保的跨境融资保函是出口信贷融资的一种典型产品，主要是为了支持中国企业"走出去"的一系列境外活动，例如，收购兼并、资本性扩张、运营性扩张等。主要服务的对象为拥有或者规划建立境外融资平台的国内企业，以及期望融入国际资本市场、获得比国内资本市场更低的资金成本的企业。产品优势为将企业国内信贷额度转化为境外融资，将商业信誉转化为金融机构信誉，帮助企业获得更低的境外融资成本。特别是国内各银行外债额度紧张的情况下，中国信保的跨境融资保函成为企业境外发展和投资的最佳选择。产品覆盖100%的借款人还款风险，可根据企业的需求提供适合的期限，常见的保函币种为美元和欧元等主要货币。

其操作流程与商业银行跨境保函基本相同：

● 集团国内公司作为保函申请人，在融资安排银行的协助下，向信保提出申请。

● 信保开立跨境保函，以银行境外放款分行作为保函受益人，覆盖100%的借款人还款风险。

● 银行境外分行直接向境外公司放款。

四、国际出口信贷机构支持的买方信贷——中国进口

1. 特点及优势

● 出口商所在国 ECA 为鼓励本国企业出口，向进口商提供的出口买方信贷。

● 出口商所在国的银行分行向中国进口商提供中长期融资，跨国银行的中国机构作为融资安排行，协助中国企业获得优质境外融资。

● 融资金额与来自出口信贷机构本国市场的货物/服务的金额相关。

● 融资期限：长达 10~12 年。

● 融资发放方式：按照已交货或提供服务的进度直接支付给出口商，或向进口商报销已经支付给出口商的货款/进度款。

● 可灵活选择各主要币种，采用浮动或固定利率。

● 要求借款/借款人有投注差或者能够取得中长期外债指标。

2. 买方信贷融资结构流程图

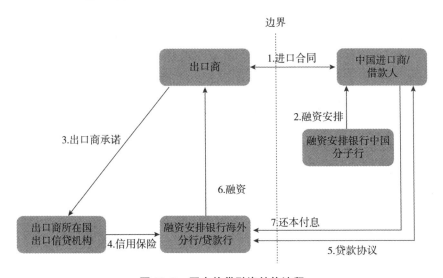

图 13.3 买方信贷融资结构流程

买方信贷融资结构流程如图 13.3 所示。在中国的进口商和外国的出口商就进口合同达成一致后，融资安排银行在中国的分子行与中国进口商就融资安排达成协议，然后出口商向其所在国的出口信贷机构出具承诺书，出口信贷机构对融资安排行的海外分行即贷款行提供信用保险；后者据此与中国的

进口商签署贷款协议，并向出口商支付款项；中国进口商作为借款人承担还本付息的责任。

全球出口信贷机构有：美国 US-EXIM、德国 Euler Hermes、英国 ECGD、澳大利亚 EFIC、瑞典 EKN、法国 COFACE、韩国 K-sure/K-Exim、丹麦 EKF、芬兰 Finnvera、西班牙 CESCE、捷克 EGAP、荷兰 ATRADIUS、日本 JBIC/NEXI、比利时 OND、瑞士 SERV、意大利 SACE、奥地利的 OeKB 等。

第四篇

"一带一路"倡议之重器：国际投资

面对错综复杂的国际形势，中国政府积极推进"一带一路"建设，稳步开展国际产能合作，不断完善"走出去"工作体系，对外投资合作继续保持快速发展，中资企业融入经济全球化步伐加快，有效地促进了中国经济转型升级，实现对外合作互利共赢、共同发展。对外承包工程和并购是中国企业国际投资的两大主要形式。

对外承包工程业务将持续发展。近年来，中国对外承包工程业务已从最初的土建施工向工程总承包、项目融资、设计咨询、运营维护管理等高附加值领域拓展，业务模式不断创新，企业承揽的各种特许经营类工程项目越来越多。随着亚洲基础设施投资银行的正式运营，国际基础设施合作领域不断深入，对外承包工程已从最初的土建施工向工程总承包、项目融资、设计咨询、运营维护等全产业链的"建营一体化"发展，并进一步向BOT、PPP等投资开发模式拓展，产业链和价值地位进一步提升，中国对外承包工程业务也将不断向价值链高端拓展。

对外投资并购将进入持续活跃期。随着国际产业重组进一步深化，中国企业对外投资并购活跃，涉及领域不断拓宽。预计中国企业对外投资并购将持续增长，在文化、金融、装备制造等领域的并购将更为积极。

本篇的第十四章、第十五章将分别讨论中国企业国际投资的两种主要形式，即国际工程项目承包和境外并购。第十六章将讨论与投资密切相关的常用估值方法。第十七章则是关于中国政府境外投资政策最新调整。

第十四章　国际工程项目承包

一、"一带一路"倡议成为对外承包工程行业发展的重要驱动力

根据中国对外承包工程商会统计，2017 年 1~6 月，我国对外承包工程业务完成营业额 672.8 亿美元，同比增长 1.9%，新签合同额 1237.8 亿美元，同比增长 24.2%。2016 年我国对外承包工程完成营业额 1594.2 亿美元，同比增长 3.5%；新签合同额 2440.1 亿美元，同比增长 16.2%。截至 2016 年底，我国对外承包工程已累计完成营业额 1.2 万亿美元，新签合同额 1.7 万亿美元。全球经济增长依然缓慢，能源资源价格维持低位，非洲、拉美等资源型国家财政收入减少，基建投资增长乏力，贸易保护主义抬头，内外竞争加剧，国际承包工程市场整体表现低迷。在此大背景下，我国对外承包工程行业攻坚克难，紧跟国家"一带一路"建设和国际产能合作指引，采取多种举措加大市场开拓力度，取得了难能可贵的成绩，行业整体业务稳步攀升。

"一带一路"沿线国家及亚洲市场业务快速增长。目前我国政府先后与数十个国家签署了推进"一带一路"和"国际产能合作"的文件，在互联互通建设和基础设施、产能合作、能源和产业园区合作等方面推动落实了一批合作项目，成为对外承包工程行业发展的重要驱动力。根据中国对外承包工程商会统计，2016 年企业参与"一带一路"沿线国家市场开拓更加活跃，项目投（议）标次数较上年同比增长 58%，投（议）标金额同比增长 52%。全年新签承包工程项目合同 8158 份，合同总额 1260.3 亿美元，占同期我国对外承包工程新签合同总额的 51.6%，同比增长 36%；完成营业额 759.7 亿美元，占同期总额的 47.7%，同比增长 9.7%。主要业务领域为电力工程（390.4 亿美元，占比 31.0%，同比增长 54%）、房屋建筑（217.6 亿美元，占比 17.3%，同比增长 49.7%）、交通运输建设（206.2 亿美元，占比 16.4%，同

比增长 37.4%）和石油化工（167.5 亿美元，占比 13.3%，同比增长 38.9%）、工业建设以及制造加工设施（79 亿美元，占比 6.3%），合计占比达 84.3%。在 2016 年新签合同额排名前十的境外市场中，"一带一路"沿线国家有 5 个。其中，巴基斯坦、马来西亚、印度尼西亚三个市场新签合同额超过 100 亿美元，另有伊朗、孟加拉国、老挝、伊拉克、阿联酋、沙特阿拉伯 6 个市场签约金额超过 50 亿美元。

在国际承包工程市场项目大型化、复杂化的发展趋势下，我国对外承包工程企业承揽大型项目能力进一步提升，大项目数量也在持续增加。一批基础设施互联互通和国际产能合作重点项目成为对外经贸合作的标杆。如"中巴经济走廊"中能源、交通、电力等领域的重大项目逐步推进落地，亚吉铁路正式通车，中老铁路全线开工，匈塞铁路进入实施阶段，蒙内铁路不断取得新进展等，在行业内起到了很好的引领作用。

并购及战略投资业务是国际大型承包商实现跨越发展的有效途径。目前，我国对外承包工程企业境外收购兼并以及投资业务明显增多。2016 年，苏交科集团收购美国最大的环境检测公司 TestAmerica，随后又收购了西班牙 EPTISA 公司旗舰公司 90% 的股权（1600 万欧元）。EPTISA 公司为全球领先的设计咨询服务商，在西亚、东欧、南亚地区运营多年，尤其在"一带一路"沿线地区拥有较为完善的布局，拥有丰富的工程业绩和客户资源，有助于苏交科工程咨询业务快速进入全球市场，加速国际化布局。2017 年初，中国交通建设股份有限公司收购巴西工程设计咨询榜首企业——Concremat 设计咨询公司 80% 股权，并将其打造成属地化经营平台，发挥品牌协同效应，为该区域市场的特许经营类项目提供前期开发的专业技术支撑，以及细化设计、施工监理、EPCM 工程管理等专业服务。三峡集团在 2016 年进行了多次业界瞩目的并购，包括成功并购巴西朱比亚水电站和取得伊利亚水电站 30 年特许经营权，并购德国 Meerwind 海上风电项目（28.8 万千瓦），成为首家控股境外已经投运海上风电项目的中国企业。通过投资和并购，三峡集团已形成以巴基斯坦，巴西为重点的水电市场，以德国为中心的海上风电市场，以葡萄牙电力公司为重要合作伙伴的欧美新能源市场，实现了全球化的市场布局。

表 14.1　2016 年中国对外承包工程业务新签合同金额前 20 家企业

单位：万美元

序号	企业名称	新签合同金额
1	中国建筑工程总公司	1682546
2	华为技术有限公司	1671344
3	中国水电建设集团国际工程有限公司	1210099
4	中国冶金科工集团有限公司	1171998
5	中国葛洲坝集团股份有限公司	1118761
6	中国港湾工程有限责任公司	1103189
7	中国交通建设股份有限公司	942022
8	中国路桥工程有限责任公司	799600
9	中国土木工程集团有限公司	705029
10	中国寰球工程有限公司	508939
11	中国机械设备工程股份有限公司	314350
12	山东电力建设第三工程公司	310365
13	中国铁建股份有限公司	280621
14	中国水电工程顾问集团有限公司	275550
15	上海电气集团股份有限公司	263616
16	中石化炼化工程（集团）股份有限公司	262984
17	中铁二局集团有限公司	246988
18	哈尔滨电气国际工程有限责任公司	235000
19	中铁国际集团有限公司	206726
20	中国石油集团长城钻探工程有限公司	203907

资料来源：中国商务部。

二、国际工程承包开发的路线图及主要模式

（一）路线图

中国企业国际工程承包开发的路线图可分为五个阶段，对境外工程项目进行整体战略规划与新市场调研，如图 14.1 所示。

（1）战略前瞻。

（2）前期准备，项目前期评估、报价机制。

（3）项目应标，即项目竞标、谈判与签约。

（4）运营期管理。

（5）项目完成、退出。

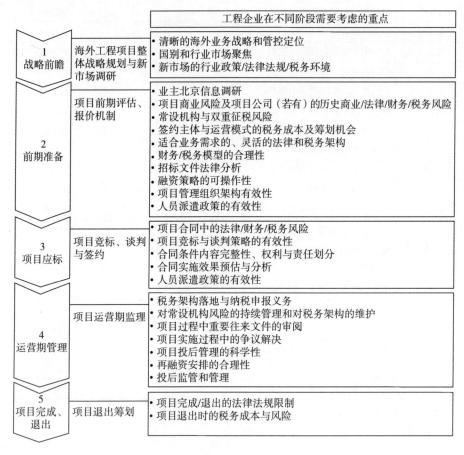

<table>
<tr><td colspan="3" align="center">工程企业在不同阶段需要考虑的重点</td></tr>
</table>

1 战略前瞻	海外工程项目整体战略规划与新市场调研	• 清晰的海外业务战略和管控定位 • 国别和行业市场聚焦 • 新市场的行业政策/法律法规/税务环境
2 前期准备	项目前期评估、报价机制	• 业主北京信息调研 • 项目商业风险及项目公司（若有）的历史商业/法律/财务/税务风险 • 常设机构与双重征税风险 • 签约主体与运营模式的税务成本及筹划机会 • 适合业务需求的、灵活的法律和税务架构 • 财务/税务模型的合理性 • 招标文件法律分析 • 融资策略的可操作性 • 项目管理组织架构有效性 • 人员派遣政策的有效性
3 项目应标	项目竞标、谈判与签约	• 项目合同中的法律/财务/税务风险 • 项目竞标与谈判策略的有效性 • 合同条件内容完整性、权利与责任划分 • 合同实施效果预估与分析 • 人员派遣政策的有效性
4 运营期管理	项目运营期监理	• 税务架构落地与纳税申报义务 • 对常设机构风险的持续管理和对税务架构的维护 • 项目过程中重要往来文件的审阅 • 项目实施过程中的争议解决 • 项目投后管理的科学性 • 再融资安排的合理性 • 投后监管和管理
5 项目完成、退出	项目退出筹划	• 项目完成/退出的法律法规限制 • 项目退出时的税务成本与风险

图 14.1　国际工程承包开发五阶段

近年来，随着全球经济一体化的深入，建筑行业的发展越来越迅速，国内外建设市场发展水平普遍呈上升趋势，给中国建筑行业带来了机遇和挑战。国内很多工程公司正在或已经由原先单一的设计或施工分包商转变为 EPC 总承包商。随着建筑技术的提高和管理水平的完善，工程建设和管理日益走向专业化，市场对于项目管理提出了更高的要求。于是，需求催生了市场，能够提供更广泛服务的建造—经营—转让（BOT）模式，逐渐引起业主和承包商的注意。此外，PPP 也在国际工程承包市场逐步兴起。这几种总承包模式在国际承包市场有广泛的应用，也是我国建筑行业从劳动密集型产业向技术资本密集型产业转型的道路。

下面对 EPC、BOT、PPP 等国际工程的主要投资开发模式做简要介绍。

（二）EPC 模式（工程承包）

（1）EPC 定义及特点。EPC 是 Engineering（设计）、Procurement（采购）、Construction（施工）的缩写。该模式是指一个总承包商或者承包商联营体与业主签订承揽合同，并按合同约定对整个工程项目的设计、采购、施工、试运行（试车）等工作进行承包，实现各阶段工作合理交叉与紧密融合，并对工程的安全、质量、进度、造价全面负责，工程验收合格后向业主移交，业主或业主代表管理工程实施。EPC 工程项目多集中在石油化工、制造业、交通运输和电力工业等领域。这些领域的工程项目具有以设计为主导、投资额巨大、技术复杂、管理难度大等特点。

基于 EPC 总承包模式的基本特征可以总结为：

1）在 EPC 总承包模式下，发包人（业主）不应该过于严格地控制总承包人，而应该给总承包人在建设工程项目建设中较大的工作自由。比如，发包人（业主）不必审核大部分的施工图纸、不必检查每一道施工工序。发包人（业主）需要做的是了解工程进度、了解工程质量是否达到合同要求，建设结果是否能够最终满足合同规定的建设工程的功能标准。

发包人（业主）对 EPC 总承包项目的管理一般采取两种方式：过程控制模式和事后监督模式。

所谓过程控制模式，是指发包人（业主）聘请监理工程师监督总承包商"设计、采购、施工"的各个环节，并签发支付证书。发包人（业主）通过监理工程师各个环节的监督，介入对项目实施过程的管理。FIDIC（国际咨询工程师联合会）编制的《生产设备和设计-施工合同条件（1999 年第一版）》采用的即是该种模式。

所谓事后监督模式，是指发包人（业主）一般不介入对项目实施过程的管理，但在竣工验收环节较为严格，通过严格的竣工验收对项目实施总过程进行事后监督。FIDIC 编制的《设计、采购、施工合同条件（1999 年第一版）》采用的即是该种模式。

2）EPC总承包项目的总承包人对建设工程的"设计、采购、施工"整个过程负总责、对建设工程的质量及建设工程的所有专业分包人履约行为负总责，即总承包人是EPC总承包项目的第一责任人。

EPC的优势有以下四点：

• 业主把工程的设计、采购、施工和开工服务工作全部托付给工程总承包商负责组织实施，业主只负责整体的、原则的、目标的管理和控制，总承包商更能发挥主观能动性，能运用其先进的管理经验为业主和承包商自身创造更多的效益，有效克服设计、采购、施工相互制约和相互脱节的矛盾，有利于设计、采购、施工各阶段工作的合理衔接，有效地实现建设项目的进度、成本和质量控制符合建设工程承包合同约定，提高了工作效率，减少了协调工作量，设计变更少，工期较短，确保获得较好的投资效益。

• 强调和充分发挥设计在整个工程建设过程中的主导作用。对设计在整个工程建设过程中的主导作用的强调和发挥，有利于工程项目建设整体方案的不断优化。

• 由于采用的是总价合同，基本上不用再支付索赔及追加项目费用；项目的最终价格和要求的工期具有更大程度的确定性。

• 建设工程质量责任主体明确，有利于追究工程质量责任和确定工程质量责任的承担人。

EPC的缺点有以下两点：

• 总承包商对整个项目的成本工期和质量负责，加大了总承包商的风险，总承包商为了降低风险并获得更多的利润，可能通过调整设计方案来降低成本，可能会影响长远意义上的质量。

• 由于采用的是总价合同，承包商获得业主变更令及追加费用的弹性很小。

（2）EPC总承包模式在实践中的几种合同结构形式。在EPC总承包模式下，总承包商对整个建设项目负责，但却并不意味着总承包商须亲自完成整个建设工程项目。除法律明确规定应当由总承包商必须完成的工作外，其余工作总承包商则可以采取专业分包的方式进行。在实践中，总承包商往往会根据其丰富的项目管理经验，根据工程项目的不同规模、类型和业主要求，将设备采购（制造）、施工及安装等工作分包给专业分包商。在EPC总承包模式下，其合同结构形式通常有以下三种：

● 交钥匙总承包，是指设计、采购、施工总承包，总承包商最终向业主提交一个满足使用功能、具备使用条件的工程项目。该种模式是典型的 EPC 总承包模式。

● 设计—施工总承包（D-B），是指工程总承包企业按照合同约定，承担工程项目设计和施工，并对承包工程的质量、安全、工期、造价全面负责。在该种模式下，建设工程涉及的建筑材料、建筑设备等采购工作，由发包人（业主）来完成。

● 建设—转让（BT）等相关模式，是指有投融资能力的工程总承包商受业主委托，按照合同约定对工程项目的勘查、设计、采购、施工、试运行实现全过程总承包；同时工程总承包商自行承担工程的全部投资，在工程竣工验收合格并交付使用后，业主向工程总承包商支付总承包价。

（三）BOT

BOT 是 Build—Operate—Transfer 的缩写，即"建设—经营—转让"。实质上是基础设施投资、建设和经营的一种方式，以政府和私人机构之间达成协议为前提，由政府向私人机构颁布特许，允许其在一定时期内筹集资金建设某一基础设施、管理和经营该设施及其相应的产品与服务。政府对该机构提供的公共产品或服务的数量和价格可以有所限制，但保证私人资本具有获取利润的机会。整个过程中的风险由政府和私人机构分担。当特许期限结束时，私人机构按约定将该设施移交给政府部门，转由政府指定部门经营和管理。

BOT 投资方式主要用于建设收费公路、发电厂、铁路、废水处理设施和城市地铁等基础设施项目、公用事业或工业项目。除了上述的普通模式，BOT 还有 20 多种演化模式，比较常见的有 BOO（建设—经营—拥有）、BT（建设—转让）、TOT（转让—经营—转让）、BOOT（建设—经营—拥有—转让）、BLT（建设—租赁—转让）、BTO（建设—转让—经营）等。

（1）BOT 方式的优越性。BOT 方式的优越性主要有以下几个方面：

● 减少项目对政府财政预算的影响，使政府在自有资金不足的情况下，仍能上马一些基建项目。政府可以集中资源，对那些不被投资者看好但又对地方政府有重大战略意义的项目进行投资。BOT 融资不构成政府外债，可以提高政府的信用，政府也不必为偿还债务而苦恼。

● 把私营企业中的效率引入公用项目，可以极大提高项目建设质量并加快项目建设进度。同时，政府也将全部项目风险转移给了私营发起人。

● 吸引外国投资并引进国外的先进技术和管理方法，对地方的经济发展会产生积极的影响。

（2）市场机制和政府干预相结合的混合经济的特色。BOT 具有市场机制和政府干预相结合的混合经济的特色。一方面，BOT 能够保持市场机制发挥作用。BOT 项目的大部分经济行为都在市场上进行，政府以招标方式确定项目公司的做法本身也包含了竞争机制。作为可靠的市场主体的私人机构是 BOT 模式的行为主体，在特许期内对所建工程项目具有完备的产权。这样，承担 BOT 项目的私人机构在 BOT 项目的实施过程中的行为完全符合经济人假设。另一方面，BOT 为政府干预提供了有效的途径，这就是和私人机构达成的有关 BOT 的协议。尽管 BOT 协议的执行全部由项目公司负责，但政府自始至终都拥有对该项目的控制权。在立项、招标、谈判三个阶段，政府的意愿起着决定性的作用。在履约阶段，政府又具有监督检查的权力，项目经营中价格的制订也受到政府的约束，政府还可以通过通用的 BOT 法来约束 BOT 项目公司的行为。

（3）BOT 的主要参与人。一个典型的 BOT 项目的参与人有政府、BOT 项目公司、投资人、银行或财团以及承担设计、建设和经营的有关公司。

政府是 BOT 项目的控制主体。政府决定着是否设立此项目、是否采用 BOT 方式。在谈判确定 BOT 项目协议合同时，政府也占据着有利地位。它还有权在项目进行过程中对必要的环节进行监督。在项目特许到期时，它还具有无偿收回该项目的权利。

BOT 项目公司是 BOT 项目的执行主体，它处于中心位置。所有关系到 BOT 项目的筹资、分包、建设、验收、经营管理体制以及还债和偿付利息都由 BOT 项目公司负责，并与设计公司、建设公司、制造厂商以及经营公司打交道。

投资人是 BOT 项目的风险承担主体。他们以投入的资本承担有限责任。尽管原则上讲，政府和私人机构要分担风险，但实际上各国在操作中差别很大。发达市场经济国家在 BOT 项目中分担的风险很小，而发展中国家在跨国 BOT 项目中往往承担很大比例的风险。

　　银行或财团通常是 BOT 项目的主要出资人。对于中小型的 BOT 项目，一般单个银行足以为其提供所需的全部资金，而大型的 BOT 项目往往使单个银行感觉力不从心，从而组成银团共同提供贷款。由于 BOT 项目的负债率一般高达 70%~90%，所以贷款往往是 BOT 项目的最大资金来源。

　　(4) BOT 项目实施过程。BOT 模式多用于投资额度大且期限长的项目。一个 BOT 项目自确立到特许期满往往有十几年或几十年的时间，整个实施过程可以分为立项、招标、投标、谈判、履约五个阶段。

　　立项阶段。在这一阶段，政府根据中、长期的社会和经济发展计划列出新建和改建项目清单并公之于众。私人机构可以根据该清单上的项目联系本机构的业务发展方向做出合理计划，然后向政府提出以 BOT 方式建设某项目的建议，并申请投标或表明承担该项目的意向。政府则依靠咨询机构进行各种方案的可行性研究，根据各方案的技术经济指标决定采用何种方式。

　　招标阶段。如果项目确定为采用 BOT 方式建设，则首先由政府或其委托机构发布招标广告，然后对报名的私人机构进行资格预审，从中选择数家私人机构作为投标人并向其发售招标文件。对于确定以 BOT 方式建设的项目也可不采用招标方式而直接与有承担项目意向的私人机构协商。但一般协商方式成功率不高，即便协商成功，往往也会由于缺少竞争而使政府答应条件过多导致项目成本增高。

　　投标阶段。BOT 项目标书的准备时间较长，往往在 6 个月以上，在此期间受政府委托的机构要随时回答投标人对项目要求提出的问题，并考虑招标人提出的合理建议。投标人必须在规定的日期前向招标人呈交投标书。招标人开标、评标、排序后，选择前 2~3 家进行谈判。

　　谈判阶段。特许合同是 BOT 项目的核心，它具有法律效力并在整个特许期内有效，它规定政府和 BOT 项目公司的权利和义务，决定双方的风险和回报。所以，特许合同的谈判是 BOT 项目的关键一环。政府委托的招标人依次同选定的几个投标人进行谈判。成功则签订合同，不成功则转向下一个投标人。有时谈判需要循环进行。

　　履约阶段。这一阶段涵盖整个特许期，又可以分为建设阶段、经营阶段和移交阶段。BOT 项目公司是这一阶段的主角，承担履行合同的大量工作。需要特别指出的是，良好的特许合约可以激励 BOT 项目公司认真负责地监督建设、经营的参与者，努力降低成本、提高效率。

（5）EPC 与 BOT 的关系。从施工总承包到 EPC 总承包再到 BOT 总承包，是大型施工企业主营业务模式逐步升级的途径。承包商从施工管理向设计、采购和施工一体化管理转变，需要由劳动密集型向技术管理密集型转变，要求企业的组织结构和核心业务能力发生根本变化。建筑业企业要成为合格的 BOT 项目承接商，首先要成为成熟的 EPC 总承包商，因为 BOT 项目中的"B"的能力要求实际上包含了"EPC"的内容。作为建筑业企业来说，合格的 BOT 承建商意味着除了具备完成整个建设项目所需要的能力以外，还需要具备项目融资能力、通过运营回收投入和利润的管理能力。也就是说，EPC 模式是一种以设计为主导，统筹安排采购、施工的总承包模式，而 BOT 模式是 EPC 模式的一种升级，在工作内容上，除了建设还包括运营，而且 BOT 模式更注重解决项目融资、项目运营及盈利等问题，几乎涵盖了整个项目周期。二者既有区别也有联系，两种模式的比较见表 14.2。

表 14.2　EPC 和 BOT 比较

比较因素	EPC 模式	BOT 模式
工作内容	设计、采购、施工、试运营	融资、建设、运营、移交
主要特点	承包商按照合同要求，承担项目的设计、设备采购、施工、试运营等工作	由政府提供项目经营特许权作为融资基础，由项目公司承担融资、建设、营运工作，最后再移交政府
融资形式	业主承担主要融资	政府提供融资基础，由项目公司融资
合同形式	总价合同	总价合同
风险承担	承包商承担大部分风险	政府、投资人、银行、建设者共同分担
适用范围	一般适用于以设计为主导，具有技术复杂、投资数额大、管理难度大特点的项目，例如，制造业、加工工业、交通运输和电力工业等	适用于基础设施项目，包括发电厂、机场、港口、收费公路、隧道、电信、供水等投资大、建设周期长并可以实现盈利的项目

（6）案例——马来西亚政府对 BOT 的成功运用。马来西亚南北高速公路也是发展中国家经营 BOT 模式的成功案例之一。马来西亚南北高速公路全长 800 千米，南邻新加坡，北靠泰国，其中部分路段为收费道路。由 United Engineer 公司组建了一个新公司——普拉斯作为项目发起公司，负责该高速公路的筹资、设计、建造与经营。预计项目总成本 18 亿美元，特许经营期 30 年。项目资金构成中，900 万美元为项目发起公司的股本，18000 万美元为该公司的股份资金，其余 90% 均来自银行贷款。

该高速公路项目获得了很高的政府担保：政府提供的援助性贷款为 2.35 亿美元，约为项目从开始筹资到建造完工总成本的 13%。该笔贷款在 25 年内还清，并在前 15 年内可延期偿付，其固定年利率为 8%；政府给予了普拉斯公司最低营业收入担保，即如果公司在经营的前 17 年内因交通量下降而出现现金流动困境的话，政府将另外提供资金；马来西亚政府还授权给普拉斯公司经营现有的一条高速公路，长 309 千米，公司无须购买该路段，其部分通行费收入用于新建公路；在外汇方面，马来西亚政府提供的担保是：如果汇率的降低幅度超过 15%，政府将补足其缺额；此外，政府还提供了利率担保：如果贷款利率上升幅度超过 20%，政府将补足其还贷差额。

马来西亚政府与普拉斯公司签订了固定总价合同，然后由普拉斯公司与各个分包人分别签订固定总价合同。在收费方面，高速公路的通行费率由政府和普拉斯公司共同确定。日后，费率若有提高，将与马来西亚的物价指数相联系。

高速公路的筹资采取了传统的资本结构，包括负债与权益资本。项目发起人从中国香港、新加坡和伦敦筹集到 9 亿美元。该项目还从政府那里获得了一笔 2.35 亿美元的援助性贷款。为了缓解其现金紧缺状况，项目发起人向其分包人提出，只以现金支付合同总价的 87%，另外 13% 的部分作为分包人的入股资金，而且这些股份资金只能在工程建设完工约 7 年后才能进行转让。这一措施将权益资金的风险有效地转移给了项目分包人。

（四）公共私营合作（PPP）模式

无论是在发达国家或发展中国家，PPP 模式的应用越来越广泛。项目成功的关键是项目的参与者和股东都已经清晰了解了项目的所有风险、要求和机会，才有可能充分享受 PPP 模式带来的收益。2014 年 10 月 22 日，北京举行的第 21 界亚太经合组织财长会议通过了《APEC 区域基础设施 PPP 实施路线图》；10 月 24 日，国务院常务会议上提出要积极推广政府与社会资本合作（PPP）模式。PPP 成为中国国际工程承包企业"走出去"越来越多考虑的商业模式。中国企业对境外项目的投融资工作尚不熟悉，采用 PPP 模式时应特别注意法律和税收方面的问题，如主权豁免、利得税、外汇管制等。

1. 定义

民间参与公共基础设施建设和公共事务管理的模式统称为公私（民）伙伴关系（Public Private Partnership，PPP），具体是指政府、私人企业基于某个项目而形成相互间合作关系的一种特许经营项目融资模式，由该项目公司负责筹资、建设与经营。政府通常与提供贷款的金融机构达成一个直接协议，该协议不是对项目进行担保，而是政府向借贷机构做出承诺，将按照政府与项目公司签订的合同支付有关费用。这个协议使项目公司能比较顺利地获得金融机构的贷款。而项目的预期收益、资产以及政府的扶持力度将直接影响贷款的数量和形式。采取这种融资形式的实质是，政府通过给予民营企业长期的特许经营权和收益权来换取基础设施加快建设及有效运营。

PPP 模式适用于投资额大、建设周期长、资金回报慢的项目，包括铁路、公路、桥梁、隧道等交通部门，电力煤气等能源部门以及电信网络等通信事业等。

PPP 模式的优点有以下六点：

• 公共部门和私人企业在初始阶段就共同参与论证，有利于尽早确定项目融资可行性，缩短前期工作周期，节省政府投资；

• 可以在项目初期实现风险分配，同时由于政府分担一部分风险，使风险分配更合理，降低了承建商与投资商承担的风险，从而降低了融资难度；

• 参与项目融资的私人企业在项目前期就参与进来，有利于私人企业一开始就引入先进技术和管理经验；

• 公共部门和私人企业共同参与建设和运营，双方可以形成互利的长期目标，更好地为社会和公众提供服务；

• 使项目参与各方整合组成战略联盟，对协调各方不同的利益目标起关键作用；

• 政府拥有一定的控制权。

PPP 模式的缺点有以下三点：

• 对于政府来说，如何确定合作公司给政府增加了难度，而且在合作中要负有一定的责任，增加了政府的风险负担；

- 组织形式比较复杂，增加了管理上协调的难度；
- 如何设定项目的回报率可能成为一个颇有争议的问题。

2. 典型的结构

PPP 模式是一种优化的项目融资与实施模式，以各参与方的"双赢"或"多赢"作为合作的基本理念，其典型的结构为：政府部门或地方政府通过政府采购的形式与中标单位组建的特殊目的公司签订特许合同（特殊目的公司一般是由中标的建筑公司、服务经营公司或对项目进行投资的第三方组成的股份有限公司），由特殊目的公司负责筹资、建设及经营。政府通常与提供贷款的金融机构达成一个直接协议，这个协议不是对项目进行担保的协议，而是一个向借贷机构承诺将按与特殊目的公司签订的合同支付有关费用的协定，这个协议使特殊目的公司能比较顺利地获得金融机构的贷款。采用这种融资形式的实质是：政府通过给予私营公司长期的特许经营权和收益权来加快基础设施建设及有效运营。

3. 特征

（1）复杂性。PPP 模式的组织形式非常复杂，既可能包括私人营利性企业、私人非营利性组织，同时还可能包括公共非营利性组织（如政府）。合作各方之间不可避免地会产生不同层次、类型的利益和责任上的分歧。只有政府与私人企业形成相互合作的机制，才能使得合作各方的分歧模糊化，在求同存异的前提下完成项目的目标。

（2）金字塔。PPP 模式的机构层次就像金字塔一样，金字塔顶部是政府，是引入私人部门参与基础设施建设项目的有关政策的制定者。政府对基础设施建设项目有一个完整的政策框架、目标和实施策略，对项目的建设和运营过程的各参与方进行指导和约束。金字塔中部是政府有关机构，负责对政府政策指导方针进行解释和运用，形成具体的项目目标。金字塔的底部是项目私人参与者，通过与政府的有关部门签署一个长期的协议或合同，协调本机构的目标、政策目标和政府有关机构的具体目标之间的关系，尽可能使参与各方在项目进行中达到预定的目标。这种模式的一个最显著的特点就是政府或者所属机构与项目的投资者和经营者之间的相互协调及其在项目建设中发挥的作用。PPP 模式是一个完整的项目融资概念，但并不是对项目融资的彻底更改，而是对项目生命周期过程中的组织机构设置提出了一个新的模型。

它是政府、营利性企业和非营利性组织基于某个项目而形成以"双赢"或"多赢"为理念的相互合作形式，参与各方可以达到与预期单独行动相比更为有利的结果，其运作思路如图 14.2 所示。参与各方虽然没有达到自身理想的最大利益，但总收益即社会效益却是最大的，这显然更符合公共基础设施建设的宗旨。

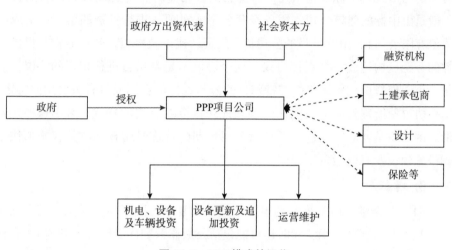

图 14.2　PPP 模式的运作

4. PPP 与其他模式的区别及联系

　　EPC 是设计—施工—采购试运营总承包；BOT 是建设—运营—移交；PPP 是公私合营。三者之间既有相似又有区别。前两者都牵涉到定期回购的问题，虽然有的 BOT 项目也成立了合作的公司，但最终业主还是要回购的，其目的是为了解决地方基础设施发展的需要和地方财政困难的矛盾。好处不言而喻，但缺陷也很多，比如建设的成本更高。PPP 的模式是一种更加彻底的合作。成立项目公司后，项目公司和业主共同投资，各占一定的比例，建成之后，大家按照效益进行分红，往往不存在回购的问题，而是一种长期的收益。一般情况下，只有能获得长期、稳定的现金流的项目才适合做 PPP，如污水处理、自来水厂、垃圾处理厂、效益较好的高速公路、过江隧道等。PPP 对政府财政的压力较小，不会大规模地增加政府的负债，而且有利于调动社会的存量资本，同时也让社会资本有了较为稳定的投资渠道。

三、"一带一路"境外项目案例——巴基斯坦卡西姆港燃煤电站 PPP 项目①

(一) 项目摘要

卡西姆港燃煤电站项目位于巴基斯坦卡拉奇市东南方约 37 千米处卡西姆港口工业园内，紧邻阿拉伯海沿岸滩涂。卡西姆工程包括电站工程、电站配套的卸煤码头及航道工程，电站设计安装 2 台 660 兆瓦超临界机组，总装机容量为 132 万千瓦，年均发电量约 90 亿度。卡西姆工程总投资约 20.85 亿美元，以 BOO 模式投资开发。

卡西姆项目建成后，可作为巴基斯坦南部的一个火电基地，直接接入 500 千伏主网，送至中北部地区消纳，满足中北部地区的电力需求。卡西姆项目对巴基斯坦国家调整电力及能源结构、缓解供需矛盾、优化投资环境、促进基础设施建设和人口就业、改善民生等方面都将产生深远影响。

项目基本信息见表 1。

表 1　卡西姆港燃煤电站 PPP 项目基本信息

项目名称	卡西姆港燃煤电站 PPP 项目
项目意义	中巴经济走廊首批优先实施项目和首个落地的能源类旗舰项目，被巴基斯坦前总理谢里夫视为"巴基斯坦 1 号工程"；中国电建最大的境外投资项目；整个项目从设计建设到运行都将采用中国标准以及中国最先进的技术；巴基斯坦目前在建最大单机容量而且是最先进的火电站
项目类型	新建
所属类型	电力
建设内容	包括电站工程、电站配套的卸煤码头及航道工程：电站设计安装两台 660 兆瓦超临界燃煤机组，总装机容量为 132 万千瓦，年均发电量约 90 亿千瓦时；在厂区南侧即临海侧配套新建离岸式 7 万吨煤炭卸船码头 1 座，泊位长度 280 米，新建航道长约 4.0 千米，航道设计宽度为 150 米，设计底标高为 -12.5 米，码头设计长度 280 米，总宽度 23 米，码头西侧布置 1 座引桥与厂区陆域相连接，引桥宽度 12 米

---

①　资料来源：财政部 PPP 中心。

续表

合作期限	2015 年 5 月开工，建设期为 36 个月；2018 年 6 月 30 日进入商业运行期，商业运行期为 30 年
总投资额	约 20.85 亿美元
运作方式	BOO（建设—拥有—运营）
实施主体	巴基斯坦私营电力基础设施委员会，双方签署了《实施协议》（Implementation Agreement）
社会资本	中国电力建设集团
项目公司	卡西姆港发电项目公司，由卡西姆港能源（迪拜）投资有限公司全资设立，后者由中国电建境外投资公司（占股 51%）和卡塔尔 Al Mirqab Capital 公司（占股 49%）共同出资设立
融资安排	中国进出口银行，双方签署《融资框架协议》（Financing Cooperation Agreement），提供占总投资 74.58% 的贷款
使用者	巴基斯坦国家输配电公司，双方签署了《购电协议》（Power Purchase Agreement）；巴国家电力监管局（NEPRA）已批准该项目电价为 8.12 美分，有效期 30 年

（二）项目实施要点

1. 项目背景

近年来，巴基斯坦电力缺口不断增大，年电力缺口最大为 4500~5000 兆瓦，导致全国很多地区每天停电时间达 12~16 小时。在巴基斯坦全国火电机组发电量中，燃气、燃油发电量占到 90% 以上，燃煤发电量占比不足 1%，低成本的煤电不足。为改变当前电力紧张的局面，巴政府采取一系列措施，加大对电力行业的投入，并鼓励和吸引外商和民间资本投资电力领域。

2013 年，中巴两国就提出了卡西姆港项目的构想，此项目位列"中巴经济走廊早期收获清单"，是"中巴经济走廊"排在首位的优先实施项目；2015 年 4 月，习近平主席对巴基斯坦进行重要国事访问，将中巴关系提升为全天候战略合作伙伴关系，借此东风，卡西姆港项目顺利完成《实施协议》、《购电协议》和《土地租赁和港口服务协议》三大协议签署；2015 年 5 月 21 日，项目桩基工程开工仪式举行，在签订 EPC 合同后短短 14 天内，项目开始了攻坚的征程，正式进入建设阶段。卡西姆工程建设期为 36 个月，比可研阶段的工期缩短 12 个月。其中一台机组已于 2017 年 11 月 29 日投产发电，另一台机组预计于 2018 年 3 月 31 日投产发电，项目将于 2018 年 6 月底进入商业运行阶段。

2. 项目开发过程

（1）融资方案。采用项目融资向中国进出口银行贷款，巴基斯坦政府提供主权担保，项目资本金与银行贷款比例约为 25.42%：74.58%。2015 年 12 月 24 日完成首笔贷款 2 亿美元发放。

（2）项目运作方式。项目采用建造—拥有—运营（BOO）的运作方式。中国电力建设集团负责整个项目的规划、设计、采购、施工与运营，项目建设期为 36 个月，商业运行期为 30 年，期满后可向巴方政府申请继续运营。

（3）风险识别与管理。项目主要风险识别与管理如表 2 所示。

表 2　项目主要风险识别与管理

风险类型	风险识别与管理
政局稳定性风险	①积极与政府层面沟通，及时了解多方信息，为风险预警、决策提供较可靠依据；②购买中国信用出口保险公司境外投资保险，转移由于汇兑限制、政府征收或国有化、战争及政治暴乱、政府违约等风险导致的项目损失
社会安全稳定风险	①卡西姆港务局负责封闭园区安保；②中巴政府间协议将安全事宜纳入其中，巴政府对中巴经济走廊项下项目安保进行通盘考虑
电费延迟支付风险	①巴政府提供主权担保；②中国信保承诺对巴方延迟支付进行承保
汇兑风险	①中巴政府间协议进行相关规定，巴国家银行将予以支持；②项目公司积极与当地商业银行保持密切联系，建立并维持良好商业合作关系，并尽力争取尽可能覆盖购汇需求的额度
燃料供应风险	持续跟踪印度尼西亚等煤炭供应市场，选定可靠煤炭供应商签订中长远供煤合同，同时开展利用巴本国煤掺烧南非或澳大利亚优质煤作为中长期煤源的可行性研究
环境保护风险	严格执行巴和世行标准，聘请知名环评公司制定切实可行的环境保护计划，依法依规开展环保工作

(三) 项目点评

1. 项目前期充分准备，磨刀不误砍柴工

自 2014 年初起，项目团队迎难而上、深耕细作，在错综复杂的形势环境下高效完成内部评审、政府审批、公司注册、土地租赁、融资保险设计、风险研究、电价申请、环境评估等工作；在三大协议方面，与国内外专业咨询机构对协议进行了全面、深入的研判，并密集与巴方展开谈判。

项目团队克服巴方办公分散、安全形势严峻、没有先例可循、审批程序繁杂等困难，多次辗转伊斯兰堡、拉合尔、卡拉奇等地，与巴方私营电力与基础设施委员会、国家输配电公司、卡西姆港务局三个谈判主体就协议中的政府违约、税务豁免、不可抗力等事宜进行了夜以继日的谈判。在关键问题上，项目团队慎重权衡、据理力争，力求最大限度控制风险，保证投资收益。最终成功推动了巴政府对其火电项目投资政策的修订，与巴方就协议文本达成一致。

2. 产业链一体化，助推企业集群式"走出去"

卡西姆港发电公司作为中国电力建设集团旗下电建海投公司的控股公司，在股东协议和公司章程的框架下，积极探索境外投资混合所有制企业的合作模式，合法合规不遗余力地维护和争取电建集团利益最大化，通过招标实现电建集团旗下 11 个子企业参与卡西姆工程建设和运营，有效发挥了业主、设计、监理、施工、运营"五位一体"的平台引领作用和全产业链一体化集成优势；助推电建集团旗下子企业获得承包和监理合同额合计 13.71 亿美元，占总投资 20.85 亿美元的 66%，助推电建集团子企业实现首个码头 EPC 工程履约业绩，助推电建集团旗下多个制造企业参与项目设备生产，有效带动集团产业链转型升级，引领集团全产业链编队出海。

3. 授人以渔，本土化战略与差异化管理并行

卡西姆电站所营造的各类优越条件，源自中国电建在国际市场始终坚持和推行的"本土化战略"和"差异化管理"，包括提高外籍员工和管理人员的比例，大力培养当地员工，尊重当地风俗习惯和宗教信仰，等等。

卡西姆项目在建设期，将为当地提供超过 2000 个就业岗位，运营期每年为当地提供 500 个培训与就业岗位。目前，卡西姆项目现场巴方管理人员约

200人，巴方施工人员约1600人，电站工程建设为当地创造了大量就业机会，改善了当地民生。

4. 用中国力量履行社会责任，助力当地经济社会发展

2018年6月底，两台机组全部商业运营后，每年将会为巴基斯坦提供约90亿度电，大大缓解巴基斯坦目前电力紧缺现状，为巴基斯坦经济腾飞提供源源不断的电力保障。

卡西姆电站采取了海水淡化、烟气脱硫等环保技术，环保达到国际标准。工程施工期间，遵守环保法律法规，正确处理施工和生活垃圾。注重对红树林的保护，移植和栽种的红树林面积相当于砍伐面积的5倍。

第十五章　境外并购

一、中国企业在"一带一路"沿线并购活跃

目前中国人均 GDP 大致相当于美国、德国、日本等主要发达国家 20 世纪七八十年代水平，即人均购买力大约为 1 万美元。在这样的阶段，主要发达国家都成为资本净输出国。

回顾中国企业"走出去"的历程，经历了从初期以绿地投资（在东道国新设企业）为主到现在转向以并购投资（收购东道国已经存续企业）为主的一个过程。近年来中国企业"走出去"的步伐明显加快，2014 年中国境外投资规模（ODI）首次超过外商直接投资（FDI）。国家主席习近平在 2014 年亚太经合组织（APEC）工商领导人峰会上表示，未来 10 年中国对外投资将达1.25 万亿美元。

2016 年，我国境内投资者共对全球 164 个国家/地区的 7961 家境外企业进行了非金融类直接投资，累计实现对外投资 11299.2 亿元人民币，同比增长 53.7%（折合 1701.1 亿美元，同比增长 44.1%），其中股权和债务工具投资 10103.6 亿元人民币（折合 1521.1 亿美元，同比增长 50.3%），占 89.4%；收益再投资 1195.6 亿元人民币（折合 180 亿美元，同比增长 7.1%），占10.6%。2016 年是中国内地企业境外并购实现大幅增长的一年。特别是 2016年上半年，交易量增加 140%，交易金额达到 1340 亿美元，超过前两年中资企业境外并购交易金额的总和，有将近 24 宗交易金额超过 10 亿美元；中国化工 430 亿美元收购先正达是迄今为止最大的境外收购案例。

2017 年 1~7 月，中国企业对外直接投资（非金融类）分布于 145 个国家和地区，涉及 3121 家企业，投资额达到 572 亿美元，同比下降 44%。下降的原因在于国家相关政策的调整，但"一带一路"投资占比同比上升 6.7%。2017 年上半年我国对外投资情况：亚洲下滑 44.9%；拉丁美洲下滑 55.2%；

北美洲下滑60.9%；欧洲下降9.7%；大洋洲下降32.7%；非洲上升21.4%。

（一）中国企业大举境外并购的原因

中国企业境外并购持续升温是多方因素合力的结果。原因包括：

第一，A股上市公司有充沛的资金和通畅的融资渠道，以及相关的人才现金储备。中国近年来迎来跨境并购的春天，其中最重要的驱动力就是A股上市公司。从国内情况看，充裕的现金储备以及中国民营企业的崛起使大量的国内企业热衷于向国外学习技术和经验，以及实现全球扩张。从全球视角来看，中国日益提升的国际影响力使不少发达国家卖家认识到与中国企业合作的重要性。中国500强企业实力雄厚、人才现金储备和融资能力强，在境外并购中表现较为活跃，其交易金额占近五年境外并购交易总额的65%、交易数量的30%。波士顿咨询公司对中国企业境外并购的调查和研究结果显示，90%的受访企业内部组建了并购部门，多数企业认为它们有能力应对境外并购，拥有较清晰的并购战略，合适的组织、人才、工作流程和工具，管控和监督评估卓有成效。60%的企业具备境外并购整合经验。

第二，宏观经济和政策环境新趋势。"一带一路"倡议催热境外并购。"一带一路"倡议激发了中国企业的境外并购热情，助推央企和大型民企积极进行境外布局和境外并购。"一带一路"将形成东接太平洋、西连波罗的海的交通运输大通道，能源与资源、航空、基建和公共设施等行业可通过并购沿线相关企业，直接利用标的企业进行境外扩张，避免自建成本高、审批时间长等风险。制造业、农业和金融服务等行业可借助"一带一路"带来的频繁国家经贸交往和相互信任理解，通过相关境外并购开拓全球市场。国内外资产存在估值差异的套利。国内高质量的资产仍较为稀缺，而国外高质量的资产则相对较多，且国外卖方股东对资产的估值预期也相对合理。A股与境外（尤其是美国和中国香港）资本市场的长期估值差则为资本市场的套利提供了空间。欧债危机给中国企业提供了低价收购欧洲企业的契机，而美国和欧洲的经济复苏又为中国企业全球化创造了良好的外部环境。当然，由于大量中国企业涌入欧洲开展并购，导致欧洲资产价格大幅上涨。

第三，相对宽松的境外并购政策。境外投资并购政策大幅放宽。2014年以来，国务院、发改委及外汇管理局分别发布《关于进一步优化企业兼并重组市场环境的意见》、《境外投资项目核准和备案管理办法》和《跨国公司外汇资金集中运营管理规定（试行）》，简化境外并购的外汇管理，大幅放宽境外并购项目的核准权限。

第四，国家能源安全战略。为保证国家经济和企业的正常运转，抵御国际资源价格波动，历史上能源和资源型标的向来是中国企业境外并购的重要目标。2004～2014年，能源和资源型并购总额在境外并购交易累计总额占比超过40%，是境外并购占比最大的行业。

第五，对冲人民币贬值和国内经济衰退的风险。

（二）中国企业境外并购的特点

近年来，随着中国经济实力的不断增长、欧美经济的复苏，以及境外并购利好政策的不断出台，中国企业境外并购正面临一系列新形势和新变化。中国企业境外并购具有如下一些特点：

- 对外投资快速增长，资本净流出。
- 外源融资能力提高。
- 非国有企业快速上升。
- 并购目的：在于寻找技术领先、国内一流对标国外一流专利和品牌的国内落地。
- 行业分布广泛，采矿业等比重降低。行业分布：高科技、先进工业制造和新材料；大消费类，中产阶级的消费升级；媒体和娱乐行业。
- 境外并购目的地变化，亚洲是重点，但欧洲、北美洲占比快速上升。地域分布：①因为英国脱欧及欧盟经济疲软，欧洲和北美洲超越亚洲成为最热门的境外并购目的地。近年来以欧美等发达区域为并购目的地的交易数量显著增加，2014年占中国境外并购数量的六成以上，而针对东南亚等传统区域的并购数量比例下降较快。欧美企业在语言、管理方式和企业文化等方面与中国企业相差悬殊，投资目的地的西进对中国投资者的交易和管控能力提出了新的挑战。②亚洲，伴随着"一带一路"而成长。

（三）中国境外并购的主题

2008～2012年，能源和基础材料行业在中国境外并购交易额中占据主导地位。随着中国国际化程度的加深，以往由国企主导的资源驱动型境外并购逐步向市场驱动型和核心能力驱动型拓展。近年来，中国境外并购交易在目标公司的行业构成方面日益多元化，且大部分行业在总交易额中的占比不到

15%。伴随着能源和资源行业占比下降，工业品、消费品、金融以及科技电信媒体行业近三年来占比显著上升。这意味着来自更多行业的中国企业需要快速提升境外并购的业务水平，以应对国际化挑战。现阶段中国境外并购的关键主题包括以下几点：

- 进口国外产品、技术和品牌提供给中国市场并建立本土产业（如消费品、媒体/体育行业）。
- 在有政策导向和扶持的产业中（如半导体行业），中国企业争相成为国家行业领头羊。
- 部分产业国内产能过剩形成压力，需寻求境外增长机遇（如水泥、工业制造、电力）。
- 为实现进一步国际收购和投资而打造平台（如收购保险公司、资产管理公司）。
- "一带一路"（如基础设施、银行）。
- "中国制造2025"——为升级工业能力。
- 为走向国际市场的中国企业和消费者而服务（如银行、旅游、酒店）。
- 资产配置（如保险公司投资房地产、医院、仓储等）。
- 私营公司越来越积极主动地参与境外并购，包括A股上市公司。
- 收购资源（如自然资源、农业）。

（四）中国企业境外并购风险和控制

1. 中国企业境外并购风险

尽管中国企业境外并购增长迅速，但相关研究表明，与欧美、日本等发达国家相比，中国境外并购交易完成率为67%，处于较低水平。中国企业在境外并购中通常会遇到的主要风险包括战略风险、高杠杆风险、尽职调查风险、估值风险和整合风险。

（1）战略风险。战略风险主要是指商业考量或不单纯动机：套取资金、资金外流、利益输送、好大喜功。一方面，不少企业缺乏清晰的并购路线图，并购目的含混不清，或对协同效应理解不足。比如有的企业急于做大做强，未做充分准备就盲目进入陌生领域进行境外并购；有的企业不具备清晰可操作的境外并购路线图来为其"走出去"战略提供支持。另一方面，缺乏足够的国际资源和专业经验，过分依赖投行等中介提供的目标企业信息，也使中国企业在搜寻和筛选并购目标时困难重重。

（2）高杠杆风险。中国企业境外并购的一个显著特点是高杠杆。一方面，中国企业去境外并购的财务风险较大，负债率较高；另一方面，中国并购企业的融资渠道单一，基本上依赖自有资金和银行贷款，其中银行贷款占整个融资的大部分。根据标准普尔全球市场情报的数据，54 家公布财务报告并在 2015 年进行过境外交易的中资企业的 Total Liabilities/EBITDA（总债务与税息折旧及摊销前利润的比值）中位数达到了 5.4 倍，而该指标在 2016 年中国化工并购先正达中升到了 9.5 倍，在中粮集团收购来宝农业中达到了 52 倍。但从全球范围来看，4~5 倍就可以被视为"高杠杆"。高杠杆必然会带来高风险，如果并购失败或并购无法整合，造成亏损，并购公司将面临极大的财务风险。

（3）尽职调查风险。缺乏国际化经验、对境外商业法律环境和盈利模式理解不深，组织和协调商务、法律、财务、人力资源等内外部资源的能力缺失，对尽职调查风险点评估和决策的能力不足，这些都是中国企业在进行境外并购尽职调查时遭遇的常见问题。

一方面，一些企业对并购标的所处地区的经济社会环境知之甚少，同时由于语言、文化和理念的差异，在当地招募的商务、财务和法务顾问的专业指导意见有时不被采信，或不能及时送达给关键决策方。另一方面，许多中企内部的决策权高度集中在后方，对身处一线的尽调团队授权不足，导致内外部资源的协调沟通困难，尽调过程缓慢低效。此外，不少中企乏尽职调查专业经验，对尽调的流程和国际惯例不熟悉，导致无法正确识别关键风险点。

（4）估值风险。并购中估值的方法很多（本篇后文会专门讨论估值方法），但不同估值方法计算的结果往往差异很大。

估值风险主要是因为公司的并购价值评估体系不健全、专业人才缺乏。目标企业的估价取决于并购企业对其未来自有现金流量和时间的预测。对目标企业的价值评估可能因预测不当而不够准确，这就会产生并购公司的估价风险。其大小取决于并购企业所用信息的质量，而信息的质量又取决于下列因素：目标企业是上市公司还是非上市公司；并购企业是善意收购还是恶意收购；准备并购的时间；目标企业审计距离并购时间的长短；等等。并购方在搜集这些信息时，往往难以完全精确把握，从而给企业价值评估带来了一定的难度。境外并购估值信息不对称风险可能更严重，包括粉饰财务报表、或有债务风险、财务陷阱等。在并购过程中，并购企业与目标企业处于信息不对称地位。由于公司信息披露不够充分，信息公布不透明，严重的信息不对称使得并购企业对目标企业资产价值和盈利能力的判断往往难以做到非常准确，在定价中可能接受高于目标企业价值的收购价格，从而导致并购企业支付更高的成本。并购企业可能由此面临资产负债率过高、现金流不足等财务风险。

由于以上这些因素的影响，并购企业往往难以合理对目标企业进行评估定价，加上其他一些主观或客观原因预测不当或高估目标企业价值，进而产生风险，在定价中可能接受高于目标企业价值的收购价格，导致并购企业支付更多的资金或更多的股权进行交易。因此，并购企业可能因资产负债率过高以及目标企业不能带来预期盈利而陷入财务困境。

（5）整合风险。并购后整合，特别是积累国际化管理经验和处理文化差异问题，也是难点之一。文化差异导致冲突，使中国企业在收购后是否进行整合的问题上犹豫不决，而不少决定实施整合的企业，其整合效果难以达到预期。调查发现，在境外并购，特别是收购发达国家的先进企业时，一些并购企业主观上对自身的管理制度和人员素质缺乏信心，因此过分依赖标的企业原有管理班子，遵循原有管理架构和经营模式，不敢进行重组改革。而在那些决心进行整合的企业中，有不少在并购时只对整合进行了粗线条的顶层设计，没有执行层配套计划，因此在具体实施过程中表现出盲目性，整合效果不佳。另外，缺乏清晰的境外公司治理结构（包括境外公司权责范围、决策机制、境外高管派遣机制等），缺乏具有跨境跨文化管理经验和对当地营商环境熟悉的高管以及文化习惯和管理风格冲突（如东方官僚层级制和西方扁平化管理）等问题，也严重阻碍了一些中国企业境外整合目标的实现。

2. 中国企业境外并购控制

境外并购新手由于缺乏经验，不了解相关的流程制度，在并购战略规划、尽职调查流程管理、整合规划和境外管控架构设定等方面更容易遇到困难；而有经验的境外并购者尽管在流程上积累了经验，在熟悉当地市场、解读尽职调查报告以及解决当地文化冲突等涉及标的企业所处地区经济社会和商业模式的问题上依然会遭遇挑战。

尽职调查和整合是多数中国企业普遍面临的问题。对于致力于拓展境外市场或者获取核心能力的中国企业而言，它们更常面对的挑战是并购战略不清晰、跨国管理人才缺乏和文化冲突等问题，而资源驱动型的企业通常受困于境外监管机构对其进行的严苛审查。

中国企业要应对在境外并购中面临的重重风险和困难，可以考虑如下建议：厘清战略是基础、有效执行是关键、能力建设是保障。

（1）厘清战略是基础。企业应充分利用"外脑"和内部资源，根据公司远景和战略，结合行业发展趋势分析（政策走向、技术发展趋势、消费习惯变化等），梳理企业境外并购的优先发展领域，制定清晰的境外并购战略。

具体来说，应首先明确企业境外并购的方向，包括并购目的（市场驱动型、技术驱动型、资源驱动型）、并购进入的细分行业、并购重点关注的区域，以及并购方式（交易结构和融资方式等）。

企业应建立境外并购战略制定与修订的专业化制度，包括清晰定义并购战略的参与者、职责、流程、评价和考核方式，运用专业化的工具、手段和指导手册进行行业分析、项目筛选和标的剖析，以及就并购战略与相关利益方进行及时沟通与信息更新等。

（2）有效执行是关键。企业应有效管理尽职调查、谈判和审查流程，识别交易风险和进行决策，进行整合规划和执行，实现协同效应和公司成长。

有效管理尽职调查进程和审查流程。尽职调查主要包括商业、法律、财务和技术等。商业尽职调查重点要关注潜在市场和标的的吸引力、协同效应、商业计划和公司估值以及并购可行性等方面。管理审查流程方面，要识别出利益相关方，详细制定沟通计划，精心准备沟通材料。

及早和全面准备整合及有效执行。企业应重点关注协同效应评估、整合理念的统一、并购后 100 天计划等，设立合理的境外管控架构（财务管控中心、战略管控中心和运用管控中心）和决策流程，通过内部培养和外部引进储备跨文化管理人才。企业还应建立灵活的沟通机制，制定管理层和员工沟通计划，通过反复深入的沟通来磨合文化和管理风格的差异。同时，企业应建立针对不确定性和变化的管理机制，以适应不断改变的外部和内部环境。

（3）能力建设是保障。长期来看，要让并购成为助推公司发展的强力引擎，企业需要培养和提升与境外并购相关的战略、组织、流程和管控等一系列核心能力。培养国际并购战略规划能力。企业应根据自身的发展现状与愿景，制定清晰的境外并购战略和明确的并购标准，确定境外并购的重点区域、细分行业和交易方式、标的筛选流程及并购频次和时间点的决策等。企业需要建立并购知识数据库，将并购标的相关信息、并购使用的流程工具模板、并购决策相关信息及并购和整合经验教训等整合进并购知识数据库，为公司并购战略规划提供依据，为并购活动开展提供支持。

储备并留住国际化管理高端人才。企业应通过外部招募和内部培训来储备知识结构合理、项目经验丰富的跨国跨文化管理高端人才，为境外并购和并购后整合打下坚实的人才基础。比如，通用汽车在全球有近 500 人的并购后整合团队，个个都是跨国跨文化管理的高手。2001 年通用汽车并购韩国大宇汽车，就曾派出 50 人的豪华高管团队进行两者的全面整合。同时，企业还应通过股权、薪酬、升职、员工关爱和归属感提升等手段吸引被并购公司的核心人才留任，这样就可以最大程度地保留被并购企业的"无形资产"，借助留任核心人员的影响力来降低整合的难度和复杂程度，快速度过整合过程中的阵痛期。

并购流程管理专业化。企业应建立相应的并购部门，配备合适的人员及外部专家来负责并购活动和协调内部及外部资源，健全并购相关各业务单元和职能部门配合机制，明确并购工作流程步骤、各部门及人员职责，研发足够的项目和流程管理工具（如流程手册、检查清单、对标等）来支持并购活动，并建立明确的流程监督和审查机制以保证并购活动的持续改进。建立明确的并购绩效考核体系。企业应为参与并购的各业务单元和职能部门及个人设立明确的绩效考核指标、考核流程及频次，设定相应的奖惩制度，并纳入公司年度绩效考核体系。企业需要建立相应的管控体系来监管审查所有与并购相关的活动，且公司并购决策审查体系需要有足够的权利和能力进行明智决策及并购绩效评估。

二、境外企业并购的阶段

境外并购是一项系统性工程，涉及许多方面，需要处理许多的具体问题。概括来说，境外并购交易可以分为：

（1）交易前期的准备工作，包括确定并购的战略和目标、组建内外部并购团队、签订保密协议、确定并购框架。

（2）并购中期的尽职调查和谈判。签订无约束力的并购协议以后，就可以开展并购尽职调查了，涉及财务、法律、税务、人事及养老金、商业及运营、环境保护等方方面面。如果收购仍然可行，则需要筹划初步的税务架构以节省税费成本，如 SPV 结构的搭设。双方开展商务谈判，签订收购协议。

（3）政府审批与交割。如果双方确定了收购交易，则需要进行详细的税务架构筹划，并按照法律法规申请政府的审批，包括中国政府相关部门（商务部、发改委、外汇管理局等）以及目标公司外国政府的相关政府审批。还有就是交割日审计。

如果把境外并购的交易流程进行更详细的划分，则大体上可以分为四个阶段，涉及谈判、财务、估值、法律、监管、税务等多个方面，即：

第一阶段，概要性尽职调查和商业谈判；

第二阶段，详细尽职调查、详细条款谈判、内部批准、交易文件起草；

第三阶段，政府审批、股权交割、支付对价；

第四阶段，交易后业务接管和扩建项目启动。

每个阶段包括的详细内容如图 15.1 所示。

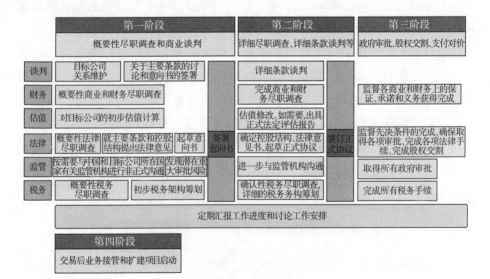

图 15.1　境外并购的交易流程

三、中国上市公司跨境并购的常用交易结构

是否能根据实际情况结合适用的境内外法律设计合适的境外投资法律结构是决定境外并购成败的关键一环。中伦律师事务所从其担任收购方顾问的如下八个上市公司境外并购案例中，总结了八种融资和交易实施方式，每个案例各有其特点。

案例一：海普瑞（002399.SZ）收购美国SPL公司，自有资金+银行贷款+直接收购

上市公司直接在境外设立SPV，收购所用资金将近20亿元，构成了重大资产重组。虽然是采取现金方式进行收购，但因报证监会进行核准，所以整个交易完成花费接近1年的时间。这是在前几年比较典型的案例，以融资的方式来进行收购。

案例二：紫光股份（000938.SZ）收购华三通信，非公开发行募集资金+直接收购

上市公司在股票市场募集425亿元的现金，募集之后向境内支付收购资产。这个项目的特点是，约定了一个所谓的分手费。上市公司紫光股份是把募集资金到位作为一个前提条件，如果证监会不核准的话，会要求紫光支付1.3亿美金的分手费。这个跨境并购稍微有特殊性，有将近10亿元人民币的分手费。

案例三：天齐锂业（002466.SZ）收购泰利森，大股东先行收购+非公开发行募集资金

控股股东将境外资产收到自己的名下，上市公司以公开发行股份的方式，收购大股东持有的境外资产。它的特点是在大股东准备动手收购境外上市公司的时候，上市公司就对外公告，大股东收购的目的就是卖给上市公司，这有利于后期的内部交易顺利实施。这一点是比较重要的，一旦上市公司跟大股东、PE机构有相关活动，上市公司应该避免内部交易的嫌疑。

案例四：博盈投资（000760.SZ）收购Steyr Motors，并购基金+非公开发行募集资金

这是一个非常经典的案例，采用并购基金+非公开发行募集资金两步走的形式完成并购。

案例五：天保重装（300362.SZ）收购美国圣骑士公司及圣骑士房产公司，上市公司参与并购基金先行收购+非公开发行募集资金

由上市公司出少量资金参与一个并购基金，由这个并购基金把境外标的公司收到旗下，然后再发行股份募集资金，把并购基金持有的境外资产收购下来。上市公司第一步就参与基金的好处是，能够锁定这个交易，即上市公司作为有限合伙人有优先认购权。这个案子是现金交易，不是发行股份。如果是上市公司发行股份，购买 SPV，从法律上有一个问题，就是循环持股。

案例六：卧龙电气（600580.SH）收购 ATB，大股东先行收购+发行股份购买资产

这个案子的第二步跟天齐锂业有差别，是由上市公司直接向大股东发行股份。

案例七：长电科技（600584.SH）收购新加坡星科金朋，共同投资设立特殊目的公司+发行股份购买资产或现金收购，然后投资退出

投资方提供融资安排，去境外并购。两个财务投资者的退出路径是，长电科技会给两家投资者发行股份，把控股公司买过来。原先是少数股东，把其他股东的权益买过来后，变成自己的子公司。这是一个非常不错的案例，一开始双方在境内成立合资公司，然后去境外收购。

案例八：某上市公司直接向美国纳斯达克上市的公司发要约，然后去收购

它的融资、交易模式是非公开发行募集资金要约收购，同时拆除 VIE 架构（控制）。它发要约公告的时候，同时公告说准备在境内发行股份募集资金，解决资金来源的问题。这涉及美国要约收购相关的法律问题。这个项目涉及红筹上市公司，它的权益在境内，又涉及教育类，属于 VIE 结构。这是一个非常不错的路径，上市公司直接收购境外的上市公司，而且是以要约的方式，是一种比较激进的做法。

四、世界主要国家关于收购上市公司的规定

为了给考虑收购国外上市公司的中国企业提供一些借鉴，下面将简要介绍世界三个主要国家——美国、英国和德国关于收购上市公司的法律规定，并对其中实务操作中应注意的问题进行概述。

各国证券市场最主要的收购方式是要约收购，即收购方通过公开方式向目标公司股东发出要约，达到控制目标公司的目的。下文将从信息披露、要约收购、反敌意收购、强制排除权等几个方面介绍美国、英国和德国在这方面的规定。

（一）信息披露

收购交易信息如果提前透露到市场上一般会引起目标公司股价的波动，所以各国要约规则都要求收购方在持有目标公司股票达到一定比例后进行公告，以确保公众获取信息的公平性。

美国：收购方在取得上市公司股份超过 5% 时，需要在 10 日内向目标公司、美国证券交易委员会（SEC）和证券交易所备案。收购方在此之后持股比例变动每达到 1%，必须向上述机构进行补充备案。如果收购方最终发出了收购要约，就必须向目标公司股东和美国证券交易委员会披露在收购要约正式开始之前 60 日内为收购目标公司股份进行的所有交易。

英国：收购方收购目标公司的股份达到或超过了目标公司表决权的 3% 时，需要在 2 个交易日内向目标公司和英国金融管理局（FSA）申报，此后持股比例变动每达到 1% 时也应补充申报。

德国：收购方持有德国上市公司超过或低于 3%、5%、10%、15%、20%、25%、30%、50% 或 75% 以上表决权的，应在 4 个交易日内通知该目标公司和联邦财政监督管理局（BaFin）。此外，如果收购方收购了目标公司表决权 10% 或以上股份，它必须在 20 个交易日内告知目标公司其是否有收购计划所需的资金来源。

（二）要约收购

要约收购是指收购方以取得目标公司的控制权为目的，通过公开方式直接向目标公司股东作出购买股份的意思表示。该制度的设立目的是确保收购方在取得上市公司控制权的过程中，广大中小股东的利益得到一定保护。该制度是收购上市公司的法律体系中最重要内容。根据法律对收购方所要求的责任不同，要约收购分为强制性要约和自愿性要约。

美国：美国的要约收购制度属于自愿性要约，即不要求收购方在收购目标公司股份达到一定比例后必须向剩余股东发出收购要约。收购方可自主发出要约，自行确定要约比例，但是收购方在收购过程中要不断地就收购人的背景、收购意图、收购计划等信息予以充分详细的披露。该制度是在保护大股东能自由转让其控制权的同时，通过施加信息公开义务和控股股东对其他小股东的信托义务来实现中小股东利益保护。

英国：英国的要约收购制度则属于强制性要约收购，即法律规定收购方在持有目标公司的股份超过30%时，其必须以特定的价格，在规定的时间内向目标公司的剩余所有股东发出要约。在要约价格方面，法律规定收购方的出价必须至少是该收购方在要约期间前三个月或从要约期间开始到收购方正式提出要约之间的时间段内收购目标公司股份支付的最高价格。

德国：与英国类似，德国采用强制性要约收购制度，即收购方在购买目标公司表决权达到30%时，有义务向所有的剩余股东发出收购要约。收购方提出的价格必须最少是该收购方在要约期间前6个月目标公司股票在公开市场交易价的加权平均值。同时持有同一等级股票的股东必须收到同等的支付对价。此外，如果收购要约期满之前或在收购方公布收购股份数之后的一年内，收购方以更高的价格购买了目标公司的股票，收购方会被要求向已经接受收购要约的股东支付收购对价的差额。

（三）反敌意收购措施

敌意收购是指收购方提出的收购计划并没有得到目标公司管理层（主要是董事会）支持的收购交易。常见的反敌意收购措施主要分为两类：一类是要约出现前的一般防范性措施；另一类是要约出现后的针对性防守措施。

基于忠诚义务采取行动时，董事会无须股东特别授权就可以在收购要约发出前或发出后实行相应的反收购防御策略。其基本的理由在于：①董事对公司的受信义务是董事会采取反收购措施的基础。董事是公司财产的受托者，因此当目标公司董事会认为一项收购出价不符合公司最大利益时，法律会赋予其权利采取反收购措施。②目标公司股东与收购方之间交易地位的悬殊，客观上需要董事会来承担起反收购的义务。③董事的社会责任也是董事会有权采取反收购措施的一个重要因素，即董事会还需要考虑收购是否会损害除股东以外其他利益相关人的利益。

英国：英国采取股东大会决策模式，即由目标公司的股东大会来主导反收购的决策权。这种立法模式突出了对公司股东利益的绝对保护。为了防止目标公司的经营管理层在反收购过程中为了自身利益而滥用公司的权利，从而造成公司及公司股东，特别是中小股东的利益受损的情况发生，英国对任何未经目标公司股东大会批准的反收购行为都加以制约。

德国：德国采用监事会与股东会共同决定模式。德国传统上采用协议收购的方式转移上市公司控制权，要约收购的情况较少，所以相关的法律制度建设起步较晚，而且德国公司法关于德国公司治理结构设计有自己的特点，涉及公司重大事项时董事会须向监事会进行报告并由监事会予以批准。因此，德国关于反收购的决策权体现出了由监事会以及股东会共同决策的特点。在实际中，监事会以及股东授权董事会采取阻碍敌意收购的防御措施并不多见。

（四）强制排除权制度

收购方在取得目标公司股权一定比例（一般为 90%～95%）之后，很多国家法律会赋予收购方一个强制排除权，即有权要求剩余小股东必须将其持有的股票出售给收购方。其理由是当收购方持股比例达到法定比例后，最经济和最有效的做法就是让收购方全资拥有目标公司，以避免收购方与剩余小股东之间的种种博弈。

美国：美国联邦法没有明文规定强制排除权，但是，美国有些州法允许收购方采用二次并购的方式来达到同样目的。如果收购方在第一次要约收购中取得了目标公司 90%或以上投票权，收购方就可以再发起一次不需要股东投票决议的交易，将目标公司和自己的一个子公司进行合并。在二次并购中，收购方可以仅让目标公司寄给股东一个简短的信息通告而无须再次投票。如果异议股东对要约价格不满意，该股东可以向法院申请重新估价。

英国：英国规定如果收购方已收购到或达成了协议将会收购到代表目标公司股票价值和表决权 90%以上的股票时，该收购方就有权在一定期限内要求剩余股东必须向其出售股票。

德国：如果收购方已收购到或达成协议将会收购到代表目标公司表决权95%以上的股票，同时超过 90%以上收购要约针对的股东已同意接受收购要约的条件时，该收购方就有权在收购要约期结束后三个月内向地区法院提交申请来购买剩余股东所持的股票。德国也允许持股 95%以上的股东通过召开股东大会要求少数股东出售其所持的公司股票。这个制度类似于美国法下的二次收购方案，如果异议股东认为要约价格不满意，也可以要求法院审查股东会通过强制出售的决议。

五、中国企业收购上市公司应注意的其他问题

在了解目标公司东道国关于收购上市公司的一些基本规定基础上，中国企业在确定收购上市公司的战略目标后，需要根据自身及项目特点设计具体的收购方案。而方案的设计在实践中要注意如下几个问题：

（一）如何与目标公司进行初步接触

确定拟收购的目标公司之后，收购方往往需要在两种与目标公司接触的方式中做出选择，即与目标公司主动接触以争取管理层对收购方案的支持，或者直接启动全面要约收购。前者有可能最终失败，最后不得不发起敌意收购，而且事先接触反而会给目标公司提供准备防范的时间，同时也可能发生消息泄露影响股价，增加收购成本。后者可能面临目标公司采取前文所述的反敌意收购措施，此外，因为没有目标公司的配合，后者也很难给收购方提供充分的尽职调查的机会。

（二）收购前是否进行小额增持

有些收购方在与目标公司接触或公布收购意向前，会在二级股票市场收购一些目标公司股票。这种做法的优势是收购方可以在市场不知晓其收购计划的情况下以较低成本取得一些股票，而且增加其他竞争者收购目标公司的难度，即利用手中股票赋予的投票权反对竞争者的收购计划。

但是如前文所述，各国法律都会要求收购方在取得目标公司股权一定比例时满足相应的信息披露义务（比如，英国的披露义务起点是3%），所以，依靠这种方式取得的股票有限，而且会使目标公司管理层对收购方产生不信任感。所以，在选择这种策略时要谨慎。

（三）各类监管部门的审批流程与收购时间表的配合

中国企业进行境外投资一般要履行政府审批或备案手续，如发展和改革委员会、商务部门以及外汇管理部门。如果收购方同时是国内的上市公司或国有企业，还可能需要履行中国证监会或国资委的审批手续。同时，收购还可能需要取得目标公司所在东道国的一些政府审批，例如，证监会批准、反垄断申报、国家安全审查（如美国外资投资委员会 CFIUS）等。

如前文所述，与收购一家非上市公司不同，各国法律对收购上市公司各

个环节大多有明确而严格的时间要求，而且上市公司的股价受市场的影响很大。所以，将各类监管部门的审批流程与收购时间表配合好是确保收购最终成功的关键要素之一。

收购上市公司本身就像一场复杂的战役，需要大量的前期准备、多兵种的高效配合以及迅速的应变反应能力。而中国企业跨境去收购境外上市公司就更加具有挑战性。所以，中国企业要事先认真研究东道国（地区）收购上市公司的相关法律法规，不打无准备之仗。

六、产融结合——设立并购基金助力上市公司进行境外并购

产融结合是指产业与金融业在经济运行中为了共同的发展目标和整体效益，通过参股、持股、控股和人事参与等方式而进行的内在结合或融合。产融结合的特点：渗透性、互补性、组合优化性、高效性、双向选择性。

工信部、中国人民银行、银监会印发加强促进产融合作行动方案，产融结合获得了有力的政策支持。为贯彻落实国务院有关工作部署，积极推进供给侧结构性改革，增强金融支持政策的导向性、针对性、有效性和可操作性，支持"中国制造2025"战略加快实施，促进工业稳增长调结构增效益，工信部、中国人民银行、银监会制定并印发了《加强信息共享促进产融合作行动方案》。该方案明确重点领域，加大支持力度。对符合"中国制造2025"、"互联网+"行动计划、"一带一路"建设、京津冀协同发展、长江经济带等重大战略以及国家重点发展的智能制造装备、航空航天、新能源汽车、电子信息、海洋工程装备和高技术船舶、新材料等领域符合信贷条件的重点企业，要加大支持力度。

支持产融结合的具体措施主要是上市公司与私募基金合作设立并购基金，即上市公司或其实际控制人出资占一定比例，剩余部分由私募基金或其指定的主体负责募集，为产业投资人提供并购杠杆；私募基金作为管理人，提供一揽子并购重组方案，对接多方资源，协助上市公司进行并购重组；该类模式能有效实现优势互补，助力上市公司进行产融结合，进行境外收购，完成并购重组。

对于私募基金来说，依托产业资本，能更好理解并购标的，出资规模相

对较小，未来退出渠道有保障。

对于上市公司而言，可有效利用私募的资本市场资源和私募机构的专业并购能力，无须大力构建自己的投资部门，系统化地围绕上市公司筛选优质项目，开拓上市公司的标的搜寻范围；出资相对较少，撬动杠杆，降低企业融资成本；为上市公司把控风险，从财务、税务、运营、业务等角度为上市公司的并购提出专业化的意见；可以迅速积累境外并购的经验，日后为己所用。

中国企业越来越多地采用并购基金的形式来完成境外并购。主要原因包括：

- 上市公司需要一个媒介。
- 交割的确定性和快速性是竞标流程中中标的前提条件。
- 卖方不接受证监会或交易所批准作为交割前提条件。
- 目标公司可能需要重组才能符合装入上市公司的要求。

在并购基金形式的操作中，中国企业越来越多地与国际并购基金进行合作。与国际并购基金的合作主要是基于以下考虑：

- 国际并购基金着重于目标公司境外的整合。
- 中国战略投资人着重于目标公司和中国市场的结合。
- 国际并购基金最终从中国战略投资人处退出。
- 中国企业从中可以积累与境外公司合作的经验。
- 国际并购基金有安全的退出渠道。

相关基金参与股权融资的案例包括中非发展基金、中拉产能合作基金、丝路基金、中国—东盟基金等。

案例一：中非发展基金

2015 年底，中非基金发起设立"中国境外基础设施开发投资公司"，其他六家股东单位包括葛洲坝、中国土木工程、中国电信、鼎亿、长江勘探和中国恩菲，将集合中国大型工程设计、承包、建设、运营企业的产业优势和国家级股权基金的投融资运作优势。中非基金已累计决定对非洲 35 个国家的 80 多个项目投资超过 31 亿美元。

案例二：中拉产能合作基金

中拉产能合作基金于 2015 年 12 月完成了首单投放，为中国三峡集团巴西伊利亚和朱比亚两座水电站的 30 年特许运营权项目提供了 6 亿美元的项目出资。两个项目总投资为 138 亿雷亚尔，约合 37 亿美元。

案例三：丝路基金

丝路基金投资巴基斯坦卡洛特水电站，采取股权加债权的方式：一是投资三峡南亚公司部分股权，为项目提供资本金支持，在该项目中，丝路基金和世界银行下属的国际金融公司同为三峡南亚公司股东；二是由中国进出口银行牵头并与国家开发银行、国际金融公司组成银团，向项目提供贷款资金支持。三峡集团与丝路基金等投资各方计划通过新开发和并购等方式，在吉拉姆河流域实现 3350 兆瓦的水电项目开发目标。

案例四：中国—东盟基金

2013 年签署镍铁项目投融资协议，与上海鼎信和印度尼西亚八星投资公司合作在印度尼西亚开发大型镍铁冶炼项目。该项目标志着中国第二大不锈钢生产商、印度尼西亚名列前茅的镍矿生产商和 CAF 将携手建设和运营印度尼西亚最大的镍铁冶炼厂。项目位于新近落成的首个中国印度尼西亚工业投资合作区内。建成后项目将年产 30 万吨镍铁以供出口。

七、中国企业境外并购后期整合

投后整合无疑具有十分巨大的重要性。整合阶段的成功是判断境外投资并购成功的关键。对律师事务所等专业机构而言，交割完成即意味着项目成功。然而对中国投资者而言，在交割完成后的 3~5 年内是否达成当初的交易目的，是判断一个项目是否成功的最终而且唯一的标准。

对于整合的时间点，中国投资者应对投后整合予以充分重视，提前制定战略目标，在交易前期、中期和后期全方位贯彻实施。

1. 整合阶段的风险

● 文化整合风险：企业文化差异、社会文化差异可能导致的冲突和对立。

● 品牌整合风险：借助境外企业的品牌（时间、地域限制；费用），或整合至自身品牌（亏损严重，市场前景不佳）均增加整合难度。

● 管理风险：缺乏国际化的管理能力、经验。

● 成本风险：事先缺乏准确评估与充分计划，收购后把控能力不佳。

● 劳工风险：可能的消极代工、罢工与工会干预。

2. 投后整合的要件

- 尽早确定战略目标及整合目标。
- 充分的人力保障：有能力、有国际化经验的团队。
- 有效的管理机制。
- 调动各利益相关方。
- 重视文化整合。
- 在调动各利益相关方方面，中国战略投资人可以考虑和国外并购基金共同协作，强强联手：国外并购基金可以利用其自身的优势完成对目标企业的整合，中国的战略投资人可以协助目标企业开拓中国的市场。几年以后，国外并购基金可以将其股份卖给中国投资人，实现退出，中国投资人在几年的过渡期内逐渐控制目标企业的运营，最终获得百分百的控制权，真正实现双赢。

八、案例

（一）中国长江三峡集团收购葡萄牙电力公司，一笔几乎拯救了一个国家的并购[①]

中国长江三峡集团公司（简称三峡集团）收购葡萄牙电力公司（简称葡电）并成为其单一最大股东，是中国企业全球化推进的经典故事。

1. 目标公司背景

葡萄牙电力（EDP）公司，在葡萄牙知名度较高。这是一家以清洁能源发电为主的跨国集团，垄断着葡萄牙的发电和配电领域，同时也是澳门电力的控股股东。除了在本国的绝对影响力，EDP 在伊比利亚半岛的另一主要国家西班牙的发电、配电、供气等领域，也占据重要地位；其业务范围目前已覆盖美国、欧洲等 13 个国家和地区。其麾下的风电业务规模位居全球第四，其控股的巴西公司，在南美水电领域也有强大的竞争力。

EDP 的 2010 年年报显示，其传统能源（水电、火电等）在葡萄牙和西班牙的装机容量分别为 994 万千瓦和 386 万千瓦，分别占两国总装机容量的 70% 和 5%；在不含水电的可再生能源上，EDP 的总装机容量为 644 万千瓦，

---

① 此案例主要根据国资委网站信息整理编辑。

其中欧洲部分占欧洲总装机容量的 4%，美国部分占美国总装机容量的 8%。2010 年 EDP 实现营业收入 142 亿欧元，约占葡萄牙全国 GDP 的 9%，净利润达 12 亿欧元。

2010 年，为应对主权债务危机，按照葡萄牙政府与欧盟及国际货币基金组织达成的协议，葡萄牙政府开始出售政府持有的电力、电网和航空等国有企业股权，其中包括葡萄牙政府持有 EDP 的 21.35%、共计 7.8 亿股的股份。

三峡集团则希望通过此次收购实现两大目标：战略目标是利用葡电国际业务平台，突破欧美国家市场壁垒，进入巴西水电市场，对标世界一流清洁能源公司，加快国际业务步伐；财务目标是投资收益率要达到 8%~10%。

2. 时间表

2011 年 7 月，三峡集团开始组织国内外知名的中介团队，积极准备该项目的投标。

2011 年 10 月 21 日，三峡集团递交了第一轮报价标书。参加第一轮投标的公司还包括德国能源巨头意昂（E. ON）集团、巴西国家电力公司、巴西 Cemig 电力公司、印度 Birla 公司和日本丸红株式会社 5 家企业。

11 月 11 日，三峡集团收到了葡萄牙政府的第二轮投标邀请函；彼时，竞争对手只剩下了 3 家。葡萄牙内阁会议剔除了印度 Birla 公司和日本丸红株式会社，当地媒体称"这两家公司并非知名的电力公司，只是通过许诺许多经济好处来吸引葡萄牙当局的注意"。竞标过程中竞争十分激烈。巴西和葡萄牙同属葡萄牙语国家；德国意昂则实力超群，加之葡萄牙时任总理佩德罗·帕索斯·科埃略"经常在非关键时候与德国总理默克尔在欧洲事务上立场一致"（葡萄牙媒体《经济日报》），导致此次竞标超出了纯商业范畴。

德国和巴西的部分领导人，直接向葡萄牙政府表态，支持本国公司购买 EDP 股权；巴西政府甚至针对本次竞标专门修改了有关法令，允许巴西国家开发银行为本国企业境外投资收购提供大额融资支持。孰料，当葡萄牙媒体报道了德国总理默克尔向葡萄牙政府施压的消息后，葡萄牙舆论界开始充斥对德国的不满，葡萄牙反对党也坚决要求政府做出不偏不倚的决定。葡萄牙本地媒体也未"放过"三峡集团，一度，针对中国企业在审批方面存在着不确定性、中国企业可能对葡萄牙经济安全构成威胁的质疑甚嚣尘上。对此，三峡集团向葡萄牙政府和当地媒体做出了澄清。此间，中国商务部也公开表示，本次交易是一项商业行为，希望葡萄牙有关方面能秉持市场原则，公开、公平、透明、独立地决策中标结果。直到揭榜最后一刻，德国意昂还被视为最热门的候选对象。作为所有竞争者中唯一的欧洲公司，意昂的地缘优势异常明显；而且在竞标期间，EDP 总裁麦克西亚还访问了意昂的总部。

2011 年 12 月 22 日，三峡集团接到中标通知。每股 3.45 欧元的收购价虽比 12 月 21 日的收盘价高出 53%，但比德国意昂的 3.25 欧元、巴西国家电力公司的 3.28 欧元，也不过高出 5%~6%，属于"险胜"。

3. 成功并购原因

此起并购中，三峡集团除了 27 亿欧元的最高报价外，还附带了低成本长期银行融资及投资承诺。葡萄牙内阁发言人 Guedes 在竞标结果公布后说，三峡集团能给 EDP 带来自身不具备的"财政实力和投资能力"。

"三峡集团所给出的竞标条件，无论是对本公司还是葡萄牙的经济来说，都是最好的选择。"EDP 的 CEO 梅西亚在接受媒体采访时说，"我们应为此感到高兴与骄傲，这笔交易使得葡萄牙站在了国际化市场的前沿。"

瑞银集团估算，三峡集团提供的一系列优惠融资条件，可满足 EDP 在 2015 年之前的再融资需求；融资成本的降低，还可让每股获利提升 5%。这其中包括，到 2015 年，三峡集团投资 20 亿欧元用于建设可再生能源项目，并将提供 40 亿欧元的信贷额度；除此之外，中资银行还承诺，未来将为葡萄牙其他公司提供融资。

EDP 表示，这笔交易有助于提高公司流动性，从目前的 40 亿欧元提高到 80 亿欧元，因此将"改善公司的信用状况"，并把债务水平从目前 EBITDA（息税折旧摊销前利润）的 4 倍以上降低至 3 倍以下。

反观落榜的德国意昂，其收购条件却多是"同意将再生能源活动的基地设在葡萄牙"、"加强与西班牙合作"等。对于求钱若渴的葡萄牙政府来说，做出选择并不难。

"对于 EDP 和葡萄牙政府来说，这是一个大奖。"葡萄牙《商务日报》报道说，"为葡电和葡政府带来了一件迫切需要的东西：资金。"葡萄牙《公众报》则发表文章，称政府"做得很好，因为葡电的战略未来得到了来自中国的保障"。

三峡集团此次收购并无意取得 EDP 控制权，同意了 4 年的闭锁期；EDP

向葡萄牙证券市场监察委员会提交公报称，公司身份将保持不变，重点仍放在伊比利亚半岛、巴西和可再生能源等核心业务上。

这起并购无疑让三峡集团在欧洲的声誉大振。三峡集团对 EDP 的兴趣源自三峡集团的欧洲战略。受日本核事故影响，多个欧洲国家决定"弃核"，以至三峡最擅长的可再生能源商机倍增。

通过 EDP，三峡集团将进入欧美及巴西市场，加快全产业链"走出去"的步伐。三峡集团的目标是成为全球可再生能源的领导者，此次并购对于三峡集团的国际化道路有很重要的意义。

对三峡集团而言，收购 EDP 为国际化搭建了一个非常好的平台，可以借助这个平台把业务扩展到全球。

4. 成功整合

三峡集团入股后，与葡萄牙电力公司一起逐项化解了面临的困难。中国国家开发银行为葡萄牙电力公司带来了 10 亿欧元的贷款。中国银行和中国工商银行又先后为公司提供贷款支持，帮助其走出融资困境。2012 年底，葡萄牙电力公司重返欧洲债券市场，股价表现优异。

葡萄牙电力公司管理先进，在全球 14 个国家和地区开展业务，拥有广泛的业务网络和优质项目储备资源；而三峡集团拥有雄厚的资金实力，与中国健康的银行体系有着长期良好的合作关系，两家企业优势互补，相互吸引。

"相互尊重、成功融合"，这是一个跨国并购的时代。国际著名咨询公司埃森哲在一份报告中认为，并购完成后，很多跨国公司由于在业务管理、文化融合等方面的原因，并没有迅速完成资源整合和管理整合，未能实现预想的战略目标。在成为葡萄牙电力公司的第一大股东后，三峡集团成功破解了这一大难题。葡萄牙电力公司是葡萄牙最大的企业，国际化程度高，业务分布在葡萄牙、西班牙、巴西、美国等 14 个国家和地区，年收入约占葡萄牙国家 GDP 的 9%，是欧洲最大清洁能源企业之一、世界第四大风电企业。由于资产优良、机会难得，在参与竞标的 150 个日夜里，工作团队面临了来自各方的压力，最终战胜了国际竞争对手德国意昂集团和巴西国电集团，成功收购葡萄牙电力公司 21.35% 股权，成为第一大股东。随后，三峡集团多了一个新的部门——葡电管理办公室。葡电管理办公室就是为提高效率、规范管理而专门成立的，全权负责对葡电的股权管理和后续合作事宜。由于时差，他们经常在半夜与葡萄牙召开远程会议；由于股权管理任务重，他们中有些人春节没能回家过年。原葡电管理办公室负责人吴胜亮表示，几年来，葡电管理办公室这支年轻、充满活力的队伍坚持不懈、默默付出，承担了葡电股权收购、葡萄牙风电收购、澳门电力股权收购、国际清洁能源基金设立等一系列高难度、开创性的工作，拓展了国际视野，培养了国际投资能力，形成了有担当、好学、低调、坚韧的工作作风。

三峡集团成功进入欧洲电力市场，对外企业管理与电力市场改革交流等活动日趋频繁，境外布局和战略投资目标初步实现，三峡集团国际品牌价值和美誉度也同步得到显著提升。为加强与股东单位的协调，三峡集团牵头建立 EDP 主要股东联络机制，对公司重大事项进行协商；成立三峡与 EDP 合作指导委员会，定期沟通决策双方合作中的重大事项。此外，双方还成立了联合投资、管理交流、技术合作等多个项目小组，具体实施双方合作方案；共同研究制定葡电发展规划，并将双方未来合作纳入各自的战略规划和计划。在 EDP 重大决策和发展战略制定中，三峡集团发挥了与股东地位相符的巨大作用。三峡集团成为第一大股东后，牵头主导公司治理，与葡萄牙政府首脑和各部门、其他股东单位都建立了良好的沟通机制。葡萄牙政府将葡萄牙电力公司交给三峡集团主导后，也不再干预公司经营。在保持公司原有经营管理团队稳定的基础上，三峡集团从国内派出董事，对公司重大经营事项进行决策，当前已获得一半的股东董事席位。

5. 投资效益

投资 EDP 四年，三峡集团实现了既定的财务目标：按权益法核算，四年累计投资收益 8.47 亿欧元，年平均投资收益率 8.31%，超过原定的 8% 收益目标；按国资委考核经济增加值（EVA）5.5% 的资本成本要求计算，年均贡献 EVA 7175 万欧元，四年累计贡献 EVA 2.87 亿欧元；自 2011 年以来，集团公司累计获得现金分红 7.2 亿欧元，现金分红率 5.67%，高于项目融资成本。除满足 EDP 项目付息要求外，欧元现金滚动投资了集团公司其他境外项目的开发。

6. 协同效应

三峡集团成为 EDP 第一大股东后，双方在业务上形成较强的互补性和战略协同性。当前，三峡集团与 EDP 的合作进入了新阶段，并正朝着更大范围、更宽领域、更高层次的方向努力。

2013年6月，三峡集团投资3.68亿欧元收购葡萄牙62.2万千瓦风电资产的49%股权。当时正在跟踪研究的，还有意大利、波兰等欧洲国家的风电项目。

2014年6月，三峡集团共投资6.63亿雷亚尔，收购了巴西JARI水电站50%股权、CC水电站50%股权及SAO MANOEL水电站33.3%的共同开发权。2014年12月，三峡集团投资4.03亿雷亚尔收购葡电巴西32.1万千瓦风电资产的49%股权。根据测算，这三个项目的总投资收益率均超过10%。

2015年11月，三峡集团成功中标巴西朱比亚、伊利亚两座水电站30年特许经营权，装机容量499万千瓦，目前，三峡巴西公司总装机容量近600万千瓦，成为当地第二大非国有发电企业。

2015年10月，三峡集团与EDP在伦敦签署合作协议，联合开发英国海上风电项目，首个项目位于苏格兰马里湾海域，装机容量超过100万千瓦。三峡集团成为首家进入全球领先海上风电市场的中国企业。双方还将联合开发法国两个海上风电项目，装机容量100万千瓦。

三峡集团和EDP的合作，还带动了一批中资企业到葡萄牙投资发展，目前中国已成为对葡萄牙最大投资国，2011年以前，葡萄牙只有中兴、华为两家中资企业，三峡集团投资EDP后，国家电网、复星集团、国家开发银行、中国银行、海通证券等一大批中资企业到葡萄牙投资兴业，目前在葡中资企业已发展到14家。2011年至今，中国企业在葡萄牙的投资已超过100亿欧元。葡萄牙已成为中国在欧洲第四大投资目的地，中国企业在葡投资具有战略意义。

7. 结论

(1) EDP资产优良，盈利和分红能力强，管理团队优秀，公司治理规范。三峡集团获得葡电21.35%股权，成为其第一大股东，并获得3名监事会成员席位，将对EDP具有较大影响力，且当时葡电股价处于历史低位，投资机遇十分难得。

(2) EDP业务范围集中于欧洲、美国、巴西，定位于发展清洁能源集团，与集团公司具有非常高的业务契合度和战略互补性，EDP项目储备丰富，成长性优良。本次投资有利于三峡集团加快国际化发展，进入欧美等发达国家市场，获取境外优质项目资源，实现国际业务的战略布局，战略意义重大。

（3）在合理的投资价格前提下，将获得较合理投资回报。目前发现的风险主要属于系统性和与监管行业相关的政策性风险，EDP 自身经营性风险较小。

（二）中联重科收购特雷克斯失败①

1. 事件背景

2015 年 12 月 4 日，中联重科以每股 30 美元现金方式，向特雷克斯公司提出非约束性收购报价，较报价前一日特雷克斯收盘价 21. 22 美元溢价 41%。2016 年 5 月，中联重科宣布放弃对美国机械巨头特雷克斯公司（Terex Corp）的收购。

2. 交易方介绍

（1）中联重科。中联重科是中国工程机械 A+H 股上市公司，创立于 1992 年，主要从事工程机械、环境产业、农业机械等高新技术装备的研发制造。其主导产品覆盖 11 大类别、51 个产品系列、1200 多个品种，为全球 6 大洲 80 多个国家的客户创造价值，拥有覆盖全球的完备销售网络和强大服务系统。

2008 年，中联重科以 1.63 亿欧元收购意大利混凝土机械制造商 CIFA 60% 股权，开启了中国工程机械行业第一次境外并购。融合 CIFA 的中联重科，则进一步完善国际市场网络，优化全球供应链体系，先后推出融合 CIFA 技术的碳纤维臂架泵车系列新产品，成功研发出全球最长 80 米、101 米碳纤维臂架泵车等世界领先产品。

有了 CIFA 成功的境外实践做铺垫，中联重科近年来国际化进程正在提速，先后收购全球干混砂浆设备第一品牌——德国 M-TEC 公司、著名升降机企业荷兰 Raxtar 公司、意大利 Ladurner 等公司，高起点跨入相关产业，并在工程机械行业进入调整期时成功实现多元化转型。

（2）特雷克斯。1991 年特雷克斯在纽约证券交易所上市，是仅次于卡特彼勒的美国第二大工程机械制造商。其核心业务涵盖高空作业平台、工程起重机、建筑机械、工业起重机和港口机械、物料处理机械，多个业务板块在全球数一数二。

---

① 根据一财网等互联网媒体报道整理。

3. 收购动机

特雷克斯所擅长的领域主要是吊装与物料搬运的设备制造，其产品包括高空作业平台、建筑机械等，多项业务均为全球第一；而中联重科主要偏向工程机械，环境及农业等方面时实力也在加强。因此，这项巨资收购将为中联重科进入高空作业平台、工业起重机和港口机械、物料处理机械等业务领域带来较大帮助。

因此中联重科称，该项交易能加速公司全球化战略的落地，增厚公司业绩。中联重科为收购准备了完善的资金计划：计划以40%的自有资金和60%的银行债务融资完成此次交易。

4. 收购失败原因

公告中提及的"双方未在关键条款达成一致"，应该是对收购剥离物料搬运和港口解决方案（MHPS）业务后的特雷克斯公司的价格未达成一致。特雷克斯把港口及工厂起重机业务出售给芬兰科尼集团（Konecranes），这使得双方无法就其余业务的价格在关键条款上达成一致。

终止收购：境外布局且行且理性。对于此次终止收购特雷克斯，中联重科负责人表示，无法对外透露更多谈判细节。但基于中联重科境外并购多年积累的经验，公司会基于维护股东利益和长远发展而全面考虑，评估收购价格，稳健推进并购，绝不会盲目为了全球化战略而放弃价值评估原则。

中国政府放缓资金外流。《华尔街日报》2016年5月30日分析称，近来中国官方一直在努力放缓资金外流速度，或对中联重科的并购进程产生影响。《华尔街日报》此前报道，据银行人士和律师透露，中国国家外汇管理局已要求银行对于外汇交易进行更加严格的审查，这可能会导致国内许多公司的境外并购延迟。

知情人士称，此前的预期是国家开发银行将牵头该融资交易，不过国家开发银行却未向中联重科提供承诺书。

美国安全敏感问题。特雷克斯出售的部分业务涉及美国港口基础设施，而这类交易一直存在政治敏感性，存在美国政府出于国家安全考量阻止这项收购案的可能性。

第十六章　估值方法

一、估值概要

(一)资产价值和价值评估的定义

资产价值主要有两种表现形式：账面价值和市场价值。账面价值即资产负债表上反映的总资产、净资产，主要反映历史成本。市场价值如股票的市值、兼并收购中支付的对价等，主要反映未来收益的多少。

在多数情况下，账面价值不能真实反映企业未来的收益，因此账面价值和市场价值往往有较大差异。例如，总的来说，账面价值主要用于会计方面，而资本市场上的投资者更为关注的则是市场价值。以下所讨论的价值均是指市场价值。

价值评估是一种经济评估方法，目的是分析和衡量企业（或者企业内部的一个经营单位、分支机构）的公平市场价值，并提供有关信息以帮助投资人和管理当局改善决策。通常会使用多种估值方法来相互验证，并最终确定一个价值区间。

(二)价值评估的应用

价值评估的应用范围十分广泛，常用于：

- 公开发行：确定发行价及募集资金规模。
- 指导二级市场投资。
- 出售企业或股权：可以以多少价格出售。
- 购买企业或股权：应当出价多少来购买。
- 资产评估。
- 新业务拓展：新业务对于投资回报以及企业价值的影响。

(三)估值方法分类

价值评估方法通常可以大概划分为绝对估值法和相对估值法，如图 16.1

所示。当然还有其他一些不太常用的方法。

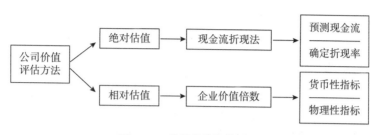

图 16.1 公司价值评估方法

1. 绝对估值法

绝对估值法主要是指公司的现金流贴现法。主要包括以下几种：

- 股息贴现模型（DDM）。
- 公司自由现金流模型（FCFF）。
- 股权自由现金流模型（FCFE）。
- 经济利润模型（EV）。

2. 相对估值法

相对价值评估是将资产的价值与由市场定价的类似或可比资产的价值进行比较，得到与类似资产或交易的现实市场价格相比较的相对价值。从资产之间的替代性出发，得到相对价值。如可比公司法、先例交易法等。

通常包括：

- P/E：市盈率。
- PEG：单位增长市盈率。
- P/B：市净率。
- P/S：市销率。
- EV/EBITDA：企业价值倍数。

3. 其他估值方法

（1）清算价值法。是指公司立即进行清算所能得到的回收价值。相对于账面价值法，它考虑了部分资产在出售时得到的价值不等于账面价值的情况。适用于濒临破产或因其他原因无法或没有必要继续经营的公司估值。

（2）重置成本法。是指在当前的市场环境下，用重新建造一个相同规模和经营水平的公司所需要投入的成本来对目标公司进行估值的方法。适用于价值主要体现在可复制的资产上的公司估值。

（3）实物期权法。是指公司在实物资产上投资或清盘的决策都可被简化看作是期权或选择权。期权的持有者有权利而不是义务进行或放弃该项投资，这类似于看涨或看跌的股票期权。因此，基于期权这一思维框架，决策者就有更大的灵活性和更好的方法来判断投资机会的价值（在不确定的经济环境中，管理灵活性从战略决策的角度来看是非常重要的）。

不同的估值方法适用于不同行业、不同财务状况的公司，对于不同公司要具体问题具体分析，谨慎择取不同估值方法。每种方法都有其优缺点，应该根据情况选择合适的估值方法，不存在孰优孰劣的问题。没有哪种估值方法是绝对正确的。不同估值方法宜结合使用，使投资者分析公司的基本面时，既考虑当前公司的财务状况、产品结构、业务结构，又考虑未来行业的发展和公司的战略，了解公司未来的连续价值，从而对公司形成全面的认识，做出更理性的投资判断，可能会取得比较好的效果。

二、绝对估值法

绝对估值法主要是指各种现金流贴现法。它是从价值的本源出发，得到的是内含价值。

（一）现金流贴现法（Discounted Cash Flow Method，DCF）

现金流贴现法的理论基础是：一项金融资产的价值等于它未来将产生的现金流的现值和。

DCF 是将项目或资产在生命期内将要产生的现金流折现，计算出当前价值的一种评估方法，通常适用于项目投资、商业地产估值等。它是对企业未来的现金流量及其风险进行预期，然后选择合理的贴现率，将未来的现金流量折合成现值。使用此法的关键：第一，预期企业未来存续期各年度的现金流量；第二，要找到一个合理、公允的折现率，折现率的大小取决于取得的未来现金流量的风险，风险越大，要求的折现率就越高。现金流贴现法是目前资本市场上应用最为广泛的估值方法之一，基本适用于各种类型的企业。

基础公式:

$$V = \sum_{t=1}^{n} \frac{CF_t}{(1+r)^t}$$

其中,n 为某项资产的寿命;CF_t 为某项资产带来的第 t 期现金流,$CF_{t+1} = CF_t(1+g)$;r 为反映该估算现金流风险的贴现率(资本成本);g 为 CF 的稳定增长率。

企业价值评估的思路有两种:

● 对企业的股权资本进行估价(又称为"权益法")。

● 对整个企业的价值进行估价(又称为"实体法"),包括股东权益、债权、优先股的价值。

根据两种不同的评估思路,可将现金流主要分为两种:

● 股权自由现金流。

● 企业自由现金流。

企业不同权利要求者的现金流和折现率如表 16.1 所示。

表 16.1 企业不同权利要求者的现金流和折现率

权利要求者	现金流	折现率
债权人	利息费用(1-税率)+偿还本金-新发行债务	税后债务成本
优先股股东	优先股股利	优先股资本成本
普通股股东	股权资本自由现金流	股权资本成本
企业=普通股股东+债权人+优先股股东	企业自由现金流=股权资本自由现金流+利息费用(1-税率)+偿还本金-新发行债务+优先股股利	加权平均资本成本

一般来说,现金流比净利润更重要,因为它可以通过考虑以下因素而得到更准确的"价值":

● 营运资本需求(营运资本=存货+应收账款+其他流动资产-应付账款-其他流动负债);

● 时间(货币的时间价值);

● 现金流可以在一定程度上避免每个企业由于会计准则不同而产生的

差异。

由于目前的现金流量折现方法存在种种假设前提，而现实的资本市场和投资者素质往往无法达到其要求的条件，因此在利用现金流量折现方法时有其局限性。主要表现在：

（1）没有反映现金流量的动态变化。由于企业的现金流量时刻处于变化之中，而且现金流量是时间、销售收入等参数的变化函数，必然导致依赖于现金流量的企业价值也处于动态变化之中。但是在相关的现金流折现模型中，忽视了现金流量的动态变化，单单依靠线性关系来确定现金流量，使评估结果更多地表现为静态结论。

（2）不能反映企业财务杠杆的动态变化。由于企业在经营中会根据环境的变化而改变企业的举债数额和负债比率，引起财务杠杆的波动，从而使企业的风险发生波动。一般情况下，这种风险的变化要在现金流量或者折现率中得到反映。但是目前的评估模型只是从静止的观点进行价值评估，忽视了这种财务杠杆和财务风险的变化。

（3）现金流量的预测问题。目前的现金流量预测是将现金流量与销售收入和净利润的增长联系起来，虽然从表面上看两者具有相关性，但是在实际中，净利润与现金流量是相关的。这其中主要是由于企业对会计政策的调整以及避税等手段的运用，出现净利润、销售收入与现金流量不配比的现象。在企业的经营活动、战略投资计划和筹资活动中，影响现金流量的是付现销售收入和付现销售成本。因此，在具体预测现金流量时，应该以付现的收入和成本为基础，而不应该以销售收入为基础。

（4）折现率的确定问题。目前的评估方法，对折现率的选取一般是在企业资金成本的基础上，考虑财务风险因素选取的。在具体评估企业价值时，一般会以静止的方法确定折现率，以目前资本结构下的折现率进行企业价值评估，即折现率是固定的。但是在实际中，由于企业经营活动发生变化，企业的资本结构必然处于变化之中，导致企业风险出现变化，进而影响到资本结构中各项资金来源的权重，导致折现率的波动，从而引起企业价值评估结果出现变化。

（二）主要现金流贴现模型

下面将介绍常用的四种现金流折现模型，即股利贴现模型、股权自由现金流贴现模型、实体（公司）自由现金流贴现模型以及经济利润模型。

1. 股利贴现模型（DDM）

DDM 是最为基础的模型，是内在价值最严格的定义。其他 DCF 法大量借鉴了 DDM 的一些逻辑和计算方法（基于同样的假设/相同的限制）。DDM 模型适用于分红多且稳定的公司、非周期性行业；不适用于分红很少或者不稳定公司、周期性行业。

公式：

$$V = \sum_{t=1}^{k} \frac{DIV_t}{(1 + r_S)^t} + \frac{DIV_{k+1}}{(r_s - g)(1 + r_S)^k}$$

其中，$DIV = NI \cdot d$，为各期股利（NI 为净利润，d 为分红率）；r 为贴现率；$g = ROE \cdot (1-d)$。

此模型的缺陷：

- 理论上完美，但难以应用，主要因素包括公司可能不分股利（如中国的不少上市公司）、股利政策不稳定、终值依然占比较大。
- 分红率是影响公司成长性的重要因素。
- DDM 需要确定下列变量：EPS 增长率、股利分配比率、长期增长率和贴现率。需要注意的是，在不同增长阶段，公司的 Beta 将发生变化。

2. 股权自由现金流贴现法（Free Cash Flow of Equity，FCFE）

股权自由现金流是指公司经营活动中产生的现金流量在扣除公司业务发展的投资需求和对其他资本提供者的分配后，可分配给股东的现金流量。所用的折现率是股权资本成本（可用资本资产定价模型 CAPM 计算获得的折现率）。

股权自由现金流的计算：

销售收入–经营费用=利息、税收、折旧及摊销前收益（EBITDA）–折旧和摊销

　　　　　　　=利息税前收益（EBIT）–利息费用

　　　　　　　=税前收益–所得税

　　　　　　　=净收益+折旧和摊销

　　　　　　　=经营性现金流–优先股股利–资本性支出–净营运资本追加额–偿还本金+新发行债务收入

$$=股权自由现金流量$$

$$股权价值 = \sum_{t=1}^{\infty} \frac{股权现金流量_t}{(1+股权资本成本)^t}$$

股权现金流量模型可分为三种类型：永续增长模型、两阶段增长模型和三阶段增长模型。

（1）永续增长模型。该模型假设企业未来长期稳定、可持续地增长。在永续增长的情况下，企业价值是下期现金流量的函数。永续增长模型的一般表达式为：

$$股权价值 = \frac{下期股权现金流量}{股权资本成本 - 永续增长率}$$

当永续增长率等于零时，称为零增长模型，是永续增长模型的特例，其表达式为：

$$股权价值 = \frac{下期股权现金流量}{股权资本成本}$$

（2）两阶段增长模型。两阶段增长模型适用于评估增长呈现两个阶段的企业价值。第一个阶段为超常增长阶段，增长率明显快于永续增长阶段；第二个阶段维持稳定增长速度，具有永续增长的特征，增长率比较低，是正常的增长率。两阶段增长模型的公式为：

$$股权价值 = 预测期股权现金流量现值 + 后续期价值的现值$$

$$= \sum_{t=1}^{n} \frac{股权现金流量_t}{(1+股权资本成本)^t} + \frac{股权现金流量_{n+1}/(股权资本成本 - 永续增长率)}{(1+股权资本成本)^n}$$

（3）三阶段增长模型。三阶段增长模型适用于评估依次经历三个增长阶段的企业价值：一个初始高速增长阶段、一个增长率递减的转换阶段和一个永续增长的稳定阶段。当被评估企业的增长率与模型假设的三个阶段特征相符时，才可适用该模型。

$$股权价值 = 增长期现金流量现值 + 转换期现金流量现值 + 后续期现金流量现值$$

$$= \sum_{t=1}^{n} \frac{增长期现金流量_t}{(1+资本成本)^t} + \sum_{t=n+1}^{n+m} \frac{转换期现金流量_t}{(1+资本成本)^t} +$$

$$\frac{后续期现金流量_{n+m+1}/(资本成本 + 永续增长率)}{(1 + 资本成本)^{n+m}}$$

3. 实体（公司）自由现金流贴现法（Free Cash Flow of Firm, FCFF）

美国学者拉巴波特（Alfred Rappaport）于 20 世纪 80 年代提出了自由现金流概念：企业产生的、在满足了再投资需求之后剩余的、不影响公司持续发展前提下的、可供企业资本供应者/各种利益要求人（股东、债权人）分配的现金。这样算出来的是整个公司的价值，即所谓的实体价值，或公司价值。

实体现金流量模型的基本形式是：

$$实体价值 = \sum_{t=1}^{\infty} \frac{实体现金流量_t}{(1 + 加权平均资本成本)^t}$$

$$债务价值 = \sum_{t=1}^{\infty} \frac{偿还债务现金流量_t}{(1 + 等风险债务利率)^t}$$

股权价值＝实体价值−债务价值

与股权现金流量模型一样，实体现金流量模型也可分为三种类型：永续增长模型、两阶段增长模型和三阶段增长模型。

（1）永续增长模型。

$$实体价值 = \frac{下期实体现金流量}{加权平均资本成本−永续增长率}$$

（2）两阶段增长模型。

实体价值＝预测期实体现金流量现值 + 后续期价值的现值

$$= \sum_{t=1}^{n} \frac{实体现金流量_t}{(1 + 加权平均资本成本)^t} + $$

$$\frac{实体现金流量_{n+1}/(加权平均资本成本 - 永续增长率)}{(1 + 加权平均资本成本)^n}$$

（3）三阶段增长模型。

实体价值＝增长期现金流量现值 + 转换期现金流量现值 +
　　　　　后续期现金流量现值

$$= \sum_{t=1}^{n} \frac{增长期实体现金流量_t}{(1 + 加权平均资本成本)^t} + $$

$$\sum_{t=n+1}^{n+m} \frac{转换期实体现金流量_t}{(1+加权平均资本成本)^t} +$$

$$\frac{后续期实体现金流量_{n+m+1}/(资本成本-永续增长率)}{(1+加权平均资本成本)^{n+m}}$$

实体现金流量模型的上述三种类型，在形式上与股权现金流量模型的三种类型一样，只是所输入的参数变量不同：实体现金流量代替了股权现金流量，加权平均资本成本（WACC）代替了股权资本成本。

实体自由现金流计算方法有两种：一种是把企业不同权利要求者的现金流加总在一起；另一种是从利息税前收益（EBIT）开始计算，得到与第一种方法相同的结果。

实体自由现金流=股权资本自由现金流+利息费用(1-税率)+偿还本金-

新发行债务+优先股股利

实体自由现金流=EBIT(1-税率)+折旧-资本性支出-净营运资本追加额

4. 经济利润模型

经济利润也称经济附加值、超额利润等。经济利润排除所有者投入和分派给所有者方面的因素，是期末净资产与期初净资产相减后的差额。

（1）经济利润的含义。经济利润是经济学家所持的利润概念，不同于会计利润。虽然经济学家的利润也是收入减去成本后的差额，但是经济收入不同于会计收入，经济成本不同于会计成本，因此经济利润也不同于会计利润。

经济利润的计算：

经济利润=税后净利润-股权费用

= 息前税后营业利润-税后利息-股权费用

= 息前税后营业利润-全部资本费用

=期初投资资本×期初投资资本回报率-

期初投资资本×加权平均资本成本

=期初投资资本×（期初投资资本回报率-加权平均资本成本）

（2）价值评估的经济利润模型。根据现金流量折现原理，如果某一年的投资资本回报率等于加权平均资本成本，则企业现金流量的净现值为零。此时，息前税后营业利润等于投资各方的期望报酬，经济利润也必然为零，企业的价值与期初相同，既没有增加也没有减少。如果某一年的投资资本回报率超过加权平均资本成本，则企业现金流量的净现值大于零。此时，息前税后营业利润大于投资各方期望的报酬，即经济利润大于零，企业的价值将增加。如果某一年的投资资本回报率小于加权平均资本成本，则企业现金流量的净现值小于零。此时，息前税后营业利润不能满足投资各方的期望报酬，即经济利润小于零，企业的价值将减少。因此，企业价值等于期初投资资本加上经济利润的现值：

实体价值＝期初投资资本+经济利润现值

其中，期初投资资本是指企业在经营中投入的现金。

投资资本＝所有者权益+有息债务

经济利润＝息前税后营业利润–全部资本费用

　　　　＝息前税后营业利润–期初投资资本×加权平均资本成本

$$后续期经济利润终值 = \frac{后续期第一年经济利润}{资本成本 – 永续增长率}$$

后续期经济利润现值＝后续期经济利润终值×折现系数

经济利润模型与现金流量模型在本质上是一致的，但是经济利润具有可以计量单一年份价值增加的优点，而现金流量法却做不到。因为，任何一年的现金流量都受到净投资的影响，加大投资会减少当年的现金流量，推迟投资可以增加当年的现金流量。投资不是业绩不良的表现，找不到投资机会反而是不好的征兆。因此，某个年度的现金流量不能成为计量业绩的依据。

经济利润之所以受到重视，关键是它把投资决策必需的现金流量法与业绩考核必需的权责发生制统一起来了。现代企业建立以价值管理为核心的财务管理体系，经济利润法已成为越来越热门的理财思想。它既可以推动价值创造的观念深入到企业上下，又与企业股东和债权人要求比资本成本更高的收益目标相一致，从而有助于实现企业价值和股东财富最大化。

三、相对估值法

相对估值法就是使用各种估值倍数。这些倍数均为公司的市场价值与公司经营活动的某个指标的比值。例如：

P/E＝Price/EPS＝股价/每股税后利润

P/B＝Price/BVPS＝股价/每股净资产

EV/EBIT = ［股票市值+债务］/EBIT

EV/EBITDA = ［MVE+Debt］/EBITDA

常用估值倍数的优劣比较如表 16.2 所示。

表 16.2　常用估值倍数的优劣比较

估值倍数	优点	缺点
P/E	● 意思简单 ● 计算简单	● 易受会计政策的影响 ● 易受资本结构的影响 ● 对亏损的公司无法计算
P/B	● BV 较为稳定 ● 对亏损公司可以计算	● 易受会计政策的影响 ● 对服务业公司意义不大 ● 对净值为负的公司无法计算
P/S	● 收入较难人为调整 ● 对亏损和净值为负的公司可以计算 ● 较为稳定	无法反映成本的变化
P/EBIDA	● 不受会计政策的影响 ● 不受资本结构的影响 ● 有利于比较不同国家的公司	

相对估值方法的应用效果，关键在于选取合适的可比公司和比照对象。在选取目标倍数时，须对有关行业及同类企业有深刻的了解和判断，并综合考虑公司的业务类型、盈利状况、成长性、风险等因素。具体参考指标常常包括产品、资本结构、管理模式、盈利水平、账面价值、竞争性质等。

进行相对价值评估时的大致步骤如下：

● 识别出可比资产，并获取这些资产的市值。

● 将这些市值转化为标准价值，因为绝对定价是无法进行比较的。这一标准化过程会形成多个价格倍数。

● 调整公司之间会影响价格倍数的差异，确定可比资产，再将待分析资产的标准价值或倍数与可比资产的标准价值进行比较，以判断其价值是否被低估或高估。

1. 市盈率（P/E）估值法

市盈率指每股市价除以每股收益。市盈率表示的是投资者为了获得公司每一单位的收益或盈利而愿意支付多少倍的价格。一般来说，市盈率的高低可以用来衡量投资者承担的投资风险，市盈率越高说明投资者承担的风险相对越高。

利用不同的数据计算出的市盈率有不同的意义。现行市盈率利用过去四个季度的每股盈利计算，而预测市盈率可以用过去四个季度的盈利计算，也可以根据上两个季度的实际盈利以及未来两个季度的预测盈利的总和计算。需要注意的是，市盈率的计算只包括普通股，不包含优先股。在收益周期性明显的行业和企业，其估值应以多年的平均每股收益来替代最近一年的每股收益，这样才能更合理地使用市盈率来估值。

公司估值=市盈率(参考的上市公司平均 P/E 值)×最近一个会计年度的净利润。或者等价地，合理股价=每股收益(EPS)×合理的市盈率(P/E)。

P/E 估值法的优点是：①计算 P/E 所需的数据容易获得，简单易行，它运用了近期的盈利估计，而近期的盈利估计一般比较准确，可以有广泛的参照比较；②P/E 指标直接将资产的价格与资产目前的收益水平有机地联系起来。

P/E 估值法的缺点是：①盈利不等于现金，由于在收益表中，利润是最终的计算结果，因此收益比例对会计政策的敏感性非常高（所以，在计算市盈率时最好不考虑商誉的摊销额和非常项目的影响额）；②忽视了公司的风险，如高债务杠杆，因为同样的 P/E，用了高债务杠杆得到的每股盈余与毫无债务杠杆得到的每股盈余是截然不同的（这时候以净资产收益率为核心的杜邦分析就很重要）；③市盈率无法顾及远期盈利，对周期性及亏损企业估值困难；④P/E 估值忽视了摊销折旧、资本开支等维持公司运转的重要的资金项目；⑤收益乘数并未明确地将未来增长的成本考虑在内，正常情况下，高速增长的公司的收益乘数会更高一些，由于需要更多的资本以支持公司的高速增长，会降低权益资本的回报率。

P/E 估值法主要用在目前的收益状况可以代表未来的收益及其发展趋势的条件下。

- 周期性较弱企业，如公共服务业，因其盈利相对稳定；

- 公司/行业/股市比较相当有用（公司/竞争对手、公司/行业、公司/股市、行业/股市）。

P/E估值法不适用于：

- 周期性较强企业，如一般制造业、服务业；
- 每股收益为负的公司；
- 房地产等项目性较强的公司；
- 银行、保险和其他流动资产比例高的公司；
- 难以寻找可比性很强的公司；
- 多元化经营比较普遍、产业转型频繁的公司。

2. PEG 指标（市盈率相对盈利增长比率）

PEG是用公司的市盈率除以公司的盈利增长速度，即 PEG = P/E ÷（企业年盈利增长率×100）。PEG指标（市盈率相对盈利增长比率）是在 P/E（市盈率）估值的基础上发展起来的，它弥补了 P/E 对企业动态成长性估计的不足。P/E仅仅反映了某股票当前价值，PEG则把股票当前的价值和该股未来的成长联系了起来。用PEG指标选股的好处就是将市盈率和公司业绩成长性对比起来看，其中的关键是要对公司的业绩做出准确的预期。

PEG一般是用公司的市盈率（P/E）除以公司未来3年或5年的每股收益复合增长率。比如一只股票当前的市盈率为20倍，其未来5年的预期每股收益复合增长率为20%，那么这只股票的PEG就是1。当PEG等于1时，表明市场赋予这只股票的估值可以充分反映其未来业绩的成长性。

投资者普遍习惯于使用市盈率来评估股票的价值，但是，当遇到一些极端情况时，市盈率的可操作性就有局限性，比如市场上有许多远高于股市平均市盈率水平，甚至高达上百倍市盈率的股票，此时就无法用市盈率来评估这类股票的价值。但如果将市盈率和公司业绩成长性相对比，那些超高市盈率的股票看上去就有合理性了，投资者就不会觉得风险太大了，这就是PEG估值法。PEG虽然不像市盈率和市净率使用得那样普及，但同样是非常重要的，在某些情况下，还是决定股价变动的决定性因素。

一般而言，PEG值越低，股价遭低估的可能性越大，这一点与市盈率类似。需要注意的是，PEG值的分子与分母均涉及对未来盈利增长的预测，出错的可能较大。计算PEG值所需的预估值，一般取市场平均预估，即追踪公司业绩的机构收集多位分析师的预测所得到的预估平均值或中值。

在投资未上市企业时最好选那些市盈率较低，同时未来收益增长速度又比较高的公司，这些公司有一个典型特点就是 PEG 会非常低（PEG 越低越好）。当然，需要避免的一个误区是，并非 PEG 值越小就越是好公司，因为计算 PEG 时所用的增长率，是过去三年平均指标这样相对静态的数据，实际上，决定上市公司潜力的并不是过去的增长率，而是其未来的增长率。从这个意义上说，一些目前小 PEG 的公司并不代表其今后这一数值也一定就小。在这些 PEG 数值很小的公司中，有一些属于业绩并不稳定的周期性公司，但真正有潜力的公司其实并不在于一时业绩的暴增，而是每年一定比例的稳定增长。

PEG 法相对更适用于 IT 等高成长性企业以及非周期性股票，不适用于成熟、亏损或盈余正在衰退的行业。

3. 市净率（P/B）估值法

市净率（P/B）指每股市价除以每股账面净资产；合理股价=每股净资产×合理的市净率。

这种方法较适用于高风险行业以及周期性较强行业，拥有大量固定资产并且账面价值相对较为稳定的企业，银行、保险和其他流动资产比例高的公司，以及绩差及重组型公司。P/B 估值方法不适用于账面价值的重置成本变动较快的公司，以及固定资产较少的、商誉或知识财产权较多的服务行业。

市净率被许多研究员广泛采用的原因仅在于它解决了行业亏损、市盈率为负的问题，对他们来说，市净率是市盈率失效后最简单、最直观的指标。但是，市净率为股价与账面净资产的比值，其假设条件是认为股价和公司的账面净资产高度相关，这是一个非常严格的假设。企业不是资产的堆积，其之所以有投资价值并不是因为它拥有资产，而是能够有效地利用资产去创造收益。因此，一般来说企业资产价值和企业价值的估值相关程度很小。同时，由于会计上采用的历史成本法以及会计政策等方面的差异，使得资产的账面价值与真实价值相去甚远。因而，在估值时，市净率估值法并不经常作为主要方法加以使用。

公司估值=市净率(参考的上市公司平均 P/B 值)×净资产

此比率是从公司资产价值的角度去估计公司股票价格的基础，对于银行和保险公司这类资产负债多由货币资产所构成的企业股票的估值，以 P/B 去分析较适宜。

通过市净率定价法估值时，首先应根据审核后的净资产计算出被估值公司的每股净资产；其次根据二级市场的平均市净率、被估值公司的行业情况（同类行业公司股票的市净率）、公司的经营状况及其净资产收益率等拟定发行市净率（非上市公司的市净率一般要按可比上市公司市净率打折）；最后依据发行市净率与每股净资产的乘积决定估值。公式为：合理股价＝每股净资产×合理的市净率（P/B）。

P/B 估值法的优点是：①P/B 的概念本身浅显易懂；②随着时间的变化，P/B 的变化比较稳定，因此适合于历史分析；③在各公司所选用的会计政策符合可比性的条件下，P/B 可用以鉴别哪些公司的价值被低估，哪些公司的价值被高估；④在公司发生亏损或净现金流量小于零时，仍然可以使用 P/B 估值法。

P/B 估值法的缺点是：①账面价值受所选用会计政策的影响非常大，各公司或各国的账面价值可能存在巨大的差异，不具有可比性；②资产负债表上披露的账面价值并不能公允地反映资产的市场价值。

P/B 估值法主要适用于那些无形资产对其收入、现金流量和价值创造起关键作用的公司，如银行业、房地产业和投资公司等。这些行业都有一个共同特点，即虽然运作着大规模的资产但其利润额却比较低。

- 高风险行业以及周期性较强行业，拥有大量固定资产并且账面价值相对较为稳定的企业；
- 银行、保险和其他流动资产比例高的公司；
- 绩差及重组型公司。

P/B 估值法不适用于：

- 账面价值的重置成本变动较快的公司；
- 固定资产较少的、商誉或知识财产权较多的服务行业。

4. EV/EBITDA 估值法

EV/EBITDA 是企业价值与利息、税项、折旧及摊销前盈利的比率，又称企业价值倍数。EV（企业价值）＝市值＋总负债－总现金＝市值＋净负债，该指标最早用作收购兼并的定价标准，现在已广泛用于对公司价值的评估和股票定价。这里的公司价值不是资产价值，而是指业务价值，即如果要购买一家持续经营的公司需要支付多少价钱，这笔钱不仅包括对公司盈利的估值，还包括需承担的公司负债。企业价值被认为是更加市场化及准确的公司价值标准，其衍生的估值指标如 EV/销售额、EV/EBITDA 等被广泛用于股票定价；EBITDA 代表未扣除利息、所得税、折旧与摊销前的盈余（＝营业利润+折旧费用+摊销费用），其中营业利润＝毛利−营业费用−管理费用。EV/EBITDA 估值方法一般适用于资本密集、准垄断或者具有巨额商誉的收购型公司，这样的公司往往因为大量折旧摊销而压低了账面利润；EV/EBITDA 还适用于净利润亏损，但毛利、营业利益并不亏损的公司。EV/EBITDA 估值方法不适用于固定资产更新变化较快的公司，净利润亏损、毛利、营业利益均亏损的公司，资本密集、有高负债或大量现金的公司。

　　EV/EBITDA 和市盈率（P/E）等相对估值法指标的用法一样，其倍数相对于行业平均水平或历史水平较高通常说明高估，较低说明低估，不同行业或板块有不同的估值（倍数）水平。但是，EV/EBITDA 较 P/E 有明显优势，相比而言，首先，由于 EBITDA 指标中扣除的费用项目较少，因此其相对于净利润而言成为负数的可能性也更小，因而具有比 P/E 更广泛的使用范围。其次，由于在 EBITDA 指标中不包含财务费用，因此它不受企业融资政策的影响，不同资本结构的企业在这一指标下更具有可比性；同样，由于 EBITDA 为扣除折旧摊销费用之前的收益指标，企业间不同的折旧政策也不会对上述指标产生影响，这也避免了折旧政策差异以及折旧反常等现象对估值合理性的影响。最后，EBITDA 指标中不包括投资收益、营业外收支等其他收益项目，仅代表了企业主营业务的运营绩效，这也使企业间的比较更加纯粹，真正体现了企业主业运营的经营效果以及由此而应该具有的价值。然而 EV/EBITDA 更适用于单一业务或子公司较少的公司估值，如果业务或合并子公司数量众多，需要做复杂调整，有可能会降低其准确性。

　　EV/EBITDA 倍数法作为当前专业投资人员越来越普遍采用的一种估值方法，其主要优势就在于 EBITDA 指标对企业收益的更清晰度量，以及该指标和企业价值之间更强的相关性。然而在某些具体行业中，由于行业特性和会计处理规定可能会导致上述关系出现一定程度的扭曲，这时就需要使用者对 EBITDA 指标进行一定的调整，恢复其衡量企业主营业务税前绩效的合理性。

以航空公司为例，公司运营的飞机有的是自筹资金购买的，这在财务报表上显示为企业的固定资产，需要每年计提折旧。如上所述，这类费用并不在 EBITDA 指标中扣除。但航空公司中还有相当一部分飞机是租来的，每年付给飞机租赁公司一定的费用，而这部分费用在财务报表中显示为经营费用，在 EBITDA 指标中已经进行了扣除。显然，如果单纯地比较航空公司 EBITDA 水平就会有失公允。所以，此时应该将航空公司 EBITDA 指标中已经扣除的租赁费用加回，变形为 EBITDAR 指标，从而实现公司之间的可比性，相应的估值方法也变形为 EV/EBITDAR 倍数法。在石油行业中，勘探活动可以界定为高风险投资活动。要衡量石油公司的运营绩效，需要将勘探费用加回以进行比较，此时相应的估值方法演化为 EV/EBITDAX。

公司估值=企业价值倍数(参考上市公司平均 EV/EBITDA 值)×最近一个会计年度的 EBITDA

EBITDA（Earnings before Intrerest, Tax, Depreciation and Amortization, 息税折旧摊销前利润，即扣除利息、所得税、折旧、摊销之前的利润)= 营业利润+折旧+摊销，或=净利润+所得税+利息+折旧+摊销

20 世纪 80 年代，伴随着杠杆收购的浪潮，EBITDA 第一次被资本市场上的投资者们广泛使用。但当时投资者更多地将它视为评价一个公司偿债能力的指标。随着时间的推移，EBITDA 开始被实业界广泛接受，因为它非常适合用来评价一些前期资本支出巨大，而且需要在一个很长的期间内对前期投入进行摊销的行业，比如核电行业、酒店业、物业出租业等。如今，越来越多的上市公司、分析师和市场评论家们推荐投资者使用 EBITDA 进行分析。

最初私人资本公司运用 EBITDA，而不考虑利息、税项、折旧及摊销，是因为他们要用自己认为更精确的数字来代替它们，他们移除利息和税项，是因为他们要用自己的税率计算方法以及新的资本结构下的财务成本算法。而 EBITDA 剔除摊销和折旧，则是因为摊销中包含的是以前会计期间取得无形资产时支付的成本，并非投资人更关注的当期的现金支出。而折旧本身是对过去资本支出的间接度量，将折旧从利润计算中剔除后，投资者能更方便地关注对于未来资本支出的估计，而非过去的沉没成本。

因此，EBITDA 常被拿来和现金流比较，因为它和净收入（EBIT）之间的差距就是两项对现金流没有影响的开支项目，即折旧和摊销。然而，由于

并没有考虑补充营运资金以及重置设备的现金需求，而且 EBITDA 中没有调整的非现金项目还有备抵坏账、计提存货减值和股票期权成本，因此，并不能就此简单地将 EBITDA 与现金流对等，否则，很容易将企业导入歧途。

EV/EBITDA 估值法的投资应用：该估值指标最早是用作收购兼并的定价标准，现在已广泛用于对公司价值的评估和股票定价。这里的公司价值不是资产价值，而是指业务价值，即如果要购买一家持续经营的公司需要支付多少价钱，这笔钱不仅包括对公司盈利的估值，还包括需承担的公司负债。企业价值被认为是更加市场化及准确的公司价值标准，其衍生的估值指标如 EV/销售额、EV/EBITDA 等被广泛用于股票定价。

EV/EBITDA 的优点是：不仅是股票估值，而且是"企业价值"估值，与资本结构无关，接近于现实中私有企业的交易估值。而且，EBITDA 加入了摊销折旧等现金项目。

EV/EBITDA 的缺点是：对有着很多控股结构的公司估值效果不佳，因为 EBITDA 不反映少数股东现金流，但却过多反映控股公司的现金流；不反映资本支出需求，过高估计了现金。

EV/EBITDA 法适用于：

- 充分竞争行业的公司；
- 没有巨额商誉的公司；
- 净利润亏损，但毛利、营业利益并不亏损的公司。

EV/EBITDA 法不适用于：

- 固定资产更新变化较快的公司；
- 净利润亏损、毛利、营业利益均亏损的公司；
- 资本密集、准垄断或者具有巨额商誉的收购型公司（大量折旧摊销压低了账面利润）；
- 有高负债或大量现金的公司。

5. 市销率（P/S）估值法

（1）P/S（Price-to-Sales Ratio，市销率）公式。市销率也称价格营收比或市值营收比，是以公司市值除以上一财年（或季度）的营业收入，或等价地，以公司股价除以每股营业收入。市销率=总市值/销售收入=（股价×总股数）/销售收入。

这一指标可以用于确定股票相对于过去业绩的价值。市销率也可用于确定一个市场板块或整个股票市场中的相对估值。市销率越小（比如小于1），通常被认为投资价值越高，这是因为投资者可以付出比单位营业收入更少的钱购买股票。

不同的市场板块市销率的差别很大，所以市销率在比较同一市场板块或子板块的股票时最有用。同样，由于营业收入不像盈利那样容易操纵，因此市销率比市盈率更具业绩的指标性。但市销率并不能够揭示整个经营情况，因为公司可能是亏损的。市销率经常被用于评估亏损公司的股票，因为没有市盈率可以参考。在几乎所有网络公司都亏损的时代，人们使用市销率来评价网络公司的价值。

逻辑："在判断企业估值方面，收入比利润更可靠。"

（2）P/S估值法的优缺点。

P/S估值法的优点：销售收入最稳定，波动性小；营业收入不受公司折旧、存货、非经常性收支的影响，不像利润那样易操控；收入不会出现负值，不会出现没有意义的情况，即使净利润为负也可使用。所以，市销率估值法可以对市盈率估值法形成良好的补充。

P/S估值法的缺点是：它无法反映公司的成本控制能力，即使成本上升、利润下降，不影响销售收入，市销率依然不变；市销率会随着公司销售收入规模扩大而下降；营业收入规模较大的公司，市销率较低。

四、期权定价理论

期权定价理论越来越多地被用于新经济公司的估值。

在新经济时代，管理层的决定常常从根本上影响一家公司的成败。鉴于此，投资者和风险投资公司开始关注采用对一家公司的管理层所拥有的现实选择权（REAL OPTION）实行定价的方式来对公司价值进行评估，即根据期权定价理论（BLACK-SCHOLES模型）对管理层拥有的决策选择权进行定量分析。

在资本市场上，期权赋予投资者权利而不是义务去按一个指定的价格购买或者卖出一种证券。相同地，一家拥有现实选择权的公司也拥有权利而不是义务去形成能增加公司价值的决策。在对公司进行估值时，至少有以下四类现实选择权可以考虑：

- 放弃的选择：放弃对一家公司或一个项目的投资。
- 递延的选择：在将来对已证明是值得追加投资的特定企业或项目进行投资，具有"等等看"的价值。
- 扩张或收缩的选择：当特定的企业或项目已证实有价值时追加投入，反之则减少投入的选择权。
- 转换的选择：在不同的营运模式或阶段进行转换的能力。例如，亚马逊在售书行业的电子商务经验和客户网络赋予了它有价值的现实选择权去投资于音乐、电影和礼品的电子商务。

使用期权定价理论进行新经济公司估值主要有三方面的局限性。首先，确定一家公司究竟拥有哪些现实选择权；其次，确定对现实选择权进行定价所需的要素也是困难的，尤其是新经济公司，经常是难以寻找到可比数据的；最后，现实选择权本身具有复杂性。

大多数新经济公司的价值实际上是一组该公司所拥有的选择权的价值（大多数新经济公司的现金流为负数，因而其按传统估值方法计算所得的价值大多为零甚至负数），因此在评估一家新经济公司的价值时，对其发展前景，尤其是其拥有什么样的机会和选择权的分析论证，是影响评估结果的关键。在进行定性分析的基础上，使用期权定价理论对新经济公司面临巨大不确定性情况下的各种主要选择权进行定量分析，能为新经济公司的估值提供有意义的启示。

第十七章　境外投资最新政府政策调整

本章将对中资企业开展境外投资涉及的国家相关政策进行简要介绍[①]，以期为开展境外投资的企业提供借鉴和参考。

对境外投资进行审批的国家相关部委为国资委、发改委、商务部及财政部。需要说明的是，先前境外投资涉及的外汇管理局审批已经取消，改由贷款银行代企业在外汇管理局进行备案登记。

- 在签约前：

建议与发改委进行预先沟通。发改委在协调多家中资竞标方竞购同一资产方面表现出了更大的灵活性。"小路条"（即省级政府同意将该项目列入本省建设规划的批文）不再是排他性的必然标志，曾经出现过向不止一家中资竞标方出具"小路条"的情况。

- 从签约到交割阶段：

发改委：除了涉及敏感行业或区域的目标公司的交易仍需获得审批，其他交易仅需要提交备案材料。发改委可能在相对较短的时间内提供确认，因为这不再是一个正式的审批流程。

证监会：A股收购方将不再需要获得证监会审批，除非交易涉及股权对价（重大资产重组不再触发证监会的批准审核）。但需向收购方上市的证券交易所进行程序备案。

国资委（仅适用于国有企业）：未见明显变化。但随着审查变得更加严格，国有企业应更加谨慎。

商务部（反垄断）：通常不构成中国企业境外并购的主要障碍。

外汇管理局：如果并购资金需要从境内转移到境外，则需要外汇管理局审批。之前只需进行简单的登记。但自2016年起，鉴于人民币的大量流出，

---

① 截至2017年底的国家相关政策。

此流程需接受更严格的审查。2017 年开始有所放松。

一、国资委

如果境外投资主体是国有企业，则会涉及国资委的审批或备案。根据《国务院国有资产监督管理委员会关于加强中央企业境外投资管理有关事项的通知》第六条规定，属于企业主业的境外投资项目要报国资委备案，非主业境外投资项目须报国资委审核。根据《市属国有企业股权投资管理暂行规定》第十条规定，国有企业进行境外股权投资和境外并购融资跨境担保的，应按内部决策程序审议，经所出资企业审核后，由所出资企业报市国资委审批。

国资委在对企业的境外投资管理上，分为备案和核准两种类型。

● 需要报国资委备案的项目包括：列入中央企业年度境外投资计划的主业重点投资项目；未列入中央企业年度境外投资计划，需要追加的主业重点投资项目。国资委对境外投资项目有异议的，应当及时向企业出具书面意见。

● 对于未列入中央企业年度境外投资计划，需要追加的主业重点投资项目，如国资委对项目有异议的，应当在 20 个工作日内向企业出具书面意见。

● 需要报国资委核准的项目包括境外非主业投资的项目，应当经国资委核准。核准要求材料包括申请核准非主业投资的请示。

● 中央企业对非主业投资项目的有关决策文件；非主业投资项目可行性研究报告、尽职调查等相关文件；非主业投资项目风险评估、风险控制和风险防范报告。对于核准类项目，国资委在 20 个工作日内出具书面核准意见。

● 需要注意的是，企业在准备开展对外投资阶段，应提前将项目列入年度境外投资计划并报国资委。对于年度计划外的企业境外投资，能否通过国资委的审批存在不确定性。

二、发改委

发改委对境外投资项目审批分为核准和备案两种类型。项目在获得核准或备案后，企业才能进一步办理外汇、银行贷款、海关、出入境管理和税收等相关手续。遵照国家鼓励企业"走出去"、简化政府审批流程的大政方针，从 2014 年 12 月底开始，发改委再次放宽境外投资项目审批条件，即按照是否涉及敏感国家、敏感地区和敏感行业进行区分，涉及敏感因素的项目按核准流程处理，不涉及的按备案流程处理。

其中，中方投资额 20 亿美元及以上（包括资本金及中国境内银行贷款的总额）的核准类项目，发改委提出审核意见后，还需报国务院核准。

发改委对境外投资项目进行审批的主要原则包括：

● 是否符合国家法律法规和产业政策，是否危害国家主权、安全和公共利益，是否违反国际法准则。

● 是否符合经济和社会可持续发展要求，有利于开发国民经济发展所需战略性资源。

● 是否符合国家关于产业结构调整的要求，促进国内具有比较优势的技术、产品、设备出口和劳务输出，吸收国外先进技术。

● 是否符合国家资本项目管理和外债管理规定，投资主体是否具备相应的投资实力。属于核准类的项目要向发改委递交项目申请报告，发改委受理后 5 个工作日之内告知材料是否完备。

发改委根据需要可在 5 个工作日内聘请咨询机构进行评估，评估报告完成时限不超过 40 个工作日。对于符合核准条件的项目，发改委在 20 个工作日内完成核准意见，经负责人签字可延长 10 个工作日。属于备案类的项目要填报《境外投资项目备案申请表》及有关附件，发改委收到备案材料 7 个工作日内出做出回复。

备案材料除介绍项目投资主体、外国合作方情况、投资背景和目的、投资方式和规模、资金来源等以外，还包括投资主体的投资决策性意见、与外方的意向合作文件、银行的贷款意向书等。

在签署约束性协议、提出约束性报价或正式对外投标之前，应向发改委报送项目信息报告，发改委在 7 个工作日之内给出确认函。已经获得备案的项目，如后期项目规模、建设内容发生变化，投资主体、股权结构发生变化，中方投资额超过原批准额度的 20%，需要向发改委申请备案的变更。

注意事项包括：

● 需国家发改委核准或备案的境外投资项目，国内企业在对外签署具有最终法律约束效力的文件前，应当取得国家发改委出具的核准文件或备案通知书，或可在签署的文件中明确生效条件为依法取得国家发改委出具的核准文件或备案通知书。

● 国内企业需在核准文件和备案通知书的有效期内完成相关手续，其中建设类项目核准文件和备案通知书有效期为两年，其他项目核准文件和备案通知书有效期为一年。在有效期内企业未能完成相关手续的，应在有效期届满前30个工作日内申请延长有效期，以避免因项目核准文件或备案通知书失效而需重新办理。

2017年11月3日，发改委官网发布《企业境外投资管理办法（征求意见稿）》，拟对2014年5月起施行的《境外投资项目核准和备案管理办法》（国家发展和改革委员会令第9号）进行修订。本次征求意见稿相较于9号令变化较大，对境外投资的定义、备案和核准要求都做了修正。其中包括取消"小路条"、取消"20亿美元以上的国务院审批"、发布"敏感行业目录"。

三、商务部

对外投资在2009年之前实行审批制；2009～2014实行核准制；2014年后进一步放松了，实行备案制。2016年底调整，后又出现新的调整。总的原则是逐步放松。

2017年8月18日，国务院办公厅转发国家发展改革委、商务部、人民银行、外交部《关于进一步引导和规范境外投资方向的指导意见》（以下简称《意见》），部署加强对境外投资的宏观指导，引导和规范境外投资方向，推动境外投资持续合理有序健康发展。

《意见》鼓励开展的境外投资包括：

● "一带一路"建设和周边基础设施互联互通的基础设施境外投资。

● 带动优势产能、优质装备和技术标准输出的境外投资。

● 境外高新技术和先进制造业企业的投资合作。

● 稳妥参与境外能源资源勘探和开发。

● 农业对外合作。

● 有序推进服务领域境外投资。

● 支持符合条件的金融机构在境外建立分支机构和服务网络。

《意见》限制开展的境外投资包括：

● 赴与我国未建交、发生战乱或者我国缔结的双、多边条约或协议规定需要限制的敏感国家和地区开展境外投资。

- 房地产、酒店、影城、娱乐业、体育俱乐部等境外投资。
- 在境外设立无具体实业项目的股权投资基金或投资平台。
- 使用不符合投资目的国技术标准要求的落后生产设备开展境外投资。
- 不符合投资目的国环保、能耗、安全标准的境外投资。
- 其中，前三类须经境外投资主管部门核准。

上面限制类的是一事一议，与禁止不同。

《意见》禁止开展的境外投资包括：

- 涉及未经国家批准的军事工业核心技术和产品输出的境外投资。
- 运用我国禁止出口的技术、工艺、产品的境外投资。
- 赌博业、色情业等境外投资。
- 我国缔结或参加的国际条约规定禁止的境外投资。
- 其他危害或可能危害国家利益和国家安全的境外投资。

四、外汇管理局

获得发改委和商务部门的核准或备案文件之后，下一步就是办理境外投资外汇登记。

境内企业境外直接投资，由银行负责办理外汇登记。

2015 年 2 月 13 日，《国家外汇管理局关于进一步简化和改进直接投资外汇管理政策的通知》（汇发〔2015〕13 号文）（以下简称"外汇 13 号文"）的出台无疑是境内企业境外投资外汇管理史上的一个重大突破。"外汇 13 号文"直接取消了境外直接投资项下外汇登记核准行政审批，改由银行按照《直接投资外汇业务操作指引》直接审核办理境外直接投资项下外汇登记。这意味着负责境外投资外汇管理这一职能的主管单位由外汇管理局转为银行，这无疑是我国外汇管理史上的重大改变。因此，自 2015 年 6 月 1 日起，外汇管理局不再负责境外投资外汇登记事项，而只是通过银行对直接投资外汇登记实施间接监管。这意味着企业可自行选择注册地银行办理直接投资外汇登记。企业完成直接投资外汇登记后，再办理后续直接投资相关账户开立、资金汇兑等业务（含利润、红利汇出或汇回）。

此外，"外汇 13 号文"也取消了境外再投资外汇备案，即境内投资主体设立或控制的境外企业在境外再投资设立或控制新的境外企业无须办理外汇备案手续。

1. 境外直接投资前期费用用途

在国际收购的竞标中，招标方一般会要求投资方提供担保存款或者竞标保证金。为解决此类问题，《境内机构境外直接投资外汇管理规定》（汇发〔2009〕30号）规定中国企业在获得正式外汇登记证之前，可向境外支付与境外投资项目相关的前期费用。前期费用包括但不限于：

- 收购境外企业股权或境外资产权益，按项目所在地法律规定或出让方要求需缴纳的保证金。
- 在境外项目招投标过程中，需支付的投标保证金。
- 进行境外直接投资前，进行市场调查、租用办公场地和设备、聘用人员，以及聘请境外中介机构提供服务所需的费用。

2. 境外直接投资前期费用管理

根据《国家外汇管理局关于进一步改进和调整资本项目外汇管理政策的通知》（汇发〔2014〕2号）、"外汇13号文"及其附件《直接投资外汇业务操作指引》的规定，前期费用外汇办理坚持如下原则：

（1）前期费用累计汇出额原则上不超过300万美元且不超过中方投资总额的15%。境内机构汇出境外的前期费用，可列入其境外直接投资总额。银行通过外汇管理局资本项目信息系统为境内机构办理前期费用登记手续后，境内机构凭业务登记凭证直接到银行办理后续资金购付汇手续。

（2）境内投资者在汇出前期费用之日起6个月内仍未设立境外投资项目的，应向注册地外汇管理局报告其前期费用使用情况并将剩余资金退回。如确有客观原因，开户主体可提交说明函向原登记银行申请延期，经银行同意，6个月期限可适当延长，但最长不得超过12个月。

（3）如确有客观原因，前期费用累计汇出额超过300万美元或超过中方投资总额15%的，境内投资者需提交说明函至注册地外汇管理局申请办理。

因此，境外投资与并购前期费用在不超过300万美元且不超过中方投资总额的15%的情况下，由银行向境内企业办理前期费用登记手续，如超过上述数额和比例，则需向外汇管理局办理登记手续。

五、财政部

中资银行对企业境外投资项目贷款一般要求借款方投保中国出口信用保险公司（以下简称"中信保"）境外投资保险（债权险），以保证贷款资金安全。保额超过 3 亿美元保单的审批权限在 2015 年 10 月之后从中信保调整到财政部，且不论中长期出口信用险和境外投资险，经财政部审批后，还需再报国务院办公室征求外交部、商务部意见后批准。

财政部审批过程中，首先核实上一年在项目所在国是否有理赔发生，如有，则要求理赔项目要实现关闭，即向项目出险所在国政府索回理赔款或理赔金额很小放弃追索。

（1）中信保审批流程。第一步：投保方提交发改委备案（或核准）回执、签署的 EPC 合同协议；了解银行贷款主要条件（Term Sheet）；可研报告完成。第二步：材料齐备后，中信保开展内部审批（约需要 3 个月）。第三步：中信保上报财政部审批。

（2）财政部审批流程。第一步：财政部审核中信保保单承保方案。第二步：征求外交部、商务部意见并上报国务院办公厅（国办）审批，国办批复给财政部。第三步：财政部批复后回函至中信保。

目前对于境外的收购标的有些争议。境内外对于境外标的物的价值存在分歧。为加强国有企业境外投资财务管理，防范境外投资财务风险，提高投资效益，提升国有资本服务于"一带一路"、"走出去"等国家倡议的能力，财政部制定了《国有企业境外投资财务管理办法》，自 2017 年 8 月 1 日起实施。

内部决策机构应当重点关注以下财务问题：

- 境外投资计划的财务可行性。
- 增加、减少、清算境外投资等重大方案涉及的财务收益和风险等问题。
- 境外投资企业（项目）首席财务官或财务总监（以下统称财务负责人）人选的胜任能力、职业操守和任职时间。
- 境外投资企业（项目）绩效。
- 境外投资企业（项目）税务合规及税收风险管理。
- 其他重大财务问题。

● 应当组建包括行业、财务、税收、法律、国际政治等领域专家在内的团队，或者委托具有能力并与委托方无利害关系的中介机构开展尽职调查，并形成书面报告。其中，财务尽职调查应当重点关注以下财务风险：

第一，目标企业（项目）所在国（地区）的宏观经济风险，包括经济增长前景、金融环境、外商投资和税收政策稳定性、物价波动等。

第二，目标企业（项目）存在的财务风险，包括收入和盈利大幅波动或不可持续、大额资产减值风险、或有负债、大额营运资金补充需求、高负债投资项目等。

● 国有企业应当组织内部团队或者委托具有能力并与委托方无利害关系的外部机构对境外投资开展财务可行性研究。

● 国有企业内部决策机构履行决策职责，应当形成书面纪要，并由参与决策的全体成员签名。内部决策机构组成人员在相关事项表决时表明异议或者提示重大风险的，应当在书面纪要中进行记录。

● 重点关注境外投资企业（项目）佣金、回扣、手续费、劳务费、提成、返利、进场费、业务奖励等费用的开支范围、标准和报销审批制度的合法合规性。

● 应当对连续三年累计亏损金额较大或者当年发生严重亏损等重大风险事件的境外投资企业（项目）进行实地监督检查或者委托中介机构进行审计，并根据审计监督情况采取相应措施。

六、证监会

2014 年，证监会对上市公司重大资产重组出台了相关的办法，对此前的一些规定进行了修订。之前上市公司出售、购买、投资等，金额达到 50% 或 70%，必须报证监会的重组委之后才可以收购。2014 年，为了配合中国企业"走出去"，减少行政审批，证监会对《上市公司重大资产重组管理办法》进行了修订。除了"借壳上市"需要证监会重组委进行核准外，其他并购重组行为，无论金额大小、总资产利润多少、营业收入多少，哪怕是"蛇吞象"，都不需要证监会进行核准。不过，证监会在信息披露上有要求，如果构成重大资产重组，要进行审核，审核之后进行复牌，避免人为操纵股价。达不到重大资产重组标准的，要履行信息披露的义务。这为 A 股上市公司境外并购开启了方便之门。如果A股上市公司采取贷款或自有资金去境外并购，不需要经证监会任何审批，只需要按照交易所和证监会的要求，履行相关的信息披露义务就可以。这样就大大刺激了A股上市公司境外并购的热情。但需注意以下几点：

第一，信息披露。最近证监会和交易所都加强了对"PE+上市公司"模式的监管。一方面强调以市场为导向，加强创新，促进并购重组的市场效率；另一方面强化信息披露的要求，防止非法利益输送问题。为防止一些PE机构在制造与上市公司合作做产业整合的信息的同时，在二级市场大肆炒作股票，相关的指引正在征求意见，最近会出台。因此，上市公司跟PE机构合作，在信息披露上要格外小心谨慎。

第二，上市公司无论是发行股份购买资产，还是发行股份募集资金，证监会都要核准。

之前证监会是最后的审查关口，上市公司必须在之前把所有其他行政机关的核准和备案作为前置条件，前面程序都走完，证监会才履行相关的审核。这样会导致上市公司并购的效率极其低下，有的一拖就是三四年，丧失了很多机会。目前证监会已进行了大幅度的改革，不再把其他部委审批作为自己审核的前置条件，但是要求上市公司在相关法律文件中披露约定，其他部委审核全部满足之后，交易行为才生效。这种情况下，并购效率大大提高。这里面涉及反垄断审查的，需要商务部审查、发改委备案。

第五篇

"一带一路"倡议之盾：国际风险管理

　　风险是事件发生的不确定性而可能导致的对实现预期目标的负面影响。风险的构成要素或测量维度包括：①"发生概率"（或"不确定性"）；②"损失后果"（或"影响程度"）。风险程度是风险事件的发生概率和损失后果的综合评估。

　　风险管理研究起源于德国，20世纪50年代在美国发展并成为一门独立的学科；70年代，国外学者开始研究业主与承包商在合同中的风险责任问题；80年代，风险管理研究内容更加全面，涉及工程风险、地质环境不确定风险、费用超支风险、工期延误风险、技术风险等；80年代中期，风险管理被引入中国。

　　经过几十年的理论研究和实践经验总结，国际学术界已经对风险管理达成一致看法，认为风险管理是一个复杂的系统工程，它涉及工程项目管理的全过程，包括风险识别、风险评估、风险响应、风险控制四大环节。风险管理既是一门新兴的管理科学，也是项目管理中的一个重要分支，其目的在于通过对项目的不确定因素进行研究，采取风险应对措施，降低损失，控制成本，最终实现项目管理目标。

　　国际市场竞争激烈、风险重重，对于国际化经验不足的中国企业更是如此。出于对我国现实国情的考虑，比如我国的政治制度、经济制度、历史文化等因素，我国的企业在对"一带一路"沿线国家或地区进行投资过程中不可避免地会面临错综复杂的各种风险：

● 世界经济正处于深度调整期。当前世界经济正处于国际金融危机后的深度调整期，地缘政治局势较为复杂。"一带一路"沿线大多是新兴经济体和发展中国家，境外投资项目的风险与机遇并存。

● 东道国政治经济风险较大。部分东道国存在政局不稳、经济状况欠佳、法律制度不健全等问题，有些国家的政府征收风险高、通货膨胀严重、经济结构单一，金融体系欠发展。

● 一些国家的安全形势会受到恐怖主义或宗教极端组织的负面影响。

● 经验不足。中国企业一般缺乏明确的境外投资战略定位，成功的国际项目经验不足，缺乏风险防范意识和经验，对东道国的文化和商业环境的了解也不够深入。

● 信用风险。在"一带一路"沿线国家进行投资，中国企业需要面对信用风险，例如，境外交易方破产、拖欠商业款项、东道国战争、主权国家违约、汇兑限制等。

● 交易对手。境外交易方的经营状况、货币贬值、东道国的国家政策法规调整，以及经济周期波动，都可能导致境外交易方偿付能力和偿付意愿严重恶化。

因此，风险管理已经成为中国企业"走出去"的必修课。本篇将就中国企业在国际市场中面临的风险及其管理进行阐述。第十八章对"一带一路"沿线国家总体国别风险进行分析；国际工程承包是中国企业在国际市场上具有较大竞争力的领域，也是中国企业"走出去"的主要方式，所以第十九章将以 EPC 为例，讨论国际工程承包中的风险管理；第二十章结合中国企业的实际，关注金融市场风险管理的常用手段和方法；第二十一章是对国际税务风险与筹划的简要介绍。

第十八章 全球视野下"一带一路"国家风险概述[①]

中国信用保险公司（简称中国信保）深入开展国别风险研究，至 2017 年已连续十三年发布《国家风险分析报告》。中国信保的相关研究对于中国企业"走出去"过程中防范相关国别风险非常有价值。

中国信保最近发布的 2017 年全球 192 个国家的国家风险评级和主权信用风险评级，涵盖了 100 个国家，分别对国际产能合作重点国别和其他重点国别进行深入分析。本章将以中国信保的报告为基础，结合其他相关公开资料，对全球视野下"一带一路"沿线国家和地区的风险做简要阐述。

一、全球风险状况概述

根据中国信保 2017 年国家风险评级和主权信用风险评级，国家风险评级调升、风险下降的国家有 7 个，评级调降、风险上升的国家有 8 个，风险水平处于中等及以上（国家风险评级为 5 级及以下）的国家共有 146 个；主权信用风险评级调升、风险下降的国家有 10 个，评级调降、风险上升的国家有 14 个，风险评级在投资级以下的国家有 126 个，意味着这些国家的主权债务可持续性相对较差。整体来看，全球国家风险随着世界经济形势的暂时好转而有所改善，总体评级水平呈现轻微上升态势。

中国信保的国家风险评价模型从政治风险、经济风险、商业环境风险和法律风险 4 个角度分析和评估一国的国家风险，包含 17 个一级指标，53 个二级指标，基本覆盖了各种类型的国家风险事件。

中国信保国别风险研究中心初步划定了约 65 个"一带一路"重点国别。综合来看，"一带一路"沿线国家和地区的总体风险存在差异，风险由高到低

[①] 本章主要参考中国出口信用保险公司 2017 年 10 月 12 日发布的 2017 年《国家风险分析报告》及其他相关资料。

可以分为以下四类：

第一类：阿富汗、伊拉克、索马里；

第二类：中亚、北非、东欧、俄罗斯、缅甸、尼泊尔、巴基斯坦等；

第三类：哈萨克斯坦、蒙古、印度、伊比利亚半岛、埃及等；

第四类：欧洲中北部、新加坡、沙特阿拉伯、马来西亚等。

具体而言，全球国家风险体现出如下特征：

（一）政治与安全问题复杂多变

2016 年以来，众多重大政治事件影响深远，世界政治仍在向多极化演变。首先，美、俄等大国在乌克兰、中东等问题上角力不断，相互争斗与冲突风险相对显著。特别是美国特朗普总统上台后，外交动作频繁，对伊朗、俄罗斯等国的态度相对强硬，由此带来的不确定性影响越来越大。其次，2016 年全球共有 37 个国家或地区爆发武装冲突，地缘政治风险依然较高，中东地区的沙特阿拉伯、土耳其、伊朗等国相互渗透、相互制约，在叙利亚、伊拉克、也门、巴以等焦点区域上矛盾不断，积极争夺地区主导权，此外朝鲜核问题也引发了各方的密切关注。最后，恐怖主义外溢明显，从阿富汗、巴基斯坦到伊拉克、土耳其，连绵至欧洲中心德、法、英等国，暴力事件频发，死伤严重，对各国政治、安全、外交、社会治理等多方面产生负面效应。据相关机构分析，2016 年是历史上自杀性恐怖主义致死人数最多的一年，800 名恐怖分子在全球 28 个国家共制造了 469 起自杀性爆炸袭击，造成 5650 人死亡。

（二）世界经济呈现复苏迹象

2016 年下半年以来，美、欧、日等发达国家，中东欧、东南亚、南亚等地区的新兴市场国家，中东产油国以及非洲与拉美等资源输出国，在不同梯次、不同程度上都出现了经济初步向好迹象。根据国际货币基金组织（IMF）的数据，2016 年全年世界经济增速为 3.2%，其中发达经济体增长 1.7%，新兴和发展中经济体增长 4.3%。2017 年 1~9 月，全球经济复苏态势持续，IMF 调高全球经济增长率至 3.6%，其中发达经济体为 2.2%，新兴和发展中经济体为 4.6%。具体而言，欧元区和日本经济持续回稳，东盟部分国家经济增速有所加快，尼日利亚、俄罗斯、巴西逐步走出经济衰退，中东各国在油价回稳情况下走出油价下跌阴影，部分金属矿产出口国如秘鲁、赞比亚、澳大利亚等则已经从率先上涨的金属价格中获益。总体而言，世界经济在短期内已经呈现复苏之势，这有利于各国暂时摆脱经济持续疲软乃至下行的困境，但这一态势更多地带有周期性的自我调整因素，难以形成经济增长实质性、持续性好转之势。

（三）货币收缩政策增加了不确定性

主要发达国家主导的货币收缩政策，增加了世界经济增长的不确定性。在美国经济逐步回暖向上以及特朗普基建承诺预期效应下，美联储逐步进入缩表进程，根据 2017 年 9 月 21 日公布的最新会议纪要，美联储从 2017 年 10 月开始缩减总额高达 4.5 万亿美元的资产负债表；同时，全球债务总量相比 2008 年金融危机时大幅增长，货币政策回归常态化，全球融资环境趋紧，外部融资环境以及资本流向的变化显著提升了部分国家的融资难度和成本，偿债能力受到一定程度的考验，经济增长的不确定性随之加大。

二、全球区域风险分析

（一）北美地区

从中国信保业务情况来看，贸易险方面，北美地区报损案件数量和出险率等风险指标同比恶化，主要原因是以百货零售为代表的北美传统行业在本就激烈的市场竞争之下又受到来自行业新业态的打击，前景不容乐观。此外，2017 年 8 月美国正式对中国发起"301 调查"，后续尤其需要关注针对中国货物出口所采取的各类贸易壁垒措施。项目险方面，中国赴北美投资和收购项目明显增多，主要集中在销售平台、化工、加工制造业、新兴服务业等领域。

从地区风险特征来看，特朗普总统代表的美国逆全球化浪潮在未来一段时期还会给全球带来较大的不确定性，其部分政策主张可能出现多轮反复。虽然近期受到飓风等气象灾害的影响，但美国经济持续复苏的趋势并未改变，美联储货币政策正常化实践可能在特朗普总统任命新的联储主席之后出现调整，未来加息缩表进程有可能慢于预期，意在维持强势美元基础上的有限弱势的美元政策可能成为特朗普政府的优先选择。

（二）欧洲地区

从中国信保业务情况来看，贸易险方面，欧洲地区保额、保费均有所增长，但风险有所显现。其中，西欧地区是我国对欧一般贸易出口的最主要地区，但面临内需乏力、经济增长动力不足等问题；中东欧、俄罗斯及独联体地区经济形势有所好转，自 2017 年起保额快速攀升；西南欧地区破产和虚假贸易案件频发，在处理的 100 万美元以上的 289 宗案件中，破产和虚假贸易案件共计 160 宗，占比 55%；30 万美元以上案件中，破产和虚假贸易则占比高达 58%。项目险方面，西欧国家项目需求增多，是船舶及海工业务承保的重点地区。西欧地区尤其是意大利、德国等国，并购项目的承保需求持续升温。中东欧及独联体地区作为我国企业在欧洲最主要的投资目的地之一，承保国家集中在俄罗斯、白俄罗斯、乌克兰、阿塞拜疆等国家，行业主要集中在电站、电信、轨道交通、生产线设备以及路桥建设等基础设施建设行业。随着欧美对俄罗斯制裁的多次延期，以及俄罗斯"向东看"战略的逐步实施，中国企业介入俄罗斯市场的程度不断加深，影响力持续加大，项目险未来发展潜力较大。

从地区风险特征来看，欧洲地区，尤其是西欧国家市场经济成熟，政治风险相对较低，但乌克兰东部危机、难民危机以及恐怖主义袭击等事件，拖慢了欧洲经济复苏的统一步伐，再加上劳动报酬下降，收入分配状况恶化，使得西欧地区的民粹主义崛起、反全球化浪潮抬头，欧洲地区的不确定性有所增加。在新能源技术日益成熟，边际成本大幅下降的情况下，传统能源价格可能长期低迷，部分独联体及中东欧国家财政压力增大，结构性改革的空间受限。未来，欧洲一体化之路的内部分歧有可能削弱中欧政治与经济合作的力度；乌克兰东部危机日益加剧俄乌之间的隔阂，两国冲突呈现出长期化、僵持化的特点，对区域国家的政局稳定及经济发展造成威胁。此外，中东欧国家普遍存在法律法规体系不健全、执法机关自由裁量权较大、腐败问题难以根治等情况，给我国企业投资带来一定不确定性。

在欧洲地区，意大利、乌克兰、白俄罗斯、阿塞拜疆等国的风险变化值得关注。

（三）亚洲地区

亚洲是"一带一路"倡议的最主要覆盖区域。

从中国信保业务情况来看，贸易险方面，亚洲地区总体风险呈现出多层次、多样化、复杂化的特点。东南亚地区多为新兴市场国家，国家政局、经济增长稳定，东盟国家承保份额小幅增长，出险率较为稳定；南亚地区因医药和化工行业遭受印度等国贸易保护主义影响出险率大幅上升；西亚地区主要产油国受油价低位趋稳影响，整体贸易需求趋于稳定，承保规模小幅上升；中亚地区受俄罗斯卢布影响，多国汇率出现贬值，使总体贸易与承保规模呈下降趋势。项目险方面，亚洲地区是我国推进"一带一路"倡议的重点地区，且多为新兴市场国家，在基础设施建设、工业化体系完善方面有着巨大的市场需求与潜力。主要承保行业包括船舶、电信以及电站和生产线类项目，主要分布在印度尼西亚、泰国和缅甸等多个亚洲国家和地区。然而，部分亚洲国家的政局变化使得项目险承保面临的政治风险有所升高，2016 年起，韩国朴槿惠总统下台、巴基斯坦谢里夫总理辞职、乌兹别克斯坦前总统卡里莫夫逝世、蒙古国人民党再次上台执政等政治事件的发生，使得相关国家的政局与政策走向面临调整，政治风险值得关注。

从地区风险特征来看，中亚地区的汇兑风险值得关注，乌兹别克斯坦等国改革汇率制度，短期内汇率水平大幅贬值；汇率贬值与能源价格持续位于低位，使得中亚国家偿债能力大幅下降，主权债务违约风险有所上升。在东南亚地区，在中国和南海周边国家的共同努力下，南海局势趋于稳定。在南亚地区，印度因洞朗问题与我国关系一度紧张，在克什米尔地区与巴基斯坦零星交火，局部冲突趋于升级；美国特朗普政府重返阿富汗计划、巴基斯坦谢里夫总理辞职等因素将使南亚地区的政治格局更趋复杂；阿富汗、巴基斯坦近年来恐怖主义事件频发，社会不安定因素增大。在西亚地区，地区冲突和教派矛盾引发的大规模动乱和内战问题无法在短期内得到实质性解决；"伊斯兰国"虽遭受打击，但地区性恐怖活动仍较为频繁，社会安全风险较高；卡塔尔与海湾国家的断交风波仍然没有平息，使伊斯兰世界政治格局面临调整。在东北亚地区，朝核问题影响越发突出，地区格局的稳定性面临挑战和考验。

在亚洲地区，韩国、印度、卡塔尔、缅甸、巴基斯坦等国的风险变化值得关注。

（四）非洲地区

从中国信保业务情况来看，贸易险方面，非洲地区保额保费总体呈现增长态势，业务规模不断扩大，但承保国别较为集中，风险分散水平较低，且信息相对匮乏，资信不透明问题严重，信用环境较差；部分国家国际储备减少、本币贬值，致使该国买方对外支付能力和支付意愿降低。项目险方面，非洲基础设施建设需求旺盛，对中国标准、中国产品的接受程度相对较高，多数项目以主权担保为主。在前几年油价高企时，集中上马了一批大型基础设施项目，目前项目陆续建成并进入还款期，但因油价低迷，几个国家政府自身财政紧张，面对陡然增大的还款压力，违约风险逐步显现。

从地区风险特征来看，非洲地区地域辽阔，资源丰富，新兴中产阶级不断扩张，市场需求旺盛，发展潜力巨大，但域内国家多数经济结构较为单一，脆弱性较高，国家对外支付能力易遭受国际环境波动冲击。自 2014 年下半年开始的、以原油价格为代表的大宗商品价格下跌对非洲国家经济造成显著影响，不少国家出现经常账户和财政双赤字现象，加之美国开启加息缩表进程，外部融资环境显著增加了相关国家融资难度和成本，部分国家偿付能力受到严峻考验。此外，北非地区动荡高峰期虽已过去，但各政治势力宗教派系复杂，局部混乱情况仍将继续，同时西非如乍得恐怖袭击、东非如南苏丹内乱等政治事件仍持续存在，政治风险处于较高水平。

在非洲地区，尼日利亚、安哥拉、乌干达、刚果（金）、坦桑尼亚、乍得等国的国家风险值得关注。

（五）拉丁美洲地区

从中国信保业务情况来看，贸易险方面，2017 年随着拉美经济的缓慢回升，市场需求的增长，限额申请金额、保额均恢复为正增长，信息技术、家电与消费电子仍然是重点承保行业。拉美的整体承保质量与政治经济发展形势紧密相连，从 2013 年开始，拉美地区一直呈现较高的出险率和赔付率水平，2017 年上半年拉美地区风险指标同比向好，但整体风险仍然偏高。项目险方面，中拉关系的持续升温使得越来越多中国企业将发展目标瞄准拉美市场，积极探索投资油气矿产、基础设施、制造业等各类型项目，矿产、油气项目的承保业务增幅较为明显，而且除传统电力行业外，拉美地区对于新能源行业项目承保需求增多。

从地区风险特征来看，拉美政治形势继续保持整体稳定而局部动荡的格局。太平洋联盟国家相对表现较好，墨西哥政府正在全力应对特朗普总统带来的北美自贸协定重新谈判等负外部性冲击，哥伦比亚政府和第二大反政府武装的和平谈判有序推进，秘鲁库琴斯基政府和反对派控制的议会之间初步形成良性互动。南方共同市场国家仍在努力摆脱当前困境，巴西劳工党罗塞夫总统被弹劾，但特梅尔政府能否在 2018 年总统大选之前实现结构性改革的突破仍存较大变数；委内瑞拉持续的社会动荡引发广泛的国际制裁，但反对派仍未形成对马杜罗政府的实质挑战。拉美地区经济的南北分化进一步扩大。委内瑞拉、巴西、厄瓜多尔和阿根廷四个国家陷入经济衰退或低迷状态，拉低了地区整体经济增速；墨西哥和中美洲地区得益于美国经济的强劲复苏、较低的能源价格以及逐步改善的贸易条件，经济保持稳定增长；加勒比地区的古巴等国受委内瑞拉减少石油供应影响，也出现了经济衰退。

在拉美地区，委内瑞拉以及依赖"加勒比石油计划"的部分低收入国家的国家风险变化值得关注。

三、全球国家风险前景展望

从 2017 年国家风险和主权信用风险展望情况来看，国家风险评级展望为"正面"的有 13 个，"负面"的有 19 个，"稳定"的有 160 个；主权信用风险评级展望为"正面"的有 26 个，"负面"的有 22 个，"稳定"的有 144 个。未来，全球国家风险水平仍将在高位保持稳定，2016 年下半年以来世界政治和经济运行中出现的积极因素尚不足以使整体国家风险显著下降。特别是从中期来看，发达国家和新兴及发展中国家面临的政治和经济风险都可能有所增加。

（一）政治风险有增无减

政治与社会安全风险仍将在未来显著影响世界政治经济形势，并持续凸显突发性和多变性特征。其中，俄、美、欧关系在短期内难以有实质性好转，在个别时点还有继续恶化的可能，乌克兰危机导致的战略敌对和僵持局面仍将持续；中东局势有可能出现新的变化，除伊朗、沙特阿拉伯、土耳其等国家将继续围绕地区主导权展开斗争以及叙利亚内战持续进行外，美国和伊朗的关系有可能进一步恶化，伊核问题协议在短期内仍难有实质性落实，但美伊两国由制裁走向全面对抗的可能性不大。此外，朝鲜问题将进一步增加地区局势的不确定性，委内瑞拉国内局势仍将动荡不安；部分非洲国家的内部战乱、边境冲突等难有好转，宗教、种族、经济利益、打击恐怖主义等方面的争斗有可能激化。

（二）政策变动风险值得高度关注

政策变动风险主要体现在英国脱欧进程、意大利等国大选、焦点国家重大政治事件、美国财政政策与对外贸易政策、主要大国和新兴市场国家"内向型"宏观调控政策等因素对本国以及周边国家的直接和间接影响。政策变动风险将影响一国政策的连续性和稳定性，在对本国政治、安全、经济、投资环境产生负面影响的同时，还将产生较强的风险溢出效应，显著增加世界经济增长和各国结构性改革的不确定性，加剧经济增长的波动性和复杂性，并放大强烈依赖外资发展经济的国家，依靠能源、矿产、农作物等初级产品出口拉动经济增长的国家以及经济基础相对薄弱但经济开放程度过高的国家抵御外部冲击的风险。

（三）世界经济增长的可持续性在中期尚待观察

根据 IMF 2017 年 10 月的预测，2018 年世界经济增长率可能达到 3.7%，其中发达经济体为 2.0%，新兴和发展中经济体为 4.9%。短期内，世界经济增速有所加快，制造业和对外贸易带动的周期性复苏迹象日趋明显，国际金融市场相对稳定，国际大宗商品价格总体趋稳，前两年各国采取的刺激或稳定经济的政策效果有所显现。但从中期来看，在政策不确定性较大、生产率增长缓慢、缺乏拉动经济增长的创新因素、经济结构性调整力度不足、部分国家产能过剩的情况下，世界经济可能难以保持持续复苏态势，波动性和下行压力依然较大，达到乃至超过金融危机前的增长水平需要更长时间。

（四）"逆全球化"阻碍国际贸易复苏

伴随着世界经济增长率的提高，国际贸易增速也有所恢复，根据 IMF 的预测，2017 年有望达到 4.2%，2018 年有望达到 4.0%。但是，增速恢复仅仅是周期性的恢复，并没有对世界经济复苏产生较强的拉动作用；尤为值得关注的是，由于经济增长缓慢、国内投资疲软、经常账户长期失衡，同时受国内政治斗争需要的影响，发达国家为达到短期政治和经济利益，更多地采取直接或间接的贸易保护主义措施，并以此作为"再工业化"和回归实体经济的主要手段。这将在很大程度上阻碍国际贸易的复苏势头，降低世界经济增长速度，并使得我国在国际贸易中遭受更大的困难。

第十九章 国际工程风险管理——以 EPC 为例

如前所述，国际工程承包是中国企业参与"一带一路"建设的重要国际投资方式。工程承包风险管理是关系到承包商个人利益的重要组成部分，也是减少承包商经济利益受损的主要手段，特别是对于承包国际工程项目的承包商而言，由于国际工程项目具有极大的风险性和复杂性，涉及的风险因素很多。为响应国家"一带一路"政策，推进中国建筑企业国际化发展道路，保证承接的国际工程顺利实施并获取预期利润，风险管理与研究应纳入到中国建筑企业项目管理的必修课范畴中来。本章将以 EPC 为例，对国际工程风险管理做简要介绍。

一、国际工程承包中的主要风险分析[①]

国际工程承包中存在的主要风险包括政治性风险和商业风险两大类。前者是指因国家政局不稳定给项目带来的风险，具体可解释为因种族、宗教、利益集团和国家之间的冲突，或因政策、制度的变革与权力的交替造成损失的可能性。后者包括价格上涨风险、外汇风险、当地成分要求风险、重大自然环境风险等。

（一）政治性风险

首先，战争和内乱风险。由于战争或者政变及内战造成的政权更迭，可能使工程项目终止或毁约，或者工程现场直接遭到战争的破坏，或者由于战争骚乱使工程现场不得不中止施工，因而施工期限被迫拖延而使成本提高，造成承包商的巨大损失。

其次，国有化没收外资风险。有些国家根据本国经济和政治的需要，通

---

① 案例主要来自互联网及其他媒体报道等公开信息来源。

过某种法律直接对外国在该国的资产宣布没收，或占用这些资产，承包商也受到波及和影响。有时在宣布国有化时，可能给被没收了资产的外国公司一定补偿，但这种补偿往往是比较微薄的，与原投资很不相称，而且难以真正得到。另外还有一些间接没收外国资产的办法，例如，禁止外国公司将其利润汇出境外，拒绝办理出口物资清关和出关，对外国供应商提供的某些产品和服务不许支付外汇等，造成了国际承包商的经济损失。

再次，拒付或拖欠债务风险。有些国家在财力枯竭的情况下，对政府的工程项目简单地废弃或中止合同，并宣布拒付债务。如果是私营工程，国际承包商可采取某些法律行动来维护自己的利益；但对于政府工程往往很难采取什么有效措施。有些政府使用主权豁免理论，能使自己免受任何诉讼。

利比亚，这个距离中国有着上万千米的非洲国家，自 2011 年初动荡以来，就与中国利益紧密联系在一起。中国政府在利比亚实施了冷战以来最大规模的撤侨行动，引发世界关注。2011 年 3 月战争开始以后，中国企业商业利益更受到炮火的直接损害。中国企业从 2007 年开始大量奔赴利比亚承包集中在基建、电信、石油天然气等领域的项目。据商务部统计，到 2011 年 2 月利比亚动荡前，中国在利比亚开展投资合作企业达到 75 家，人员超过 3.6 万人，涉及合同金额高达 188 亿美元。利比亚冲突开始后，中国企业在利比亚的项目被迫停工。某央企在利比亚原有 3 个铁路工程总承包项目，合同总额为 42.37 亿美元，所有项目全部停工；另一家央企在当地累计合同额约 176 亿元，项目完成还未过半便被迫停工；还有一家央企的项目为一个 7300 套规模的房建工程，合同金额约 55.4 亿元。据悉，至该公司撤离前，仅完成了 16.8% 的工程量。有专家估算，中资公司损失高达 200 亿美元。而要向利比亚政府索赔是一条"漫长路"。据法国企业国际发展局估算，未来十年，利比亚的重建将耗费 2000 亿美元。对于财政捉襟见肘的利比亚而言，动辄数十亿美元的索赔，难以在短时间内实现。

最后，法律风险。法律风险是指因不熟悉项目所在国的法律法规，违反所在国的法律规定，或由于法律环境发生变化给企业带来的风险。通常表现为：法律不健全导致无法可依；违反现行有效的法律或政策，特别是因对法律或政策的不了解而违法；后续法律变更；灰色法律风险，如司法腐败等。

在印度，在项目公司注册方面，根据印度法律，外国企业中标承包工程之后，必须按照规定注册临时性的项目公司才能实施工程项目。对于中国承包商而言，项目公司注册是一个很大的难点，需要经过印度储备银行、财政部和内政部等层层审批，历时可达半年至一年之久，项目公司的注册成功与及时与否成为中国企业承揽印度工程的最主要风险。同时，印度是劳动力资源丰富的劳务输出大国，在劳务输入方面有较严格限制。政府鼓励使用当地劳工，虽然没有明文规定不准外籍劳工进入印度，但在办理签证时会加以限制。目前，中资企业赴印度工程技术人员很难申请到工作签证，普通劳工更是无法入境，工作签证申请耗时较长且极难获得批准。鉴于项目公司注册及获得工作签证方面的困难，加之审批的高成本，中资企业在印度承包工程及向印度派遣劳务时，尤其是需要大量技术含量较高的施工人员时，应高度谨慎。除了充分重视前期的项目可行性研究之外，在投标报价及估算项目工期时充分考虑相关审批期限及成本，签署项目协议时，尽量争取签订有利于我方的条款，诸如增加业主在项目公司注册及人员工作签证方面协助通过政府审核的义务，并就延长工期的条件予以详细约定，以尽量规避注册及签证风险。

（二）商业风险

1. 价格上涨风险

由于绝大多数 EPC 工程合同都是总价合同，所以合同价格不随物价波动而变化。而设备采购从工程投标、商务谈判、中标、合同签订到具体实施，一般需要经历较长的时间，而且材料设备价格受各国政治、经济、国际市场需求变动及货币市场汇率波动等众多因素影响较大，因此投标时的报价与实际进行采购工作时的价格之间会产生较大的差异。因此，材料设备价格上涨是承包商必须考虑和面对的一个主要风险。

在合同形成阶段，如果承包商在投标时期所做的设备询价工作不够充分，没有准确掌握主要设备材料的采购地、采购渠道以及市场价格变化趋势等信息，在合同谈判时没有及时对有关条款进行修订，对价格比较敏感的材料设备未获得较宽松的合同要求，或者在供货合同中对供货商又不具有较强的约束力，都会造成实际采购价格高于总承包合同价中的报价。

例如，一个工期长达 9 年的巴基斯坦水电 EPC 总承包项目，采用了固定总价的价格模式。这种工期长的项目采用固定总价的价格模式，将长时期的设备、材料和人工价格上涨的风险转嫁给承包商，已严重超出一个有经验的国际承包商的预见和控制能力的范围，形成巨大风险。

2. 外汇风险

外汇风险是国际工程业务中的常见风险。其表现形式包括：①外汇禁兑或禁止汇出。在某些外汇储备少的国家，一旦发生国家外汇收支紧急情况，可能实行外汇禁兑或禁止汇出的政策，如需要所在国中央银行特批。②汇率变动，一是美元或欧元对项目所在国当地货币的汇率变动风险；二是美元或欧元对人民币的汇率变动风险，即双重汇率风险。

2006 年，两家大国企的联合体中标阿尔及利亚东西高速公路项目，该项目是当时国际上最大的国际招投标公路建设项目。业主在签订合同时，以美元作为国际部分的结算货币，并签订了封顶条款，这意味着所有汇率波动风险由承建方承担。框架合同额约为 62.5 亿美元，按 56% 美元付款计算，工程款中美元金额达 35 亿。项目实施的两年中，人民币出现大幅度升值，2006 年 8 月人民币兑美元汇率为 7.973，到 2008 年 8 月人民币兑美元汇率为 6.842，涨幅达到 14%。这样大幅度的汇率变动，使得承包方在项目融资和项目履约收汇期间都遇到较大的汇率风险。造成的损失主要有：①人工成本增加。当时，境外承包项目大量的劳动力都来自国内，支付薪酬时普遍选择以人民币计薪方式或固定汇率模式来稳定劳动力队伍，由承建商来承担汇率风险。人民币持续升值，大幅提高了承包商的人工成本支出。②采购成本增加。首先，在国内以人民币结算的物资设备采购支出增加。东西高速公路项目中西标段合计采购金额为 129903 万元，按 50% 支付货款。由于汇率损失，中西标段合计多支付货款 1346 万美元。其次，国际原材料采购成本也大幅增加。承包商在工期压力下，在未收到业主预付款的情况下，2008 年用美元垫资（以人民币归还）兑换 2550 万欧元从欧洲采购了一批钢材，后因美元贬值造成支出增加 548 万元人民币。由于材料费用在工程造价中占整个工程预算的 35% 左右，所以汇率变动导致原材料支出成本增加，对承包商利润产生了严重的不利影响。

3. 当地成分要求风险

一些项目所在国为保护本国经济会在招标文件及合同中规定总承包方完成固定合同额比例或数额的当地成分（Local Content）要求。当地成分要求由来已久，最初是发达国家为了扶植、保护本国某些新兴产业而采取的一类措施，具体指在一国境内运营的公司必须要保证在运营过程中有一定比例的中间投入来自东道国本地，包括劳动力、材料、零部件等。当地成分要求的影响，就东道国的角度而言，可以达到促进本国技术的提高和相关产业的发展等目标。但对于外国投资者而言，当地成分要求迫使外国投资者增加在东道国的直接投资。并且，对外国进口产品来说，当地成分要求的存在使其进入东道国市场的难度增大，或者减少了其在东道国的市场份额。因此，当地成分要求因为违反国民待遇原则而被现代 WTO 规则所禁止。如今，很多国家针对某些产业的政策中仍然包括当地成分要求，只是形式有所变化，从单纯的命令性政策变为以发放补贴或者提供价格支持为主的鼓励性政策。

在许多国家，特别是亚非拉等发展中国家，通常要求外国承包商在运作项目过程中必须采用一定的当地成分，以促进当地就业、增加对当地的社会贡献、促进当地的社会和经济发展。当地成分在国际工程项目管理中主要是指工程所在国业主对国际总承包方或其他相关方在以下方面的要求：

当地花费要求。要求总承包方或其他相关方从项目开工到竣工期间在工程所在国完成固定数额或者一定合同比例的消费。

当地用工要求。要求总承包方或其他相关方从项目开工到竣工期间在工程所在国完成固定数额的工日要求。其中一工日等于一个工人工作 8 小时。中亚、西亚、非洲等国家，大都规定当地用工比例不少于1/3，厄瓜多尔规定不低于80%，土耳其有 1：5 的比例要求，伊拉克规划部要求不低于1/2。但当地员工和劳务工效很低，对工期的影响较大，甚至可能出现招工困难、在当地招不到合适的员工和劳务的情况。

当地的中小企业、承包主体、分包、代理要求。例如，要求总承包方或其他相关方从项目开工到竣工期间在工程所在国完成固定数额或者一定合同比例的、针对当地中小企业的消费。其中当地中小企业需具有当地政府颁发的中小企业证书；在某些国家，如菲律宾、哈萨克斯坦等，施工部分必须由有当地承包资质的当地公司来签署；有的国家甚至通过法律性文件强制规定必须有当地公司通过联合体或分包的形式参与外国承包商承包的当地项目。但是当地公司工效很低，致使项目整体的进度很慢，工期误期的风险很大。例如，在印度承包的含有土建施工安装的项目，很少有按期完成的；有的国家，如沙特阿拉伯、黎巴嫩，要求在其国内获取项目，原则上应通过当地代理获取，承包商不能独立获取。而当地代理如果存在非法行为也会给中国企业带来风险。

4. 重大自然环境风险

工程承包项目一般都是室外或野外作业，如果对东道国地理环境信息掌握不足，或遭遇不可抗力的环境灾害，更易引发自然环境风险。常见的自然环境风险有地质结构复杂、地震、台风、泥石流、山体滑坡、高温、强降雨等，这些环境风险有的是由于对东道国的地理环境信息不够了解，导致对施工难度预估不足或施工方案与现场条件不匹配，有的是难以预计的具有不可抗力的自然灾害。工程承包项目如果遭遇自然环境风险，可能会导致施工条件发生变化、工期延长、工程费用增加、财产损失和人员伤亡等。

地质复杂。中国某工程公司作为 EPC 总承包商，承建印度尼西亚某电站项目。虽然在前期勘查过程中发现项目临海地区存在发生海啸、地震烈度偏高等风险，但在施工过程中又发现大量液化土层，需要增加碎石桩作为地基处理的辅助设施，由于前期桩型分析资料不全面，延误了预先计划的施工进度。

多雨。中国某建工集团承建老挝万象通芒钟盐矿工程，该钟盐项目所在地万象，地处老挝中部，属于热带、亚热带季风气候，分雨季和旱季。项目矿区内施工区域温度较为恒定，但湿度相对较高，在雨季的时候由于雨量过大，易引发泥石流等自然灾害，同时长期的阴雨天气影响室外建设项目正常施工，导致矿区工地积水过多，迫使工程停工，影响工期。而旱季的时候因为缺水，也会拖延工期。

高温。某央企在承建沙特阿拉伯麦加轻轨项目时，由于该项目施工地段处于温度很高的特大风沙区，夏季最高温度在 70℃ 左右，缺水情况比较严重，大幅提高了工程管理的难度，工期一度出现阶段性延误。

飓风灾害。2007 年，某中国企业承建某中东国家首都的污水管网收集工程，遭遇特大飓风灾害，工程项目现场遭遇洪水，主要设备被淹，材料被海水冲走，现场损失惨重。施工方及时要求业主依据合同的相关规定调查工程损失程度，确定修复的范围和程度，并确认补偿承包商修复损失所发生的费用。但业主和工程师否认飓风事件的不可预见性和不可控制性，拒绝补偿要求。为了维护自己的权利，承包方根据合同相关条款向业主宣布"合同落空"，通过当地法院起诉业主违约。后经多方沟通，双方启动争端裁决委员会程序，最终承包商获得合理补偿。此案例说明，承包商在经受自然环境风险后，要依据合同积极维护自己的权利，该由业主承担的赔偿或损失，必须要全力追偿，尽量减少自身损失。

二、风险防控

(一) 政治性风险的防控

1. 政治风险的防控措施

要减少中国企业境外投资所面临的政治风险，应政企携手，共同提高中国企业识别、评估和管控境外投资政治风险的能力。政治风险的防控措施主要包括以下几个方面。

第一，构建中国对外投资国家风险评级、预警和管理体系。鼓励企业设立独立的境外投资风险评估部门，加大对国家风险研究的投入力度。国家财政应加大对研究机构和高校在国家风险识别与评估方面研究的支持力度。

第二，引入当地或欧美的合作方，分散风险。中国企业应完善投资策略，与欧美跨国公司联合"走出去"，实现互利共赢，减少投资项目的受关注度和政治风险。具体来说，一方面，中国企业不要盲目追求大规模的投资项目。投资规模越大，当地社会、政府和媒体的关注度越高，企业在境外直接投资中受阻的概率也越高。另一方面，中国企业应与欧美跨国公司联合"走出去"，尽量避免单独投标大型或特大型的投资项目，以实现利益共享。联合"走出去"对于对外投资经验较为欠缺的中国企业来说，有助于降低其单独"走出去"将面临的巨大政治、社会和经济风险，学习跨国公司的国际经营经验，同时缓解来自东道国的政治压力。

第三，搞好和政府部门及政党、社团的关系，创造有利的外部环境。政权更迭带来的政策不确定性风险在发达国家和发展中国家均存在，中国企业除与执政党保持良好的关系外，还要更多地接触在野党、社会团体，多参与社区公益活动，提高企业的社会美誉度。

第四，政府积极外交，加强对我国企业参与"一带一路"建设的保护。中国政府有关部门应努力加强与外国政府之间就我国企业境外投资的相关共识与协定，建立起全方位的对外投资促进和保护体系，加强国家对外投资立法，在国际投资保护、对外投资融资支持、外国市场准入、对外援助等方面提供系统的制度安排。

第五，建立和完善境外投资保险制度，在中国信保等机构购买政治保险。目前在 EPC 等境外投资中，中国企业购买中国信保的保险已经非常普遍。

第六，制定应急预案，发生风险及时妥善应对。经历过一些大灾大难之后，现在中国企业相关的应急预案有了很大的完善。

第七，视风险情况有控制地进行投入。这需要公司对于投资所在国的政治风险进行及时的掌握和判断。

第八，在报价中计入一定风险费。这一点对于前期以价格优势竞标的中国企业不容易做到。

2. 政策和法律风险的防控措施

第一，进行充分的法律调研，防止违法和报价漏项；

第二，密切跟踪政策和法律的后续变更情况；

第三，由业主承担后续法律变更风险；

第四，合理选择适用的法律和争议解决方式；

第五，利用外部专业法律服务机构控制法律风险。

（二）商业风险的防控

价格上涨风险的防控措施：在合同中明确主要价格的涨幅范围，超出范围做签证；明确材料供应商的材料单价，以固定单价、总量承包形式发包给材料供应商；在市场有涨价可能的情况下，提早采购材料。

外汇风险的防控措施：争取在合同中约定由业主承担外汇管制和汇率变动风险；制定完善的外汇风险管理政策，积极利用相关的金融工具管理和规避外汇风险。下文关于金融市场风险防范的内容中会有更多讨论。

当地成分要求风险的防控措施：在报价中适当考虑当地成分要求；遵守当地法律对于当地成分的强制要求，避免违法；转嫁给分包商，要求分包商承担相应的比例。

重大不利地质条件风险的防控措施：由业主承担地下条件风险；进行充分调研和勘测，尽量探明地下条件；在报价中适当考虑一定的风险费；采用固定总价分包的形式转嫁给分包商。

重大自然灾害风险的防控措施：由专业机构或专业人员对当地的自然灾害情况进行深入调研，掌握准确的相关资料信息，并且在报价中计入适当的自然灾害应对应急费用；利用商业保险产品对主要的自然灾害险种投保，以便在遭受自然灾害损害时向保险公司索赔；对于不可抗力造成的工程及永久设备材料损失，应由业主赔偿；在分包合同中把可能的自然灾害风险转移给分包商；必须备置应急人员和物资，制定应急预案。

三、国际工程承包中的风险分担机制

工程总承包项目风险包括业主应承担的风险和承包商应承担的风险，两者均应在合同条件中载明。风险分担的基本原则主要有以下几条：第一，谁最能控制和承受该风险后果，应由谁来分担；第二，分担风险的一方应拥有相应的风险费用；第三，分担风险的一方有权通过保险减轻风险损失；第四，业主不承担项目所在国之外的风险（工期除外，如不可抗力导致的工期延误）。

在合同条件中应载明，不可抗力事件发生，不构成任一方违约。切忌承担了风险而无风险防范措施。例如，业主要求按合理工期提前两个月，而且合同中有拖期罚款的条款，则合同总价中应加入赶工措施费和一旦拖期罚款的风险费。

不同类型的工程合同的风险在业主和承包商之间的分配是不同的。总价合同和成本补偿合同的风险在业主与承包商之间的分配如下：①不可调价的总价合同：承包商承担了合同绝大部分风险，如通货膨胀，物价上涨，工程量变更，不可预见的气候、地质条件等风险。②可小部分调整价格的总价合同：业主承担了部分工程量和设计变更的风险，承包商承担了大部分风险。③可大部分调价的总价合同：业主承担了大部分的工程量和设计变更的风险。④最大成本加费用合同：承包商和业主之间风险的分配比例基本相同。⑤成本加固定费用合同：业主承担了成本上升等风险，承包商承担了少部分的风险。⑥成本加固定比费用合同：业主承担了绝大部分风险，承包商只承担了很小一部分风险。

第二十章 境外金融市场风险管理

　　跨国公司作为一个特殊的理财主体，面临的经济环境和竞争环境都有其特殊性，在生产经营过程中遇到的风险也是多种多样的。尤其是进入 20 世纪 80 年代以后，在金融自由化趋势的推动下，金融衍生工具以及市场发展迅速。这种专门为了规避风险、转移风险而出现的金融衍生工具为跨国公司融资带来了便利，同时也增加了风险。而"一带一路"沿线国家和地区经济金融环境复杂，金融市场风险巨大，积极参与"一带一路"建设的中国跨国公司亟须提升境外金融市场风险管理水平。

　　本章将在对公司汇率风险进行简要分析之后，介绍一些常用的境外金融市场风险管理工具。

　　需要特别说明的是，本章相关数据仅作为举例说明，并不一定反映当前市场水平。

一、公司外汇风险概述

　　跨国公司的经营绩效与外汇市场之间无疑有着千丝万缕且复杂的动态交互关系。汇率的波动变化对于公司的收入、成本、利润等运营业绩参考指标会产生直接的影响，同时也会直接影响资产负债表的许多指标，例如，境内外的资产、业务、负债以不同货币标价。汇率还影响着关键业绩衡量指标，如 EBITDA、杠杆比率、资本比率、债务契约。对冲的会计计量方法直接影响股东权益的账面价值。此外，汇率还可以进一步产生二阶影响，例如，汇率可以直接影响价格弹性/凸性和竞争优势；汇率水平与大宗商品之类的经营活动也存在相关性。

　　公司所面临的外汇风险可以大致分为以下三类：①由资产交易导致的风险，即未来现金交易的价值因为汇率波动而直接受到影响的程度。这是直接的现金流影响。这类风险是进出口公司最常遇到的风险。如果想要量化这类风险，公司需要预估未来由外币计价的现金净流入或者净流出，还需要衡量这些外币的风险敞口的潜在影响，比如可以通过计算在险价值来衡量这一影响。②由货币折算导致的风险，即一个跨国集团的财务报表对于汇率波动的风险敞口，这属于对会计的影响。当跨国集团境外分公司的外币净资产和收入合并到集团的本币财务报告中，由于汇率波动而产生变化时，这类风险尤其容易发生。这类风险是一种会计风险，所以不会影响现金流，但是它可能会影响收入的波动性、杠杆比率甚至最终影响到股价。③由竞争导致的风险，即汇率波动对于未来现金流的现值的间接影响，这一影响主要是由于竞争格局的变化所致，比如外汇竞争。这属于间接的现金流影响。无论这类风险是否会发生，实际货币转换都会存在，而且即使是纯粹的本土企业也会被其影响到。要规避这类风险，就必须时刻关注货币敞口以及竞争对手的对冲行为。这类风险可以通过衡量自由现金流/收入对于汇率波动的敏感性来量化。若没有对冲这类竞争风险，其导致的产品本币价格上升可能会带采销量的非线性下降，并由此产生相应的损失。

　　正因为外汇风险对公司的相关财务数据产生直接的影响，公司需要采取相应的对冲策略来管理外汇风险。汇率波动对主要财务数据的影响及相应的对冲策略概括如表 20.1 所示。

表 20.1　汇率波动对主要财务数据的影响及相应的对冲策略

	折算	受到外汇波动影响的财务数据	常用的对冲策略
现金流	交易日当日即期价	依赖于对冲交易类型： •混合了收入、成本、利润和股息的外汇 •利息费用→债务保障比率	结合使用远期、掉期、期权组合等工具，从运营和竞争风险方面对冲经营成本，以保护利润率以及提高规划的可靠性
外国子公司的资产/负债	资产负债表以报告截止日的即期汇率折算	•影响境外子公司的公司价值（外国净股权投资），随之影响股权价值和股票价值 •股权价值往往也合并债务价值进行分析：净债务、净调整后债务以及净资产 •影响评级机构对公司的评级判断及调整	•减少净外汇资产头寸 •通过交叉货币掉期将美元债务合成当地货币债务（澳元、韩元等），以减少因外币直接债务融资产生的波动性

续表

	折算	受到外汇波动影响的财务数据	常用的对冲策略
外国子公司盈利	按平均外汇汇率，如交易日当日的即期价	• 收入、EBITDA、息税前利润，以及每股盈利、股东价值 • 尤其是如果该集团子公司的收入中很大一部分是在国外获得的	• 平均价格策略 • 对于多个货币组合净收入的一篮子期权（利用相关性）

二、外汇交易基础

（一）基本概念

（1）基础货币和报价货币。在一个外汇报价中，排在前面的货币为基础货币（Base Currency），排在后面的货币为报价货币（Quoted Currency）。基础货币的单位总是 1，即多少报价货币可以兑换一个单位的基础货币。

例如（相关数字仅做举例说明，并不一定反映最新市场水平，下同）：美元/人民币为 6.6533∶1，1 美元可兑换 6.6533 元人民币；欧元/美元为 0.8466∶1，1 欧元可兑换 0.8466 美元；美元/日元为 112.47∶1，1 美元可兑换 112.47 日元。

（2）做市商买价与卖价。做市商（Market Maker）报出的价格包括两部分：一个是其愿意买入基础货币的价格，称为买价（Bid）；另一个则是其愿意卖出基础货币的价格，称为卖价（Offer）。买价与卖价之间的差额称为点差（Spread）。

例如：基础货币/报价货币，美元/人民币 = 6.8300/6.8500，表示客户按 6.8300 的汇率卖出 1 美元，买入 6.8300 元人民币；客户按 6.8500 的汇率买入 1 美元，卖出 6.8500 元人民币。

（3）基本汇率和交叉汇率。基本汇率指的是一国货币与美元的汇价，例如，美元/人民币，欧元/美元，美元/日元。交叉汇率指的是两种非美元货币间的汇价，如欧元/人民币交叉汇率，可通过基本汇率间接算得。例如，欧元/美元 = 1.2840/1.2850，美元/人民币 = 6.8300/6.8500，可得出欧元/人民币 = 8.7697/8.8023；客户按 8.7697，卖出 1 欧元，买入 8.7697 元人民币，或客户按 8.8023，买入 1 欧元，卖出 8.8023 元人民币。由此可见，交叉汇率与基本汇率相比点差更大。

（4）交易形式。根据交割时间，交易形式可划分为：①即期交易（Spot）：交易日当天确定交易金额及汇率，交割日为交易日起第二个营业日或更早（≤T+2）；②远期交易（Forward）：交易日当天确定交易金额及远期合同汇率，交割日晚于交易日起第二个营业日（>T+2）。

根据是否交割，交易形式可划分为：①本金交割（Deliverable/Physical Settlement）：在交割日进行实际资金交割；②无本金交割（Non-Deliverable/Cash Settlement）：在交割日不涉及实际资金交割，而进行美元轧差结算。轧差结算金额基于交割日前两个营业日（V-2）当天汇率中间价（Fixing）及远期合同汇率差额进行计算。

（5）日期概念。交易日（Trade Date）：交易双方确定交易金额、汇率及交易期限；汇价定盘日（Fixing Date）：交割日之前两个营业日，以确定无本金交割方式所需汇率中间价（Fixing）；交割日（Settlement/Value Date）：交易双方将资金交付给对方账户的日期，必须对两种货币都是营业日。

（二）远期交易

1. 远期交易报价原理

远期交易报价主要依据的是利率平价公式。确定远期汇率的标准是两种货币的利率差，通过无套利模型可得到以下利率平价公式：

升贴水点数＝远期外汇价格－即期外汇价格
　　　　　＝即期外汇价格×（报价货币利率－基础货币利率）×天数÷365÷
　　　　　（1+基础货币利率×天数÷365）

升水：若基础货币利率小于报价货币利率，则利率差为正值，此时远期汇率在数值上大于即期汇率，称为升水。

贴水：若基础货币利率大于报价货币利率，则利率差为负值，此时远期汇率在数值上小于即期汇率，称为贴水。

利率平价公式具有局限性，即在正常非极端市场情况下的自由货币，其远期点数可由利率平价公式算得。由于流动性、做市商头寸、汇率走势预期、市场管制等多种因素，某些货币对汇率不能由利率平价公式充分解释，如美元/人民币。

例如，根据利率平价公式计算3个月美元/人民币远期汇价。2009年2月4日，美元/人民币即期汇价（中间价）为6.8318，3个月美元存款利率（年率）为 1.44%，3 个月人民币存款利率（年率）为 1.71%，利率差为 0.27%，则 6.8318×（1.27%）×89÷365÷（1+1.44%×89÷365）= 0.0045，理论远期汇价为 6.8348+0.0045=6.8393，实际远期汇价（中间价）为 6.8752。

2. 远期交易报价方式

点数报价法：远期汇价=即期汇价+升/贴水点数（Swap Point）。

升/贴水点数也有买价卖价之分，远期双边汇价为即期双边汇价加减对应升/贴水点数所得；不同货币对点数单位不一致，如欧元/美元为万分之一，美元/日元为百分之一，美元/人民币为 1（见表 20.2）。

表 20.2　远期交易报价

例：欧元/美元远期报价					例：美元/人民币远期报价				
	买价点数	卖价点数	买价	卖价		买价点数	卖价点数	买价	卖价
即期汇率			1.2990	1.2994	即期汇率			6.8275	6.8285
3 个月	-12.24	-10.75	1.2977	1.2983	3 个月	0.0440	0.0475	6.8715	6.8760
6 个月	-15.24	-10.36	1.2975	1.2984	6 个月	0.0695	0.0780	6.8970	6.9065
12 个月	-6.22	1.63	1.2984	1.2996	12 个月	0.1495	0.1580	6.9770	6.9865

欧元/美元 3 个月买价为 1.2990+（-12.24）÷10000=1.2977；欧元/美元 3 个月卖价为 1.2994+（-10.75）÷10000=1.2983；美元/人民币 3 个月买价为 6.8275+0.0440÷1=6.8715；美元/人民币 3 个月卖价为 6.8285+0.0475÷1=6.8760。

（三）掉期交易

一笔掉期交易包含两笔交易，即双方在交易日以一种货币兑换另一种货币，并在未来某日交换回来。当企业产生资金流时间缺口问题时，掉期交易可将远期合约约定的交割日向前或向后调整（见图 20.1 和图 20.2）。

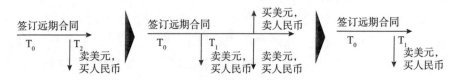

图 20.1　将交割日向前展期

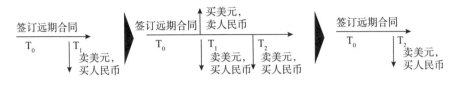

图 20.2　将交割日向后展期

做市商报出的掉期交易点数与远期交易中的"点数"相同。远期交易中的点数也称为"掉期点数"或"掉期率"。

(四) 远期外汇方案

远期外汇交易可分为境内和境外两种。境内远期交易原理见图 20.3。

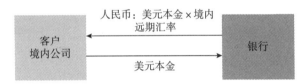

图 20.3　境内远期交易原理

境外远期交易原理见图 20.4。

图 20.4　境外远期交易原理

损益情况见图 20.5。

境外远期（无本金交割）举例：

客户境外公司与银行签订 6 个月无交割远期外汇合约，公司以 6.8400 买入 1000000 美元，同时卖出 6840000 元人民币。

若 6 个月后，到期美元/人民币中间价为 6.8300，银行需向客户支付 1464.13 美元[$1000000 \times (6.8400 - 6.8300) \div 6.8300 = 1464.13$]；若 6 个月后，到

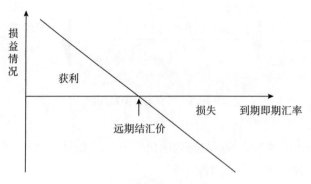

图 20.5   远期外汇交易损益

期美元/人民币中间价为 6.8500，公司需向银行支付 1459.85 美元 [1000000×(6.8400−6.8500)÷6.8500=−1459.85]。

下面介绍三种常用的远期结构，即权衡型远期、封顶型远期、保护型远期。

A. 权衡型远期。

权衡型远期的原理是：公司认为人民币升值，但当人民币大幅贬值时，公司损失减少。

举例：

行使价 1：6.6000。

行使价 2：7.0000。

到期损益情况：如果行使价 1>到期即期汇率，公司以行使价 1 结汇，收取 [美元本金×(行使价 1−到期即期汇率)÷到期即期汇率] 的美元；如果行使价 2>到期即期汇率>行使价 1，公司以到期即期汇率结汇，与银行无交易约束；如果到期即期汇率>行使价 2，公司以行使价 2 结汇，公司支付 [美元本金×(到期即期汇率−行使价 2)÷到期即期汇率] 的美元。

损益情况见图 20.6。

利弊分析：公司在最差情况下仍可以以行使价 2 卖出美元，锁定外汇风险。即使人民币贬值，只要未超过行使价 2 的幅度，公司仍可以市场即期汇率卖出美元，充分享受人民币贬值的好处。当人民币大幅贬值时，公司损失减少；与简单远期相比，当人民币大幅升值时，公司收益减少。

B. 封顶型远期。

封顶型远期的原理是：公司认为人民币升值幅度有限。

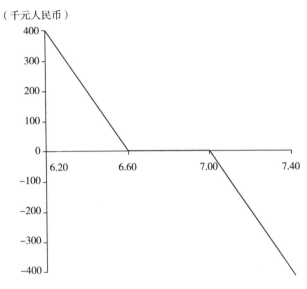

（千元人民币）

图 20.6　权衡型远期外汇交易损益

举例：

行使价：6.8000。

封顶行使价：6.0000。

到期损益情况：如果行使价>到期即期汇率>封顶行使价，公司以行使价结汇，收取[美元本金×(行使价−到期即期汇率)÷到期即期汇率]的美元；如果行使价>封顶行使价>到期即期汇率，公司以比到期即期汇率高 8000 点的汇率结汇，收取[美元本金×(0.8000)÷到期即期汇率]的美元；如果到期即期汇率>行使价，公司以行使价结汇，支付[美元本金×(到期即期汇率−行使价)÷到期即期汇率]的美元。损益情况见图 20.7。

利弊分析：与简单远期相比，公司可以获得更加优惠的远期汇率行使价；如果到期即期汇率低于封顶行使价，公司不能以行使价卖出美元，但仍然可以以比到期即期汇率高 8000 点的汇率结汇。公司仍部分对冲了美元÷人民币汇率风险。

C. 保护型远期。

保护型远期的原理是：公司认为人民币升值，但如果人民币在一定范围内贬值，仍想享受以市场汇价卖出美元的好处。

（千元人民币）

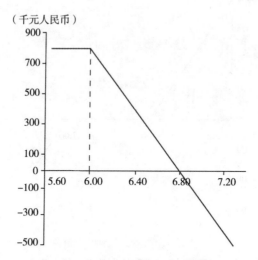

图 20.7　封顶型远期外汇交易损益

（千元人民币）

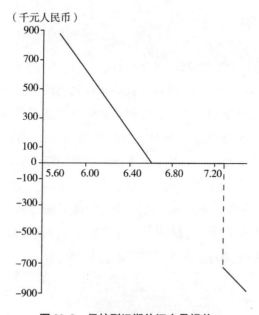

图 20.8　保护型远期外汇交易损益

举例：

行使价：6.6000。

保护界限：7.3000。

到期损益情况见图 20.8。如果行使价>到期即期汇率，公司以行使价结汇，收取[美元本金×(行使价−到期即期汇率)÷到期即期汇率]的美元；如果保护界限>到期即期汇率>行使价，公司以到期即期汇率结汇，与银行无交易约束；如果到期即期汇率>保护界限，公司以行使价结汇，支付[美元本金×(到期即期汇率−行使价)÷到期即期汇率]的美元。

利弊分析：公司在最差情况下仍可以以行使价卖出美元，锁定外汇风险。即使人民币贬值，在保护范围内，公司仍可以以市场汇率卖出美元，充分享受人民币贬值的好处；与简单远期相比，公司可以获得的远期汇率行使价较低。

三、境外贸易汇率风险管理策略

境外贸易汇率风险管理策略主要是使用各种汇率风险境外套期保值产品，是针对拥有美元对人民币汇率风险敞口的公司所设计的风险管理产品。

此策略的基本原理是：公司拥有美元应收款，其资产负债表以人民币结算，因此盈亏会受到美元对人民币汇率波动影响。相关产品介绍如下：

（一）平价远期

平价远期适合具有美元应收账款，需要对冲其外币应收相对于人民币贬值风险的公司；离岸美元对人民币远期通过离岸 CNH 市场操作，既可以全额交割，也可以差额交割。平价远期优点在于可以完全规避美元对人民币贬值的风险；平价远期缺点在于缺乏灵活性。平价远期的执行价格根据市场水平而定，公司不能充分表达其对市场走势的看法。

平价远期的优势在于外汇风险完全锁定，会计处理方便；风险在于如果美元对人民币即期汇率走高，公司将根据平价远期汇率卖出美元，买入人民币，从而承受机会成本。

举例：

条款：公司每月按照执行价格卖出 500 万美元，买入人民币。

结算：交易日+1 个月开始；每月结算 1 次，共 24 次。

普通远期汇率（执行汇率）：USDCNH 6.7339。

参考即期汇率（2017.08.15）：USDCNH 6.6689。

现金流示意见图 20.9。

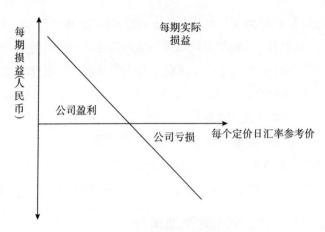

图 20.9　平价远期现金流示意图

（二）可展望远期

可展望远期可以提供很好的执行价格来规避公司的美元对人民币汇率风险敞口，如果银行展期该结构，结构将继续存在；如果银行不展期该结构，结构将终止。

此结构提供优于即期的执行价格，让公司规避美元对人民币汇率风险敞口。如果选择不展期，银行须提前一个结算期给出告知，让公司有足够的时间重新进入下一次对冲。为减轻市值评估过大的风险，公司可选择在结构中加入可解除权利。

此结构的风险在于如果美元对人民币汇率一直大幅升值，并且银行执行可展期权利，公司将根据执行价格卖出美元，从而承受美元相对于人民币走强的机会成本。

举例：

条款：取决于可展期选项，公司每月按照执行价格卖出 1000 万美元，买入人民币。

结算：6 次保值结算，18 次可取消结算，共 24 次，交易日+1 个月第 1 次，交易日+24 个月最后 1 次。

执行汇率：USDCNH 6.7589（执行价格=即期价格+900 点）。

可展望权利：从第 4 个结算日开始，银行有权展期该结构。展期与否，银行须提前一个结算期给出告知；如果银行展期，当期结算仍会发生，如果不展期，以后的结算将取消。

参考即期汇率（2017.08.15）：USDCNH 6.6689。

每期收益分析见图 20.10。

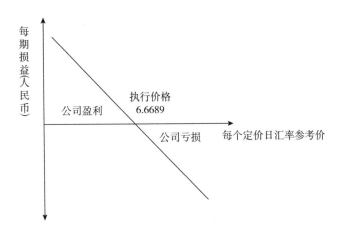

图 20.10　可展望远期每期收益分析

（三）自动转换远期

自动转换远期可提供较好的执行价格，让公司规避美元对人民币汇率风险敞口。如果自动转换事件没有发生，自动转换远期可以令公司以高于平价远期的汇率卖出美元，买入人民币；如果自动转换事件发生，公司可以按照"即期汇率+红利基点"卖出美元，买入人民币，灵活参与市场走势。

此产品的优势在于根据公司的现金流设置、期限和每月对冲金额确定。如果自动转换事件没有发生，公司可以按初始明显高于平价远期的执行价格卖出美元，买入人民币；如果自动转换事件发生，客户可以按照新的执行价格（当期汇率+红利基点）卖出美元，买入人民币。新执行价格每期根据市场走势调整，但永远高于当期汇率，从而确保公司在剩下期限获得固定收益。自动转换事件是可观察的市场指标，由市场来决定，并非由银行决定，降低了转换事件发生的不确定性。当市场走向极端情况下（如美元大幅走高），公司有权支付一定费用提前终止交易。此项条件在市场走向极端情况下对公司非常有利。

此产品的风险在于如果美元相对人民币大幅度走高，而自动转换事件没有发生，公司需要按初始执行价格卖出美元，买入人民币，从而承受美元走高的机会成本。

举例：

条款：取决于自动转换事件以及可解除特性，公司每月按照执行价格卖出美元，买入人民币。

期限：交易日+1个月开始，每月结算1次，共24次。

执行价格取决于自动转换事件以及可解除特性：

如果自动转换事件没有发生：第 i 期执行价格＝初始执行价格；

如果自动转换事件发生：第 i 期执行价格＝第 i 期当期定价＋红利基点，其中 i=1，2，…，24。

交割：取决于可解除特性，公司以该期执行价格卖出500万美元，买入人民币。

初始执行价格：6.7589。

红利基点：0.0200。

自动转换边界：6.6189。

自动转换条件：在任何定价日，如果当期汇率低于自动转换边界，当期

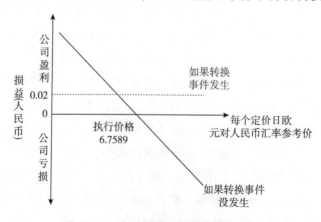

图 20.11 自动转换远期每期收益分析

及之后的执行价格自动转换成新的执行价格，转换后的第 1 期执行价格等于当期汇率+红利基点。

参考即期汇率（2017.08.15）：USDCNH 6.6689。

每期收益分析见图 20.11。

(四) 目标利润远期

目标利润远期可以提供很好的执行价格来规避公司的美元对人民币汇率风险敞口，如果发生"目标利润事件"，结构将提前终止。公司从该结构中得到的利润会进行累计，如果累计利润到达提前约定的水平时，接下来的结算将取消。

此产品的优势在于离岸美元人民币（USDCNH）的产品公司可以选择全额交割或者差额交割；为了减轻市值评估过大的风险，结构中加入可解除权利。

风险在于如果美元对人民币汇率一直大幅升值且目标利润事件从未发生，公司将根据执行价格卖出美元，从而承受美元相对于人民币走强的机会成本。如果交易被敲出，外汇风险敞口将失去保护，需要根据当时市场情形重新对冲。

举例：

条款：取决于目标利润事件以及可解除特性，公司每月按照执行价格卖出美元，买入人民币。

期限：交易日+1 个月开始，每月结算 1 次，共 24 次。

执行价格：6.7589。

交割：取决于目标利润事件以及解除事件，公司以执行价格卖出 1000 万美元，买入人民币。

目标利润：在每个定价日，较大值（0，执行价格−当期汇率）。

累计目标利润：当期定价日和之前所有定价日的目标利润总和。

目标利润事件：在每个定价日，如果累计目标利润≥0.50，当期及以后所有的结算将被取消。

当期汇率：定价日中国香港时间上午 11：15 路透社"CNHFIX ="的美元对人民币中间价。

参考即期汇率（2017.08.15）：USDCNH 6.6689。

每期收益分析见图 20.12。

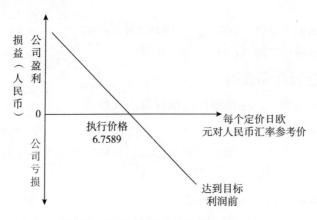

图 20.12　目标利润远期每期收益分析

（五）上端保护损失可敲出目标利润远期

上端保护损失可敲出目标利润远期可以提供很好的执行价格来规避公司的美元对人民币汇率风险敞口，如果发生"目标利润事件"，结构将提前终止。公司从该结构中得到的利润会进行累计，如果累计利润到达提前约定的水平时，接下来的结算将取消。

该结构提供很好的击入边界，执行价格和击入边界之间的范围 [6.7389，6.8039] 公司无须交易，从而提供了很好的保护空间。损失可敲出特性为公司提供潜在敲出未来损失的机会，如果任何一次定价损失敲出边界被触碰，则之后公司的损失交割全部敲出，获利交割仍然存在，直到目标利润事件发生。当市场走向极端情况下（如人民币相对于美元大幅贬值），公司有权利提前终止交易，但须为此支付一定费用。此项条件在市场走向极端情况下对公司非常有利。该特性可以有效地控制市值评估风险，保持在每月名义金额的两倍以内。

该结构的风险在于如果美元对人民币汇率大幅升值，而损失敲出事件没有发生，公司将根据执行价格卖出美元，从而承受美元相对于人民币走强的机会成本。如果交易被敲出，外汇风险敞口将失去保护，需要根据当时市场情况重新对冲。

举例：

条款：（取决于目标利润事件以及可解除特性），公司每月按照执行价格卖出美元，买入人民币。

期限：交易日+1个月开始，每月结算1次，共24次。

执行价格：6.7389。

交割：取决于目标利润事件以及解除事件，公司以执行价格卖出500万美元，买入人民币。

执行价格≤即期汇率≤击入边界：当期无交割。

执行价格>击入边界：如果损失敲出事件发生：无交割；如果损失敲出事件没有发生：公司以该执行价格卖出500万美元，买入人民币。

击入边界：6.8039。

目标利润：在每个定价日，较大值（0，执行价格−当期汇率）。

累计目标利润：当期定价日和之前所有定价日的目标利润总和。

目标利润事件：在每个定价日，如果累计目标利润≥0.30：当期结算的执行价格将做调整，使得公司得到0.30的累计目标利润，并把以后的结算取消。

损失敲出事件：如果美元对人民币定价≤损失敲出边界，损失敲出事件发生，每月观察，第一次观察日为交易日+1个月，每月观察1次，共24次。

损失敲出边界：6.6389。

参考即期汇率（2017.08.15）：USDCNH 6.6689。

上端保护损失可敲出目标利润远期收益分析（敲出或目标利润事件发生前）见图20.13。

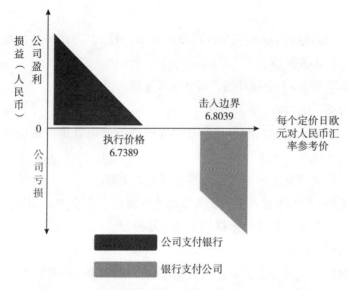

图 20.13　上端保护损失可敲出目标利润远期收益分析

四、境外投资融资金融市场风险管理策略

(一) 境外资产汇率风险管理方案

1. 净股权投资对冲

(1) 境外子公司外汇风险。即对于子公司的功能货币不同于母公司的功能货币的组织，折算子公司净股权投资时产生的外汇风险。在境外被收购的公司的净股权投资以年底的汇率被合并进母公司。外国子公司净股权投资中的外汇盈余和损失被计入资产负债表的股权部分。

通过合适的对冲工具可能实现净股权投资对冲。《国际会计准则》第 39 条允许净股权投资使用对冲会计核算方法，只要满足通常的对冲条件；如果对冲工具被认定为对冲会计核算，对对冲工具按市价计值所产生的价值变化将计入其他综合收益项，而在持有时 (如资产被出售前) 不对损益表产生波动性影响。但是，任何无效对冲都要在损益表的相关项目下显示。

实践中，要进行净股权投资对冲，母公司需要：第一，确定对冲项目。根据 IAS 21，在一个境外机构的净投资金额是这个报告实体的净资产权益，包括任何确认的商誉。第二，指定对冲工具。从我们的经验来看，简单的工具如货币掉期可以在一定程度上使用对冲会计处理。第三，证明对冲有效性。IAS 39 要求前瞻性和回顾性测试。

（2）中国企业使用交叉货币掉期管理外汇风险案例。交易要点：模拟公司拥有境外投资计划，而需要英镑资产。该公司将把人民币注入该公司的境外公司，然后将其人民币资金兑换为英镑以满足其投资境外资产的资金需求。该公司外汇风险主要在于用英镑资产所产生的现金流偿还人民币的融资债务，因此面临英镑相对人民币贬值的风险。对于其外汇风险的管理，该公司可以使用交叉货币掉期交易将英镑资产转换为人民币资产，从而对冲英镑资产的外汇风险。英镑资产到期或售出时，银行支付公司离岸人民币本金，公司支付银行英镑本金，规避了汇率风险。交叉货币掉期与英镑资产价值形成自然对冲：该公司无论在英镑对人民币升值或者是贬值的情景下，资产+对冲工具的总价值不变，从而使该公司有效避免未来汇率波动对该公司收入的影响。

对冲结构图（以英镑作为资产货币，见图 20.14）：交叉货币掉期有效地把原来英镑收益和人民币票息的错配改变成匹配的人民币收益和人民币票息。

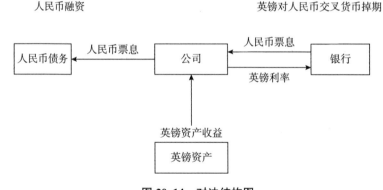

图 20.14　对冲结构图

2. 境外资产汇率对冲方案

交叉货币掉期策略特点：是针对拥有英镑资产的中国公司所设计的一个资产汇率风险管理方案；基本原理是对英镑资产和人民币负债的风险管理，降低由资产（英镑）与负债（人民币）货币不匹配所带来的外汇风险。

（1）普通交叉货币掉期——转换为离岸人民币资产。公司通过交叉货币掉期将境外资产的英镑收入转换为离岸人民币，从而将英镑资产转换为离岸人民币资产。公司向银行支付英镑利息和本金；银行向公司支付人民币利息和本金。

公司在交易中锁定未来收入的人民币金额，规避了英镑/离岸人民币的外汇风险（见图 20.15）。

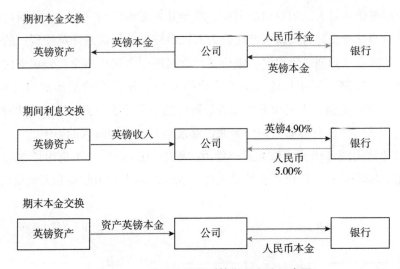

图 20.15　普通交叉货币掉期现金流示意图

举例：

英镑本金：英镑 100000000。

离岸人民币本金：人民币 995000000。

起息日：2013 年 12 月。

到期日：2018 年 12 月。

期初本金交换（可有可无）：

公司收入：英镑本金。

公司支付：人民币本金。

期间利息交换：

公司收入：离岸人民币 5.00%；每年：实际天数÷360。

公司支付：英镑 4.90%；每年：实际天数÷360。

期末本金交换：

公司收入：人民币本金。

公司支付：英镑本金。

GBPCNH 即期汇率：9.95。

（2）可敲出交叉货币掉期——在人民币对英镑大幅升值时敲出（见图20.16）。公司在汇率挂钩可敲出交叉货币掉期结构中可以享有相比普通交叉货币掉期可观的成本节省（60 个百分点）。在人民币对英镑适度升值的情况下，公司在此掉期期末支付英镑而收入人民币，在人民币对英镑升值时获得收益。

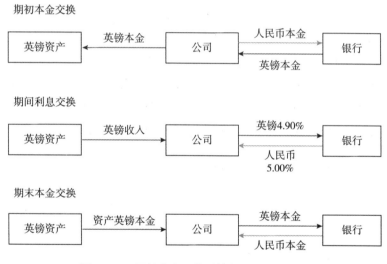

图 20.16 可敲出交叉货币掉期现金流示意图

若英镑贬值至英镑兑离岸人民币汇率低于或等于 9.00，此交易会立即敲出，而之后的所有利息支付以及期末本金交换都将不会发生。

举例：

英镑本金：英镑 100000000（假设）。

离岸人民币本金：人民币 995000000（假设）。

起息日：2013 年 12 月（假设）。

到期日：2018 年 12 月（假设）。

期初本金交换（可有可无）：

公司收入：英镑本金。

公司支付：人民币本金。

期间利息交换：

公司收入：离岸人民币 5.00%；每年：实际天数÷360。

公司支付：英镑 4.30%；每年：实际天数÷360。

期末本金交换：

公司收入：人民币本金。

公司支付：英镑本金。

敲出事件：若英镑兑离岸人民币汇率在任何利息交换日低于 9.00，此交易将会被完全敲出，敲出后无任何现金流发生。

5 年普通货币掉期利率：公司支付英镑 4.90%。

（3）汇率挂钩可敲出红利式交叉货币掉期——在人民币对英镑大幅升值时敲出（见图 20.17）。公司在汇率挂钩红利式可敲出交叉货币掉期结构中相比普通交叉货币掉期可观的成本节省 50 个百分点。在敲出的同时，公司将会获得英镑本金的 1% 红利补贴，有效减小选择再对冲时的对冲成本。

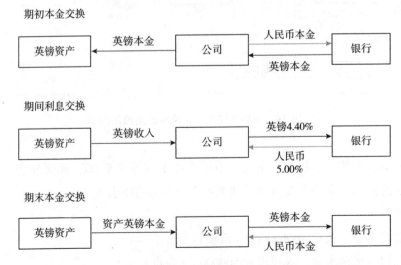

图 20.17 汇率挂钩可敲出红利式交叉货币掉期现金流示意图

此交易敲出后的利息支付和期末本金交换都将不会发生。但敲出对银行需支付英镑本金 1% 的红利补贴。

（二）境外融资汇率风险管理方案

1. 中国企业使用交叉货币掉期管理外汇风险案例

多家中国公司通过境外的债券市场发行融资成本较低的债券。但是在融资的同时，该公司承担了外汇风险。该公司外汇风险主要在于：该公司基于中国和利用人民币资产所产生的现金流偿还在境外发行以外币标价（比如美元）的负债，因此面临美元对人民币的汇率风险。对于其外汇风险的管理，该公司可以使用交叉货币掉期交易将美元债务转换为人民币债务，从而对冲美元债务的外汇风险。债务和掉期到期时，银行支付公司美元本金，公司支付银行人民币本金，公司将期末应付债务所需要的人民币金额锁定，规避了汇率风险。

交叉货币掉期与美元负债价值形成自然对冲：该公司无论在美元对人民币升值或者是贬值的情景下，负债+对冲工具的人民币总价值不变，使该公司有效避免未来汇率波动对其融资成本的影响。

对冲结构图（以美元为融资货币）见图 20.18。

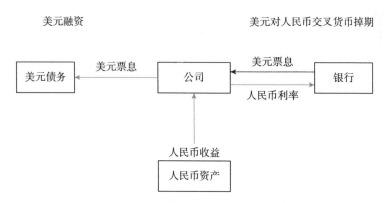

图 20.18 对冲结构图（以美元为融资货币）

交叉货币掉期有效地把原来人民币收益和美元票息的错配改变成匹配的人民币收益和人民币票息。

2. 美元及欧元债务汇率对冲方案

以下债务汇率风险管理方案是针对拥有美元或欧元债务的中国公司所设计的。基本原理是对于资产和负债的风险管理,降低由资产(人民币)与负债(美元或欧元)货币不匹配所带来的外汇风险。

(1)普通交叉货币掉期——转换为固定离岸人民币利率债务。公司通过交叉货币掉期将美元债务的利息和本金转换为离岸人民币,从而将美元债务转换为离岸人民币债务。银行向公司支付其债务所需要的美元;同时,公司向银行支付离岸人民币。公司在交易中锁定未来支付的离岸人民币金额,规避了美元离岸人民币的外汇风险。现金流示意见图 20.19。

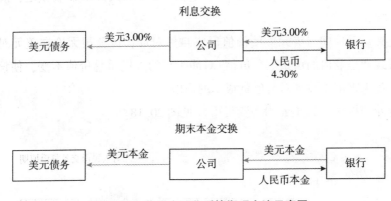

图 20.19 普通交叉货币掉期现金流示意图

举例:

美元本金:美元 100000000。

人民币本金:人民币 606500000。

起息日:2013 年 12 月。

到期日:2018 年 12 月。

期初本金交换(可有可无):

公司收入:人民币本金。

公司支付:美元本金。

期间利息交换:

公司收入:美元 3.00%;每季度:实际天数÷360。

公司支付：离岸人民币 4.30%；每季度：实际天数÷360。

第一次利息交换：在 2014 年 3 月交换。

期末本金交换：

公司收入：美元本金。

公司支付：人民币本金。

（2）可敲出交叉货币掉期——在欧元对人民币大幅升值时敲出。该掉期结构允许公司在一个欧元对人民币汇率下调或适度上升的环境下获利。如果敲出条件不发生的话，跟普通货币掉期相比，公司能享有 145 个百分点的利息节省。理想情况为支付人民币 3.50% 的利息直到到期日。当欧元兑人民币汇率在掉期中高于 9.00，掉期会被敲出。当掉期被敲出后，所有往后的利息和本金交换会被取消。

举例：

欧元本金：欧元 100000000。

人民币本金：人民币 815600000。

起息日：2013 年 12 月。

到期日：2018 年 12 月。

期初本金交换（可有可无）：

公司收入：人民币本金。

公司支付：欧元本金。

期间利息交换：

公司收入：如果敲出条件没发生：欧元 3.00%；每季度：实际天数÷360。

公司支付：如果敲出条件没发生：人民币 3.50%；每季度：实际天数÷360。

敲出条件：欧元对人民币汇率高于敲出水平。

敲出水平：9.00。

期末本金交换：

公司收入：欧元本金。

公司支付：人民币本金。

普通货币掉期利率：4.95%。

（3）自动转换交叉货币掉期——利率在美元对人民币大幅升值时转换。该掉期结构允许公司在一个美元对人民币汇率下调或适度上升的环境下获利。

如果转换不发生的话，跟普通货币掉期相比，公司能享有 105 个百分点的利息节省。理想情况是：公司支付 3.25％利息直到到期日。当美元兑人民币汇率在任何一个利息交换日高于 6.20，利率会开始转换。当发生利率转换，从转换的时候到期限日也是以 5.95％的利率计算。

举例：

美元本金：美元 100000000。

人民币本金：人民币 606500000。

起息日：2013 年 12 月。

到期日：2018 年 12 月。

期初本金交换（可有可无）：

公司收入：人民币本金。

公司支付：美元本金。

公司收入：美元 3.00％；每季度：实际天数÷360。

公司支付：如果转换条件没发生：人民币 3.25％；如果转换条件发生：人民币 5.95％到期限日；每季度：实际天数÷360。

转换障碍：掉期会在美元对人民币汇率高于转换水平（任何一个利息计算日）的时候发生。

转换障碍：6.20。

期末本金交换：

公司收入：美元本金。

公司支付：人民币本金。

普通货币掉期利率：4.30％。

3. 美元债券利率对冲方案

这是针对拥有美元浮动债务的公司所设计的债务利率风险管理方案。基本原理是负债利率的风险管理，降低由浮动利率债务所带来的利率风险。

（1）普通利率掉期——转换为固定利率债务。利率掉期中收入浮动利息而支付固定利息，从而将美元浮息债务调换成固息债务。将浮息债务调换成固息债务是为了锁定固定利率，规避利率波动所带来的不确定性。目前的利率市场提供较好的对冲水平让借款者将浮息债务调换成固息债务。缺点是在开始几个利息期需承受负息差。

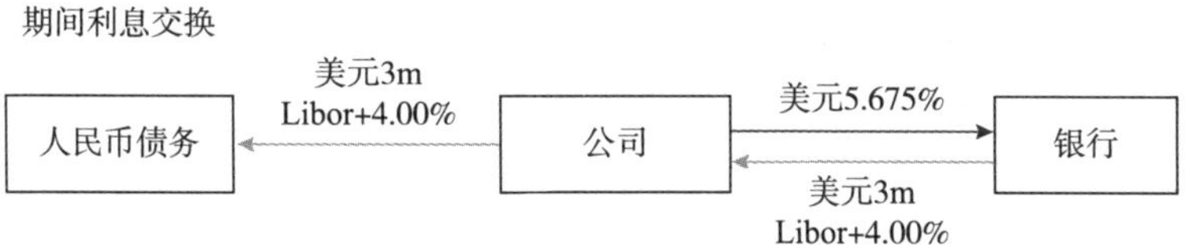

期间利息交换

图 20.20　期间利息交换示意图

举例：

起息日：2013 年 12 月（假设）。

到期日：2018 年 12 月（假设）。

美元本金：美元 100000000（假设）。

公司收入：美元 3m Libor+4.00%；每季度：实际天数÷360。

公司支付：5.675%；每季度：实际天数÷360。

第一次利息交换：在 2014 年 3 月交换。

参考利率：美元 3m Libor 0.24130%（见图 20.20）。

（2）自动转换利率掉期——利率在美元对人民币大幅升值时转换。此掉期结构允许公司在一个 USDCNH 下调或适度上升的环境下获利。如果转换不发生的话，跟普通利率掉期相比，公司能享有 77.5 个百分点的利息节省。理想情况是：公司支付 4.90% 利息直到到期日。当美元兑人民币即期汇率在任何利息交换日高于 6.20，利率会开始转换。当发生利率转换，从转换的时候到期限日也是以 6.50% 的利率计算。

举例：

起息日：2013 年 12 月（假设）。

到期日：2018 年 12 月（假设）。

美元本金：美元 100000000（假设）。

公司收入：美元 3m Libor+4.00%；每季度：实际天数÷360。

公司支付：如果转换条件没发生：美元 4.90%；如果转换条件发生：美元 6.50%到期限日；每季度，实际天数÷360。

转换边界：美元对人民币汇率在任何一个利息计算日高于转换边界。

转换边界：6.20。

参考利率：美元 3m Libor，0.24130%。

普通掉期利率：5.675%。

（3）定期自动转换利率掉期——利率在美元浮动利率大幅上调时转换。该掉期结构允许公司在一个利率下调或适度上升的环境下获利。如果美元 3m Libor ≤ 2.00%，跟普通利率掉期相比，公司能享有 87.5 个百分点的利息节省。公司放弃在美元 3m Libor ≥ 2.00%时的利率对冲，从而锁定较低的固定利率。理想情况是：公司支付 4.80%利息直到到期日。在每一个利息期，如果美元 3m Libor 高于 2.00%，公司需支付美元 3m Libor，从而失去对冲。以目前汇率计算，美元 3m Libor 需要在掉期期间内上升 176 个百分点才会引发转换。

举例：

起息日：2013 年 12 月。

到期日：2018 年 12 月。

美元本金：美元 100000000。

公司收入：美元 3m Libor+4.00%；每季度：实际天数÷360。

公司支付：在每一个利息交换日，如果美元 3m Libor ≤ 2.00%：4.80%；否则：美元 3m tibor+4.00%。每季度：实际天数÷360。

参考利率：美元 3m Libor，0.24130%；普通掉期利率：5.675%。

五、案例——海尔：并购中的汇率风险管控①

（一）要点

（1）2016 年 1 月，海尔宣布以 54 亿美元收购 GE 旗下家电业务部门，交易将通过海尔自有资金和并购贷款的方式来完成。此次交易付款货币为美元，而自有资金来源的相当一部分来自人民币资金，因此将购汇的人民币资金总额控制在预算范围内，成为海尔本次跨境并购交易必须解决的棘手问题。

（2）2016 年上半年的外汇市场走势，正如海云汇团队所预期的那样，离岸人民币先升后贬，5 月底期权到期时，人民币对美元汇率相对年初小幅下跌，交易对手放弃行权，海尔通过即期买入美元，为并购交易锁定了成本，总计为海尔节省了约上亿元人民币的财务费用。

海尔作为中国最早"走出去"的跨国公司之一，其业务遍布全球 30 多个国家和地区，面临多达 19 种货币对的汇率风险。2013 年，海尔旗下财务公司获得

---

① 本案例摘自《中国外汇》2017 年第 16 期。

了金融衍生品牌照，开始开展金融衍生品业务。通过多年境内外的实践摸索，海尔在如何开发、管理及营销金融风险管理产品方面积累了丰富的经验。

2016 年 1 月 15 日，海尔宣布以 54 亿美元收购 GE 旗下家电业务部门，交易将通过海尔自有资金和并购贷款的方式来完成。其中自有资金金额约为 22 亿美元，占交易对价的 40%。由于此次交易付款货币为美元，而自有资金来源的相当一部分来自人民币资金，因此在 2016 年 6 月并购资金交割前能否有效管理汇率风险，将购汇的人民币资金总额控制在预算范围内，成为海尔本次跨境并购交易必须解决的棘手问题。

2016 年初，为更好地协调资源以有效应对汇率风险，海尔金控在整合海尔原有外汇交易团队基础上引进了跨国银行人才、对冲基金人才和 IT 专家，在中国香港注册成立了海云汇小微（下称"海云汇"），为海尔成员公司及产业客户提供外汇交易及金融风险管理服务。而此次管理并购 GE 家电交割资本中的汇率风险，成为海云汇成立之后业务开展的"试金石"。

（二）深入研判市场　提供避险方案

从 2014 年开始，人民币汇率出现贬值情况，2015 年离岸人民币兑美元汇率由年初的 6.22 一路跌至年底的 6.57，跌幅达 5.68%；同时，汇率开始呈双向波动，单日人民币汇率波幅逐步扩大。这些变化极大地增加了汇率市场风险，也给本次跨国收购增添了变数。

按海云汇团队的模拟计算，如果美元对人民币的汇率波动 5%，1 亿美元的交割本金将产生 3000 多万元人民币的汇兑损益。面对如此巨大的汇率风险，海尔必须从风险管理的战略角度出发，积极地对汇率风险进行管理。鉴于 2016 年初，美国逐步退出量化宽松，导致市场对美元升值预期强烈，海尔有以下三种方案可供选择：

方案一：不做风险管理，交割日以即期价格购汇

在 2015 年 8 月汇改后，人民币对美元汇率波幅扩大，汇率风险上升，且美元进入加息周期，汇率走势向不利于海尔的方向变动的概率更高，一旦看错方向，在不做任何管理的情况下，汇率波动将吞噬产业微薄利润，风险巨大。

方案二：通过远期锁定汇率风险

由于 2016 年初离岸人民币对美元出现了一波急跌行情，市场恐慌情绪增加，所以离岸人民币对美元汇率风险的管理成本相对 2015 年大幅增加。境外市场已经过度预期了人民币的贬值幅度，3个月远期成本达1.2%，即离岸人民币对美元汇率需在3个月内由当时的6.50大幅下跌至6.58以上，通过远期锁定汇率风险，在经济上才是有利可图的。但是，上亿元人民币的锁汇成本对企业来说过于高昂。

方案三：运用期权组合锁定汇率风险

面对错综复杂的市场环境，海云汇团队认为，要想设计出优秀的对冲交易决策，首先要结合客户需求做出理性的市场判断。从整个金融市场改革的方向来看，人民币在进入SDR后将更多扮演在新兴市场和周边国家补充并逐步取代现有国际储备货币的角色。人民币汇率政策目标更应体现为与新兴市场货币汇率保持相对稳定，而在适当范围内保持对美元汇率的灵活弹性，从而摆脱作为"准美元"的汇率同步节奏，以增强人民币在国际货币中的独立影响力。

2016年1月底，离岸人民币对美元即期汇率随中间价小幅收跌，波幅较元旦明显收窄。纵观整个1月的人民币汇率，整体延续平稳态势。从国内看，央行表达了坚定维稳汇率的决心，且前期平抑人民币贬值预期的举措已经显现成效，央行推动人民币国际化也在稳步前行；从国际看，全球经济复苏势头不明朗，各国竞相宽松，美国短期内加息概率降低。在这些国内外因素的共同作用下，人民币汇率贬值压力趋缓，短期内或会走稳。综合上述分析，海云汇团队认为，2016年上半年离岸人民币对美元汇率虽然会继续下跌，但幅度将会收窄，预计汇率在6.4~6.8波动的可能性较大。

得出以上分析后，海云汇团队针对GE家电收购项目选择了运用期权组合锁汇的方案：买入美元看涨期权@6.60同时卖出美元看涨期权@6.80的（6.6~6.8Call Spread）期权组合产品（见图1）。该组合产品有两个优点：一是成本便宜（执行价6.6的看涨期权成本远低于执行价6.4的看涨期权，出于成本考虑选择了6.6~6.8Call Spread），期权组合成本仅为0.78%，远低于远期锁汇的1.2%的成本；二是区间避险，如果6月期权到期，人民币意外升值，客户可放弃行权，按当时有利的即期汇率购汇。这就是说，Call Spread期权既可有效锁定人民币对美元汇率6.6~6.8的汇率风险，同时万一人民币升值，客户可用更低的即期汇率购汇。该产品的风险是，如果人民币汇率大幅跌至6.8以上，就会超出客户锁定的汇率风险范围（6.6~6.8）。对此，海云汇团队认为，此种情况发生的概率较低，因此将 6.6~6.8 Call Spread 期权产品推荐给了客户。在获得客户认可后，海云汇团队于 2~4 月按该方案完成了期权交易。

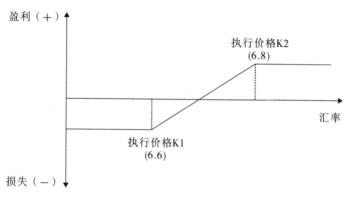

图 1　（6.6~6.8 Call Spread）期权组合产品

（三）稳妥操作　总结经验

2016 年上半年的外汇市场走势，正如海云汇团队所预期的那样，离岸人民币先升后贬，5 月底期权到期时，人民币对美元汇率相对年初小幅下跌至 6.55 左右，交易对手放弃行权，海尔通过即期买入美元，为并购交易锁定了成本。该方案最终有效规避了汇率风险，相比远期锁定方案，为客户节省了 0.45% 的财务成本，总计为海尔节省了约上亿元人民币的财务费用。

2016 年 6 月 6 日，青岛海尔发布公告称，海尔收购 GE 家电业务已正式进行资产交割，支付总额约为 55.8 亿美元，全部人民币价款在预算内准备完成，并已兑换为美元向 GE 支付完毕。6 月 7 日，GE 家电正式更名为 GE Appliances a Haier Company。

总结海尔并购 GE 家电的避险操作案例，可以得出以下经验：

一是在制定外汇风险管理目标时，要考虑到同行业其他企业的做法和自身的特性。此次海尔正是因为拥有多年汇率风险管理经验的人才储备与灵活的风险管理政策和机制，才能选择较为复杂的期权组合产品进行风险管理。

二是外汇风险管理方法的选择要介于保守、激进和动态的方法之间。此次海尔汇率风险管理选择了期权组合工具，而不是简单地选择激进的远期，或保守的不做，就是公司在理性评估汇率风险概率和损益大小后，审慎综合考虑的结果。

三是外汇风险管理目标要充分考虑到成本和会计核算，减少经济成本的不确定性。选择购买期权从会计核算上是一笔费用支出，但海尔并没有因会计费用增加这一不利因素而忽视了经济成本的重要性。以最终控制经济成本作为风险管理的首要目标，是本次期权产品能被顺利采纳的重要原因。

四是建立科学的风险管理策略体系，在符合产业需求的基础上，正确和恰当地选择金融工具（见图2）。例如，在人民币单边升值阶段，面对确定出口订单的出口企业，运用远期结汇，可以提前锁定美元对人民币即期汇率，并且可以通过掉期点获得一定的利息补偿；而在人民币贬值阶段，境外工程企业在未知能否中标的情况下，对潜在的购汇需求，可通过购买一个价外美元看涨期权的方法，以更低的成本锁定汇率风险。

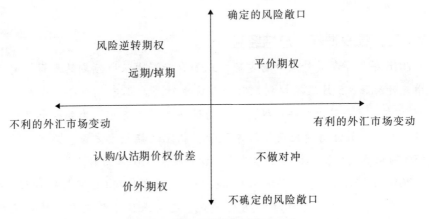

图2 企业汇率风险管理策略对比

海尔收购GE家电，既是海尔国际化进程的里程碑事件，也是中国家电进军国际发展史上的重大事件。相信，海尔此次并购过程中的汇率风险管理案例，不仅可为国内"走出去"的企业提供借鉴，还能为"一带一路"的相关业务、基础设施建设、国际贸易、对外投资等多个领域的汇率风险管理，提供有效、合规的思路和选择。

第二十一章 国际税务风险与筹划

国际税务筹划是跨国公司财务管理的一部分。跨国公司税务筹划的目标是通过税收负担的最小化，来实现企业全球所得的最大化。税务风险意识不强、缺乏专业人员引导、忽略重大国际决策等是造成境外税收问题出现的主要因素。我国很多企业对"一带一路"沿线国家情况不熟悉，主观上也不重视，再加上很多"一带一路"沿线国家税法不确定、税收征管手续复杂，大大增加了税务风险。很多中国企业"走出去"的时候都没有想清楚如何进行税务筹划，导致税务成本和税务风险都很高。企业善于进行税收筹划并通过这一杠杆实现税负减轻，则能大大增加企业经济效益。而不太注重税收筹划的企业，将错失一系列的优惠政策，与同行业企业在财税方面产生根本性差距。如何在"走出去"前期做足税收筹划功课，以规避可能的涉税风险，尽量降低涉税成本，提升企业全球运营效率，已成为企业的必备功课。

一、国际税务筹划概论

（一）国际税务筹划的概念

国际税务筹划是指在不违反相关国家的有关法律（主要是税法和税收协定）和国际公认准则（惯例）的前提下，跨国纳税义务人为实现企业全球财务目标，而进行旨在使全球税务负担最小化的一种税务谋划或规划。

- 国际税务筹划的主体是跨国纳税人。
- 国际税务筹划的客体是跨国公司的涉税活动。
- 国际税务筹划的目的是使集团整体税收负担最小化。
- 国际税务筹划的范围涉及两个或两个以上国家（地区）的税收管辖权、税收法律法规以及相关的税收协议。

（二）国际税务筹划产生的条件

（1）各国税制体系的差异。税制体系的差异必然造成各国纳税负担的差异，这是国际税务筹划产生的基础条件。

（2）各国税收管辖权的差异。国际税收的存在是因为各国坚持不同的税收管辖权，这是国际税务筹划产生的重要条件。税收管辖权是一个国家在税收管理方面形成的在一定范围内的征税权力，是国家主权在税收领域的体现。按属地原则及属人原则，税收管辖权分为地域税收管辖权（按属地原则）、居民税收管辖权（按属人原则中的居住国原则）和公民税收管辖权（按属人原则中的国籍原则）。从税收管辖权的角度来说，对一国的居民行使居民税收管辖权，对该国的非居民行使地域税收管辖权，这是国际通行的做法。目前，世界上除美国等少数国家实行三权并行外，其他各国一般都是以一种管辖权为主，以另一种管辖权为辅。也有的国家行使一种税收管辖权，比如，阿根廷、巴拿马等只行使地域管辖权。发展中国家一般强调地域税收管辖权；发达国家一般强调居民（公民）税收管辖权（见表21.1）。

表 21.1　税收管辖权与征税范围

适用税收管辖权	征税范围	代表国家或地区
地域税收管辖权	本国居民的境内所得，外国居民的境内所得	阿根廷、乌拉圭、巴拿马、哥斯达黎加、肯尼亚、赞比亚、中国香港
地域、居民税收管辖权	本国居民的境内、境外所得，外国居民的境内所得	阿富汗、澳大利亚、中国、印度尼西亚、日本、韩国、新加坡、秘鲁、奥地利、比利时、丹麦、希腊、意大利、瑞典、英国、加拿大等
地域、居民、公民税收管辖权	本国居民、公民的境内、境外所得，外国居民、公民的境内所得	美国

（3）各国税基范围宽窄不同。在税率一定的情况下，税基的大小就决定税负的高低，这是跨国纳税人在进行国际税务筹划必须考虑的主要因素。一般来说，扣除越多，税基越小，反之则越大。西方发达国家对于亏损抵补年限的规定如表21.2所示。

表 21.2　西方发达国家亏损抵补年限表

国家	税前抵补年限	税后抵补年限	注解
澳大利亚	0	无期限	1990 年及此后发生的普通亏损可以无期限结转，但 1989 年及此前发生的普通亏损只能结转 7 年
加拿大	3	7	
法国	3	5	
德国	2	无期限	
美国	2	20	在 1998 年之前的年度里形成的亏损，可以允许向以前年度结转 3 年以及向以后年度结转 15 年
英国	1	无期限	根据发生亏损的不同性质有不同的处理方法

（4）各国税率高低不同。应纳税额的多少除了税基的宽窄之外，主要取决于税率的高低。税率是世界各国税收制度中差别最大的一个要素，是跨国纳税人在进行国际税务筹划时要考虑的重要因素之一。

（5）税收优惠与征收管理水平的差异。一些国家为了发展本国经济，为跨国投资者提供了许多优惠的待遇，而这些优惠待遇客观上也对跨国纳税人形成了税务筹划的环境。各国政府在税收征收管理方面都有相应的法律规定，但在管理水平和执法效果方面却存在较大的差异。一般来说，市场经济比较成熟的发达国家，政府税收征管能力强，征管水平高，征管漏洞少；而处于市场经济发展初期的发展中国家，政府征管能力较弱，征管水平较低，漏洞也较多，税款流失严重。

（6）避免国际双重征税方法的差别。所谓国际双重征税，又称国际重复征税，就是指两个或两个以上国家的不同课税主体，对同一纳税人或不同跨国纳税人的同一跨国纳税对象或税源所进行的重复征税，一般包括法律性双重征税和经济性双重征税这两种类型。国际税收协定是指两个或两个以上的主权国家或地区，为了协调相互之间的税收分配关系，本着对等的原则，在有关税收事务方面通过谈判所签订的一种书面协议。国际税收协定的运用给纳税人的国际税务筹划提供了便利条件。

（7）各国反避税措施的差异。各国实施的反避税措施规定是有较大差别的，有些国家明文规定属于非法的行为，而在反避税措施缺乏的某些国家中有可能属于合法行为，这种差别的存在，为国际税务筹划提供了空间。

二、国际税务筹划的主要方法

国际税务筹划就是跨国纳税人通过利用或套用有关国家税法和国际税收协定，利用其对企业经营有利的规定，以及其差别、漏洞、特例和缺陷，避免国际双重缴税，规避纳税主体和纳税客体的纳税义务。国际税务筹划的主要方法有如下几种：

（一）利用关联公司与转让定价方式进行税务筹划

国际转让价格（International Transfer Price），指在总公司和国外子公司之间、子公司之间及孙公司之间销售商品或劳务的一种内部结算价格，这一价格通常不受市场供求关系的影响，不同于其在对外部经济往来中所适用的一般市场价格，而主要服从于跨国公司全球经营战略目标的需要。

关联企业是指资本股权和财务、税收相互关联达到一定程度，需要在国际税收上加以规范的企业。从各国的税收实践看，对关联企业的认定有三种方法：

• 股权测定法，即测算企业之间相互控股的比例，达到规定控股比例便构成关联企业。

• 实际控制管理判定法，注重实质，从企业之间相互控制管理的实际情况进行判断。

• 避税地特殊处理法，少数国家境内企业与设在避税地的企业进行交易，即认定为关联企业。

转移价格通过以下内部交易体现：①货物购销；②贷款往来；③提供劳务；④无形资产的使用与转让；⑤固定资产购置与租赁。

转移价格不同于一般市场价格的原因，在于交易双方的关联企业的特殊关系，使其置身于同一利益共同体内，排斥了相互之间的竞争，从而其内部结算价格可以低于或高于会计成本，在某些情况下，甚至与实际成本没有直接联系。利用转移价格将利润转移到低税国或低税地区，转移价格可以起到转移利润、减轻税收负担的作用，是税务筹划的一种重要方法，既可以用于国内税务筹划，也可以用于国际税务筹划。同样的一笔投资或相同的公司收益，在不同的国家需要缴纳高低不同的税金，产生避税的动机：对设在高从价税国家的子公司，按压低的转让价格销货给该子公司，降低其进口金额；

对设在高增值税国家的子公司，以较高的转让价格销货给该子公司，降低其增值额。

国际转让价格特征包括：国际转让价格的制定是在比国内规模更大的基础上进行的；比起严格意义上的国内背景，国际转让价格的制定将受到更多的变动因素影响；国际转让价格的制定在各公司、各行业、各国之间都是不同的，它缺乏任何理论或实践的最佳选择的标准方案，也影响着所有国家的社会、经济和政治关系。

转移价格在国际税务筹划，特别是跨国公司税务筹划中，发挥着更加重要的作用。各国之间的税收制度差异比国内行业、部门之间的差异大，而且这种差异在各个方面都可以显示出来。同时，跨国公司的母、子公司之间，各个子公司之间或总机构与国外常设机构之间，一方面具有相对独立的形式，另一方面彼此之间具有广泛的业务、财务联系，使跨国公司关联企业有较大的余地实现转移价格。

一旦确认转移价格偏离正常交易价格，各国政府都要对其进行调整。税务机关根据四种标准调整转移定价：

第一，市场标准：以无关联的独立企业间的可比非受控价格作为跨国关联企业间交易的价格标准。

第二，比照市场标准：以关联交易中购买方的再销售价格减去合理利润后的余额（即再销售减利价）作为关联企业收入和费用分配标准。

第三，组成市场标准：成本加利润的方法组成的一种相当于市场价格的分配标准。适用于跨国关联企业间缺乏可比对象的某些工业产品销售收入和特许权使用费等无形资产转让收入分配。

第四，成本标准：按实际发生的费用作为关联企业交易的价格标准，特征是只包括成本费用，不考虑利润因素。它的出现是由于关联企业之间的一些业务往来不是以盈利为目的的商业交易。

与调整转移定价紧密相关的是预约定价制。预约定价制（Advance Pricing Agreement，APA），实际上是纳税人事先将其和境外关联企业之间的内部交易与财务收支往来所涉及的转移价格制定方法向税务机关报告，经审定认可，作为计征所得税的会计核算依据，并免除事后税务机关对转移价格进行调整的协议。预约定价制的建立，最明显的优点是，税务机关对关联企业转让定价的事后审计改变为事前审计，对保护纳税人的合法经营和税务机关的依法征税都有好处。预约定价制将事后调整改为事先确认，从跨国公司经营的角度出发，有以下几个优点：①保护跨国公司的合法经营，有利于企业的经营决策，避免了国家税收对企业的过度干预；②有利于消除与相关国家税务当局的争议；③使跨国公司从事后调整所要求的烦琐的审计工作中解脱出来，提高效率，降低纳税成本。一国政府如果将经审定认可的预约定价制，通过协商程序取得相关国家政府的同意，可以纳入国际税收协定的实施范围，还可免除转让定价首次调整和相应调整的烦琐程序。从宏观方面看，它有利于经济的国际交往和合作，会对经济生活国际化产生积极的影响。

预约定价安排包括单边预约定价安排和双边或多边预约定价安排。单边预约定价安排是指在纳税人及其税务管理部门之间签订的预约定价安排。双边或多边预约定价安排是跨国关联交易的双方纳税人，事先就同一跨国交易内容同时向关联交易双方或多方所在国的主管税务机关提出关联交易的定价原则和计算方法，两国或多国主管税务机关分别审核并共同确认后，同意双方或多方纳税人据以确认该关联交易的应纳税所得额或确定合理的营业利润区间的一种国际税收管理方法。

（二）选择有利的企业组织方式进行国际税务筹划

不同形式的境外投资在纳税上常常会存在区别。根据所在国情况采取不同的组织形式常常可以减轻税负：子公司可享受所在国的税收优惠待遇，但子公司的亏损不能汇入国内总公司；分公司可享受所在国的税收优惠待遇，但分公司的亏损不能汇入国内总公司。

境外法人子公司为所在国税收居民，全球所得所在国缴纳公司所得税（单一来源地管辖权除外）、来源地增值税和财产税。分配给中国母公司的利润或股息缴纳预提税。境外分公司、办事处或构成常设机构的视同法人纳税，来源地增值税和财产税只就来源于所在国所得缴纳公司所得税。汇回中国总公司的利润一般不缴预提税（特殊除外）。

子公司适用所在国正式税率，分公司、办事处、常设机构适用税率在大部分国家与居民公司适用同一税率，有些国家另设较低或较高税率。在我国，适用同一税率。

汇回中国纳税的抵免方式不同。子公司仅就分配的金额换算成税前所得，由母公司在中国境内汇总纳税。不分配，不在中国汇总纳税（所在国法定税率12.5%以上时）。母公司持股20%以上（有些协定10%以上），境外所得税实行三层间接抵免。直接抵免和间接抵免之和，往往超过中国的抵免限额25%，超过部分，不能在中国汇总纳税时扣除，只能由企业承担。

分公司无论利润是否汇回中国，总公司合并纳税，境外缴纳的公司所得税（个别国另征预提税）实行直接抵免，但若分公司境外发生亏损，则不能抵免总公司的利润。

办事处和常设机构，其收入和费用在中国总公司账面中有记录，在总公司计算所得税时按中国税法扣除，不存在境外亏损不能抵免境内利润的情况，且在境外缴纳的公司所得税可进行直接抵免。

（三）通过常设机构来进行国际税务筹划

常设机构是指企业进行全部或部分营业的固定场所，包括管理场所、分支机构、办事处、工厂和作业场所等。常设机构已成为许多缔约国判定对非居民营业利润征税与否的标准。对于跨国经营而言，避免了常设机构也就避免了在非居住国的有限纳税义务。跨国经营者可通过货物仓储、存货管理、广告宣传或其他辅助性营业活动而并非设立常设机构来达到在非居住国免税的义务优惠。

利用常设机构进行税务筹划包括：①避免成为常设机构。绝大多数实行地域税收管辖权的国家，对非居民以其是否在本国境内设有常设机构，作为判定其所得是否来源于本国境内，进而决定是否行使课税权的标准。因此，避免成为常设机构就成为国际税务筹划的一种重要方法。②有效利用常设机构进行国际税务筹划。例如，利用常设机构转移货物和劳务、转移成本费用、转移利润等。

（四）在避税地组建各种类型的基地公司

国际避税地（Tax Havens）是指具有如下特征的国家和地区：不课征某些所得税和一般财产税，或者课征的所得税和一般财产税的税率，远低于国际一般负担水平，或者向非居民提供特殊税收优惠，在这些国家和地区能够进行国际避税等国际税务筹划活动。公司可以尽量选择在国际避税地进行投资。利用国际避税地减少税收，特别是通过在国际避税地设立基地公司和导管公司，减少税收负担。

国际避税地应具备的条件包括：①安定的政治局势。②独特的低税结构。通常不课征个人所得税、公司所得税、资本利得税、遗产税、继承税、赠与税等直接税，或者不课征某些直接税，或者课征的直接税的税率远低于国际一般税负水平，或者向非居民提供特殊的税收优惠。③完善的保密制度。④理想的投资环境。⑤宽松的政策法规环境。

国际避税地可分为：①纯国际避税地，没有直接税，并以有利于外国企业和个人的各种立法而成为避税活动的中心；②完全放弃居民税收管辖权，只行使地域管辖权的国家和地区，征收某些直接税，但税率较低或提供大量税收优惠，以及对境外所得完全免税；③正常课税，但提供某些税收优惠的国家和地区，在某些行业或特定的经营形式下给予极大的税收优惠。

常用的国际避税地包括开曼群岛、百慕大、英属维尔京群岛、中国香港、卢森堡、新加坡、塞浦路斯、毛里求斯、荷兰等。

近年来通过在中国香港、英属维尔京群岛、开曼群岛、百慕大群岛等地注册"离岸公司"，再通过离岸公司返回大陆设立外商投资企业或实现境外上市和境外收购已经成了不少内地企业间公开的秘密。众多的国有企业（比如中国银行、中国电力、中国移动、中国联通、中国网通、中石油、中海油等）以及几乎所有的国际风险投资与私募并购基金（IDG、软银、SAIF、红杉、鼎辉、华平、高盛、摩根斯坦利、华登国际、霸菱、集富、英特尔、联想投资、弘毅、德风杰、普凯、北极光、梧桐、祥峰、富达、新桥、黑石等）和众多民营企业（如裕兴、亚信、新浪、网易、搜狐、盛大、百度以及最近的碧桂园、SOHO、阿里巴巴、巨人集团等著名民营企业）几乎无一不是通过在离岸法域设立离岸控股公司的方式而实现其巨大的成功和跨越的。其在离岸法域设立离岸公司主要目的有以下几个：以境外红筹方式私募进而在美国、中国香港或新加坡以及英国等地上市；曲线规避外资限制性行业限制进行境内经营；进行跨境并购；设立控股公司，进行资本运作；进行税收筹划、全球贸易、合资公司等。

离岸公司不得在离岸法域内经营，或者说离岸公司是排除其在本土经营的公司，这是离岸公司的运营要素。几乎所有的离岸公司法都规定，一旦发现离岸公司在离岸法域内与其他公司签订商业合同，那么当局就将撤销该公司的离岸地位。

基地公司是指避税地为跨国纳税人进行税务筹划提供了"基地"。一个对其本国法人来源于国外的收入只征收少量的所得税或财产税，甚至免税的国家或地区常被跨国公司称为"基地国"，出于在第三国进行经营的目的而在基地国组建的法人企业，被称为"基地公司"。基地公司的种类主要包括：国际控股公司、金融公司、投资公司、专利公司、保险公司、服务公司、贸易公司、运输公司等。

中国企业运用国际避税地避税应注意以下两点：①依照外国（地区）法律成立但实际管理机构在中国境内的企业属于我国的居民纳税人，要就在中国境内和境外全部所得在中国境内纳税。国际避税地企业成为中国居民企业。②由居民企业，或者由居民企业和中国居民控制的设立在实际税负明显低于规定税率25%的国家（地区）的企业，并非由于合理的经营需要而对利润不作分配或者减少分配的，上述利润中应归属于该居民企业的部分，应当计入该居民企业的当期收入。国际避税地企业不成为中国居民企业，未分配利润在中国缴税。

（五）利用国际税收协定的税务筹划

税收协定，是税收"走出去"的企业或个人最需要关注的一种法律的规范。国际税收协定属于国际法的范畴。我国法律明确规定，国际法高于国内法。"走出去"企业如果到了没有和中国签订协定的国家，就要按照对方的国内法来征税；如果到了与中国签订税收协定的国家，就要按照协定，也就是国际法来征税。

由于我国避免跨国双重征税实行的是抵免法，所以"走出去"企业要能够充分享受东道国的税收优惠，还必须能够获得我国的税收饶让。《财政部、国家税务总局关于企业境外所得税收抵免有关问题的通知》（财税〔2009〕125号）规定："居民企业从与我国政府订立税收协定（或安排）的国家（地区）取得的所得，按照该国（地区）税收法律享受了免税或减税待遇，且该免税或减税的数额按照税收协定规定应视同已缴税额在中国的应纳税额中抵免的，该免税或减税数额可作为企业实际缴纳的境外所得税额用于办理税收抵免。"我国与经合组织国家签订的税收协定中一般是对方国家给予我国的税收饶让，但与捷克、意大利、韩国、葡萄牙签订的协定中，我国也承诺给予对方国家税收饶让。我国与发展中国家签订的税收协定中，有一些是我国承诺给予对方国家税收饶让的, 如我国与马来西亚、泰国、巴基斯坦、塞浦路斯、马耳他、印度、越南、南斯拉夫等国的协定。

目前我国和其他国家和地区签订的税收协定达 101 个, 和中国香港、中国澳门、中国台湾分别签署了安排或协议, 一共 104 个。和其他国家相比, 整个世界上税收协定大概有 3500 多个, 能够超过 100 个协定的国家是不多的。这样一个庞大的、双边的税收协定网络能为纳税人、企业、"走出去"的个人在东道国降低税收。如果没有税收协定, 没有几个月的规定, 去一天都要征收税。有了税收协定, 6 个月或 12 个月才征税。

公司应充分利用税收争端解决机制。相互协商程序是税收协定中规定的缔约国之间相互协商税收问题所应遵循的规范化程序, 是一种解决国际税务争议的国际法程序, 是处理国际税务争端的有效途径之一。当"走出去"企业发现或认为缔约对方国家 (地区) 所采取措施已经或将会导致不符合税收协定规定的征税行为时, 可以根据《国家税务总局关于发布〈税收协定相互协商程序实施办法〉的公告》(国家税务总局公告〔2013〕56 号) 规定的程序, 及时向税务部门反映并提出申请, 由国家税务总局与缔约对方主管税务当局协商解决, 通过政府间的正式接洽来解决税务争端和纠纷, 维护自身的合法经济利益。

(六) 利用资本弱化进行税务筹划

资本弱化是指跨国纳税人通过加大借贷款 (债权性筹资) 而减少股份资本 (权益性筹资) 比例的方式增加税前扣除, 以降低企业税负的一种行为。借贷款支付的利息, 作为财务费用一般可以税前扣除, 而为股份资本支付的股息一般不得税前扣除, 因此, 有些跨国纳税人为了加大税前扣除而减少应纳税所得额, 在筹资时多采用借贷款而不是募集股份的方式, 以此来达到避税的目的。

目前, 一些国家在税法中制定了防范资本弱化条款, 对企业取得的借贷款和股份资本的比例做出规定, 对超过一定比例的借贷款利息支出不允许税前扣除。借鉴国际经验, 新的《中华人民共和国企业所得税法》规定, 企业从其关联方接受的债权性投资与权益性投资的比例超过标准而发生的利息支出, 不得在税前扣除。

各国都规定只有当外国公司与本国公司具有一定的关联关系时, 本国公司向其支付的贷款利息才不允许税前扣除。英国、美国、加拿大、澳大利亚要求的控股比例分别为75%、50%、25%和15%。更多信息见表21.3。

表21.3 各国防范资本弱化条款

国家	固定比例法	正常交易原则	关联企业	超额利息处理方式	债务类型
英国	1:1（正常情况下）	有	75%	视为股息，征预提税	所有关联的经济债务
澳大利亚	2:1（金融6:1）	无	15%	不允许扣除	外国关联债务或关联担保债务
美国	1.5:1	有	50%	不允许扣除	所有关联的经济债务
加拿大	2:1	无	25%	不允许扣除	外国关联债务或非正常交易债务
新西兰	3:1	无	50%	不允许扣除	所有债务
德国	1.5:1	有	25%	视为股息，征预提税	外国关联方债务
中国	2:1（金融5:1）	有	25%	不允许扣除	所有关联债务
日本	3:1	有	50%	不允许扣除所有债务	所有债务
韩国	3:1（金融6:1）	有	50%	视为股息，征预提税	
法国	1.5:1	有	50%	视为股息，征预提税	
西班牙	3:1	有	25%	视为股息，征预提税	
南非	3:1	有	20%		

三、国际税务新形势

金融危机之后，主权国家针对跨国企业偷逃漏税的诉讼增多，如微软、谷歌、苹果、星巴克等都在此列。以英国为例，一直以来，包括谷歌、亚马逊、星巴克在内的多家巨型跨国企业在英国创造了巨额营收，但只缴纳较低的税金。据悉，在过去13年中，全球最大的咖啡连锁店星巴克，在英国实现销售超过31亿英镑，但是仅仅支付了860万英镑（约合1374万美元）的税金；谷歌的文件显示，2011年该公司在英国营收超过40亿美元，不过整个集团的利润率虽高达33%，但2011年谷歌在英国缴纳税金仅为340万英镑；2013年，亚马逊为其在英国的业务支付了超过

100 万英镑的所得税，同期该公司在当地创造的营收却高达 53 亿~72 亿美元。

为了打击跨境避税行为，OECD/G20 税基侵蚀和利润转移（以下简称"BEPS"）项目 15 项行动计划于 2015 年 10 月全面出炉。中国是积极参与 BEPS 行动计划的国家之一。在 BEPS 框架下，传统的国际税务安排可能面临新风险，中国企业"走出去"前必须先做好税务筹划。

所谓税基侵蚀和利润转移是指利用合法手段使应税利润消失，或通过税收筹划将利润转移到低税或无税地区等。2013 年 BEPS 计划启动，目的是打击跨国企业在跨境交易中的避税行为。计划遵循三个原则：一是保持跨境交易相关国内法规协调一致，二是强调跨国集团的税收与实质经济活动相挂钩，三是提高税收透明度。

此外，BEPS 落地对开曼群岛、BVI 等传统意义上的避税天堂可能造成较大影响。税务局会重点调查企业在避税国家和地区的交易安排，如果企业在该地没有实质运营活动，将面临很高的税务风险，所以 BEPS 对企业到避税天堂进行税务安排会造成不小的影响。然而，对于中国香港、新加坡等税率较低的地方，如果企业在平衡税率和实际运营时，发现这些地方税率合理，也能进行实质运营，可能会增加在这些地区的投资。

BEPS 时间表如下：

2013 年 6 月：OECD 形成 BEPS 行动计划。

2013 年 9 月：G20 圣彼得堡峰会采纳 BEPS 行动计划。

2014 年 9 月：完成七项行动，首批成果产出。

2014 年 11 月：G20 布里斯班峰会。

2015 年 10 月：15 项行动完成，成果产出；15 项成果报告+1 份解释性声明。

2015 年 11 月：G20 安塔利亚峰会。

2016 年：后 BEPS 时代，包容性框架。

2016 年 9 月：G20 杭州峰会。

2020 年：实施效果回顾。

有关 BEPS 税基侵蚀和利润转移的相关内容见表 21.4。

表 21.4　BEPS 税基侵蚀和利润转移

类别	行动计划
应对数字经济带来的挑战	数字经济（1）
协调各国企业所得税制	混合错配（2）、受控外国公司规则（3）、利息扣除（4）、有害税收实践（5）
重塑现行税收协定和转让定价国际规则	税收协定滥用（6）、常设机构（7）、无形资产（8）、风险和资本（9）、其他高风险交易（10）
提高税收透明度和确定性	数据统计分析（11）、强制披露原则（12）、转让定价同期资料（13）、争端解决（14）
开发多边工具促进行动计划实施	多边工具（15）

BEPS 是在国际竞争背景下各国争取自身税收管辖权的博弈。2016 年 G20 财长和央行行长会议上核准了包容性框架。"走出去"企业宜结合自身情况，分重点开展 BEPS 应对工作：①深入了解与投资架构相关境内外税制和监管环境，包括投资目的地、中间控股公司所在地、中国税法对投资架构和未来持续经营潜在影响。②低税地区设立中间控股公司是否有"合理商业目的"或"实质性经营活动"，或是否有足够证据说明其存在。这是享受税收协定优惠的前提条件，避免落入 CFC 税制规则。③应避免触发相关国家或地区转移定价反避税税制，防止引发转移定价调查。

四、美国税制改革

2017 年 12 月 22 日，美国总统特朗普在白宫签署了《减税和就业法案》，并于 2018 年 1 月起正式实施。根据美国国会联合税收委员会报告，此次税改会使联邦收入在未来 10 年内减少 1.45 万亿美元。这一减税规模对当今任何一个经济体来讲都是一个不小的数字，但这是 10 年减税的数字，平均到每年实际减税约 1450 亿美元（约为 9600 亿元人民币）。个人所得税最高边际税率由 39.6% 降为 37%、C 型公司所得税最高边际税率由 35% 降为 21% 等。降低税率，无疑是美国税改方案最重要的内容。美国此次降低的是联邦企业所得税税率，与现行州平均所得税税率加总后，总税率与 OCED 国家约 25% 的平均水平趋于一致。

新税制下，美国公司境外利润汇回免税，相关政策调整体现吸引境外投资回流，以此促进美国经济增长的导向。对于中国"走出去"企业而言，虽然美国联邦层面企业所得税税率大幅降低，但将州税和地方税纳入考虑后，企业在美国所承担的综合税负与在中国不相上下，并不能武断地判定美国税率具有更强的吸引力，应审慎评估对中美商贸、投资影响。税收制度并不必然是企业选择投资地的唯一考量。中国"走出去"企业如何布局全球，应从其自身长期发展战略出发，结合各个因素综合考虑。

参考文献

［1］Dunning J. H. Reappraising the Eclectic Paradigm in an Age of Alliance Capitalism ［J］. Journal of International Business Studies, 1995, 26 （3）: 461-491.

［2］Buckley. The Role of Exporting in the Market Servicing Policies of Multinational Manufacturing Enterprises. ［M］// M. Czinkota, G. Tesar （eds）. Export Management. NewYork: Praeger, 1982.

［3］M. R. Czinkota, M. L Ursic. A Refutation of the Psychic Distance Effect on Export Development ［J］. Developments in Marketing Science, 1987 （10）: 1597-1608.

［4］A. A. Alchian. Corporate Management and Property Rights ［M］. Washington, D. C. American Enterprise Institute, 1969.

［5］Williamson, Oliver E. Markets and Hierarchies: Analysis and Antitrust Implications ［M］. New York: FrePress, 1975.

［6］Myers S. C. , Majluf N. C. Corporate Financing and Investment Decisions When Firms Have Information That Investors Do Not Have ［J］. Journal of Financial Economics, 1984, 13 （2）: 187-221.

［7］Bilkey W. J. , Tesar G. The Export Behavior of Small Sized Wisconsin Manufacturing Firms ［J］. Journal of International Business Studies, 1977 （1）: 93-98.

［8］Black F. Scholes M. The Pricing of Options and Corporate liabilities ［J］. Journal Political Economy, 1973 （81）: 637-659.

［9］Cox John C. , Mark Rubinstein. Options Markets ［M］. Prentice - Hall, 1985.

［10］Cox John C. , Ross S. A. , Rubinstein M. Option Pricing: A Simplified

Approach [J]. Journal of Financial Economics, 1979, 7 (3): 229-263.

[11] Melton R. Theory of Rational Option Pricing [J]. Bell Journal of Economics and Management Science, 1973, 4 (1): 141-183.

[12] M. Schweizer. Approximating Random Variables by Stochastic Integrals [J]. Annals of Probability, 1994 (22): 1536-1575.

[13] M. Schweizer. A Minimality Property of the Minimal Martingale Measure [J]. Statistics and Probability Letters, 1999 (42): 27-31.

[14] Colin Berry. Criteria for Successful Project Financing [M] //Project Financing Yearbook 1991-1992, Euromoney Publication PLC, 1991.

[15] J. M. Rendle. Structuring and Financing Issues [M]. Business Law Education Centre, Victoria, Australia, 1988.

[16] B. Mc Goldrick. A Boost for Alternate Energy [M]. Project Financing, A Supplement to Euromoney Euomoney Publications PLC, 1998.

[17] L. Phalippou, O. Gottschalg. The Performance of Private Equity Funds [J]. Review of Financial Studies, 2009, 22 (4): 1747-1776.

[18] W. Chan Kim, Renée Mauborgne. Blue Ocean Strategy: How to Create Uncontested Market Space and Make the Competition Irrelevant [M]. Hayrvard Business School Press, 2005.

[19] International Private Equity and Venture Capital Valuation Guidelines, 2009.

[20] 小岛清. 对外贸易论 [M]. 周主廉译. 天津: 南开大学出版社, 1977.

[21] 王林生. 跨国经营理论与实务 [M]. 北京: 对外经济贸易大学出版社, 2003.

[22] Richard D. Robinson. 企业跨国经营导论 [M]. 马春光译. 北京: 对外贸易教育出版社, 1989.

[23] 赵优珍. 中小企业国际化——理论探讨与经营实践 [M]. 上海: 复旦大学出版社, 2005.

[24] 陈雨露, 汪昌云. 金融学文献通论: 微观金融卷 [M]. 北京: 中国人民大学出版社, 2006.

［25］韩忠雪，朱荣林．多元化公司内部资本市场理论研究［J］.外国经济与管理，2005，27（2）：38-43.

［26］叶康涛，曾雪云．内部资本市场的经济后果——基于集团产业战略的视角［J］.会计研究，2011（6）：1003-2886.

［27］冯丽霞，范奇芳．国有企业集团内部资本市场效率的影响因素分析［J］.商业研究，2007（7）.

［28］卢建新．内部资本市场理论综述［J］.中南财经政法大学学报，2006（2）.

［29］张德红．我国内部资本市场（ICM）交叉有效模式的提出［J］.求是学刊，2007（4）.

［30］卢建新．内部资本市场配置效率研究［M］.北京：北京大学出版社，2008.

［31］邵军，刘志远．企业集团内部资本配置的经济后果［J］.会计研究，2008（4）.

［32］吴国栋．企业内部资本市场及其治理分析［D］.浙江大学，2007.

［33］陆军荣．内部资本市场：替代与治理［D］.复旦大学，2005.

［34］孙俊波，杜信立．改善中小企业融资监管环境策略探析［J］.2008（2）.

［35］马四海，沙叶舟．我国中小企业融资难的成因及对策研究［J］.2010（1）.

［36］韩卫华，刘庆孟．浅谈中小企业的融资难现象［J］.2007（12）.

［37］韩茜，金玲君．浅析中小企业融资难［J］.河北金融，2011（7）.

［38］小商品商人聚集与融资制度创新［J］.湖北经济学院学报，2005（1）.

［39］刘晓盈．内部资本市场与我国中小企业融资路径的选择［J］.2006（6）.

［40］姚远．我国 A 股上市公司内部资本市场效率研究［D］.扬州大学，2012.

［41］方小玉．集团公司治理对内部资本市场效率影响研究［D］.苏州大学，2011.

［42］林芝．我国企业内部资本市场的效率研究［D］.杭州电子科技大学，2009.

［43］谢建国．系族企业内部资本市场存在性及效率研究［D］.华侨大学，2011.

［44］周倩倩．中国系族集团内部资本市场效率研究［D］.北京交通大学，2010.

［45］赵大鹏．国企集团内部资本市场效率研究［D］.首都经济贸易大学，2010.

［46］姚政．基于不同股权特征内部资本市场效率研究［D］.北京交通大学，2011.

［47］王征．基于多分部上市公司的内部资本市场配置效率实证研究［D］.暨南大学，2011.

［48］韩蕾．企业集团内部资本市场与融资约束关系的研究［D］.山东大学，2010.

［49］皮青立．股权结构、内部资本市场效率与企业业绩［D］.重庆大学，2010.

［50］技术变革驱动共享升级——2015安永财务共享服务调查报告［R］.2015.

［51］中国及亚太地区共享服务中心的未来挑战——德勤调查报告［R］.2015.

［52］杨棉之．内部资本市场公司绩效与控制权私有收益——以华通天香集团为例分析［J］.会计研究，2006（12）.

［53］周业安，韩梅．上市公司内部资本市场研究——以华联超市借壳上市为例分析［J］.管理世界，2003（11）.

［54］曾亚敏，张俊生．中国上市公司股权收购动因研究：构建内部资本市场抑或滥用自由现金流［J］.世界经济，2010（2）.

［55］万良勇，魏明海．我国企业集团内部资本市场的困境与功能实现问题——以三九集团和三九医药为例［J］.当代财经，2006（2）.

［56］汪昌云．金融经济学［M］.北京：中国人民大学出版社，2006.

［57］罗开位，侯振挺，李致中．期权定价理论的产生与发展［J］.系统

工程，2000（6）.

［58］姜礼尚．期权定价的数学模型和方法［M］.北京：高等教育出版社，2003.

［59］张信东．期权债券财务研究［M］.北京：科学出版社，2005.

［60］罗孝玲．期权投资学［M］.北京：经济科学出版社，2005.

［61］魏振祥．期权投资［M］.北京：中国财政经济出版社，2003.

［62］［美］哈佛·阿贝尔．期权的电子交易［M］.李萍，李文华等译.深圳：海天出版社，2003.

［63］郁洪良．金融期权与实物期权——比较和应用［M］.上海：上海财经大学出版社，2003.

［64］黄卓立，宋晓燕，叶永刚．股票期权［M］.武汉：武汉大学出版社，2000.

［65］张泽来，胡玄能，宋林峰．并购融资［M］.北京：中国财政经济出版社，2004.

［66］周春生．融资、并购与公司控制［M］.北京：北京大学出版社，2005.

［67］张秋生．并购学：一个基本理论框架［M］.北京：中国经济出版社，2010.

［68］单东．浙江民营汽车产业转型升级战略研究［M］.杭州：浙江工商大学出版社，2009.

［69］王自亮．吉利收购沃尔沃全记录［M］.北京：红旗出版社，2011.

［70］尹查克·爱迪斯．企业生命周期［M］.赵睿译.北京：华夏出版社，2004.

［71］俞建国，吴晓华．中国中小企业融资［M］.北京：中国计划出版社，2002.

［72］李小军．控制权私有收益下企业再融资研究［M］.北京：经济科学出版社，2010.

［73］胡玲．中外企业并购的支付方式比较［J］.中国工业经济，1998（12）.

［74］曾昭雄．我国企业并购支付方式的探讨［J］.证券市场导报，

2000（1）.

[75] 杜萍，尉桂华. 我国企业并购支付方式的现状及发展趋势[J]. 北方经济，2004.

[76] 王宛秋，赵子君. 我国企业境外并购支付方式问题研究[J]. 经济纵横，2008（8）.

[77] 李维萍. 企业并购支付方式的税收规则探讨[J]. 税务研究，2008（9）.

[78] 朱立芬. 中外公司并购支付方式选择影响因素的比较分析[J]. 上海金融，2007（4）.

[79] 蔡嘉. 我国上市公司并购支付方式研究[D]. 上海大学，2009.

[80] 史佳卉. 企业并购的财务风险控制[M]. 北京：人民出版社，2006.

[81] 秦静静. 中国民营企业境外并购中的融资问题分析[D]. 北京工商大学，2010.

[82] 夏莹. 我国民营企业境外并购融资问题研究[D]. 云南财经大学，2012.

[83] 庄佳林. 企业并购融资问题研究[J]. 苏盐科技，2010（2）.

[84] 廖运凤. 中国企业境外并购[M]. 北京：中国经济出版社，2006.

[85] 杨强. 后危机时代中国跨国并购问题研究[D]. 黑龙江大学，2011.

[86] 走出去智库：一文读懂八种上市公司境外并购交易结构[DB/OL]. http：//opinion. hexun. com/2015-07-24/177794386. html.

[87] 沈小波，马克. 中国化工先正达超级并购收官，与中化集团的合并或成新挑战[DB/OL]. http：//yuanchuang. caijing. com. cn/2017/0725/4305890. shtml.

[88] 高金霞. 艰难鲸吞先正达 中国化工图什么[DB/OL]. http：//www. cneo. com. cn/article-28487-1. html.

[89] 中国化工与先正达并购博弈过程[DB/OL]. http：//www. sohu. com/a/116342573_409889.

[90] 许进，徐春. 工程项目管理EPC模式浅析[J]. 科技情报开发与经济，2008，18（13）：211-212.

［91］张颖．高速公路项目融资方式——BOT 与 ABS 探析［J］．铁道工程学报，2007，24（11）：94-97，110.

［92］王伍仁．EPC 工程总承包管理［M］．北京：建筑工业出版社，2008.

［93］李芳．浅析 EPC 模式与 BOT 模式的关系［J］．四川建材，2014（3）．

［94］孙黎，刘丰元，陈益斌．国际项目融资［M］．北京：北京大学出版社，1999（3）．

［95］向文武，元霞，郑镭．浅谈项目融资及其风险度量［J］．当代经济，2003（7）．

［96］马秀岩，卢洪升．项目融资［M］．大连：东北财经大学出版社，2002.

［97］乘风破浪正当时——中国企业境外并购的势与谋［C］．中国发展高层论坛，2015.

［98］世界主要国家关于收购上市公司的规定［DB/OL］．http：//china. findlaw. cn/gongsifalv/gongsifalvfagui/qt/1198674. html.

［99］跨国并购融资方式分析［Z］．百度文库，2016.

［100］朱锡庆，黄权国．企业价值评估方法综述［J］．财经问题研究，2004（8）．

［101］（美）布瑞德福特·康纳尔．公司价值评估——有效评估与决策工具［M］．北京：华夏出版社，2001.

［102］Robert C. Pozen. 向私募股权基金学重组［J］．哈佛商业评论，2007（12）．

［103］David，K.，Eiteman Arthur，I. 跨国金融与财务（第 13 版）［M］．朱孟楠译．北京：电子工业出版社，2015.

［104］宋玉祥．对外承包工程风险管理研究报告［DB/OL］．http：//www. sunshine lawfirm. com/newsin fo. aspx？id=1597.

［105］"走出去"税收指引［DB/OL］．https：//www. yidaiyilu. gov. cn/xwzx/roll/32183. htm.

［106］李砚海，杨丽．"走出去"企业：关注这些涉税风险点［N］．中国税务报，2016-01-22.

［107］企业"走出去"境外涉税问题和风险日益突出［DB/OL］.http：//www. cinic. org. cn/xw/cjyj/400362. html.

［108］陈璐."走出去"企业应对税收风险三要点［DB/OL］. http：//www. chinatradenews. com. cn/content/201706/01/c2416. html.

［109］王晓悦.中国企业"走出去"税务管理与税务风险防范［R］.2015 中国税法论坛暨第四届中国税务律师和税务师论坛.

［110］"走出去"企业需苦练内功 化解跨境税收风险［DB/OL］.http：//www. chinatradenews. com. cn/content/201706/01/c2416. html.

［111］"走出去"企业税收风险及应对［DB/OL］. http：//www. ah－n－tax. gov. cn/art/2017/4/10/art_ 185_ 125404. html.

后 记

　　十余年前决定报考博士的初衷，就是希望在财务管理领域实现理论与实践的结合。当时我在一家全球性外资银行工作，偶尔得知自己曾经参与的为某家大型央企所做的一个资金管理项目，被一位在公司理财领域广受推崇的泰斗级大学教授赞赏有加，他带领一帮博士生将其作为课题深入研究，并向他担任独董的其他央企推广。这让我意识到实务有时候可能还走在学术研究的前面，实务应与学术研究更紧密地结合，对有价值的实务做法和经验进行总结和推广。这其实是国外实务界和学术界的基本做法，也恰恰是我国需要加强的。后来我博士毕业后，一方面能够运用一些财务管理理论去解释实务，从而对实务有了更深刻的理解；另一方面也发现大多数的中国企业对国内财务管理非常熟悉，但在国际财务管理方面经验和人才欠缺，与公司快速发展的海外业务和急剧膨胀的海外资产规模很不匹配。于是，写一本理论与实务相结合的国际财务管理书籍、让先进实践得以推广的念头慢慢清晰起来。三年前我开始有意识地收集相关资料和信息，并于2016年下半年动笔。时至今日，这本书终于即将定稿出版了。

　　但此刻我并没有感到轻松，反倒觉得很是忐忑。因为动笔伊始，我就发现要写这样一本书实在太艰难。除了没有太多可以借鉴和参考的资料，也因为自己水平不足、能力有限。一开始我是打算写一部理论与实践并重的宏大著作的。但我自己的学术造诣浅薄，而且理论和实务并举的话工作量实在太大。所以我打算邀请一位学术方面颇有建树的青年才俊来与我合写此书。她写理论部分，我写实务部分，争取实现理论与实务的完美结合。但因为种种原因我们最终未能合著。于是不得已，同时也考虑到市面上国际财务管理的理论性书籍已经有很多，包括翻译过来的许多经典著作，我决定专注于把结合中国国情的实务部分写出来。但即使只是实务相关的内容，其广度与深度也大大超出了我的工作和能力范围，书中所涉及的一些内容于我自己而言也是复杂和陌生的，我不得不花大力气去收集资料以及努力学习。虽然书稿最终得以出版，但其中的部分内容一定是很肤浅，甚至是有漏洞和错误的。加之日常工作非常繁忙，写这本书只有利用下班后及周末等工作之外的时间。还有其他许多意想不到的障碍和挫折。这种种的困难，都让我屡次萌生放弃的念头。

但最终我坚持下来了。因为实务工作中发现中国企业亟须提高国际财务管理水平、快速培养相关的人才，而市场上能够紧扣"一带一路"时代脉搏、把国际先进财务管理实践与中国国情紧密结合的相关书籍少之又少。更重要的是，写作过程中得到了太多人的关心和帮助。我必须感谢伊志宏教授长期以来的悉心指导和帮助；感谢秦荣生教授审阅并对此书提供的宝贵意见；感谢提供各种素材、帮助整理资料的同学和朋友们；感谢我的家人对我的鼓励和支持；也要感谢经济管理出版社的各位编辑老师。没有你们的关心，这本书不可能得以出版。

总之，我愿意抛砖引玉。非常希望这本书能够对读者有所裨益、有所启发。也希望读者能够包容书中的纰漏和错误。更欢迎对本书提出批评和指正。有关于此书的任何意见和建议，请发送邮件到 minarg@ sina.cn。谢谢！

卫林

2018 年 1 月于北京